ラテンアメリカをめぐるグローバル経済圏

「潮と風」と帆船によるポルトガル・スペインのネットワーク

住田育法
牛島　万
編著

明石書店

はしがき

ポルトガル人が種子島に鉄砲を伝えて四八〇年目の二〇二四年には、日本やポルトガルで記念の行事が催された。鉄砲の伝来は、中国との交易が中心であった日本にヨーロッパからのヒトとモノの移動が始まったことの証左である。それは潮と風を利用した帆船による人々のグローバルな交流の姿であった。これを記念して、潮と風をキーワードに、二〇二三年一二月九日、京都外国語大学ラテンアメリカ研究センター主催で「潮と風に運ばれた人々――ラテンアメリカ世界を巡る『グローバル経済圏』の形成と変容を考える」と題する研究講座がオンラインで開催された。総合司会はフェリッペ・モッタ（京都外国語大学専任講師）が務め、大越翼センター長（当時）が、開会の辞として、次のように語った。

先スペイン期の大陸内経済圏の構築に端を発し、一六世紀以降ヨーロッパ諸国のアメリカ大陸の進出に始まる相互の政治的・経済的せめぎ合いのなかで、太平洋と大西洋との関連を見据えつつ、ラテンアメリカ世界を舞台とした「グローバル（地球規模）経済圏」の有り様を分析したい。このヨーロッパ各国の役割に加え、その経済を支えた商人や職人たち、さらには商品として扱われていた奴隷を含むモノに焦点を当てる。また、交通手段として潮と風に依存しながらの船の交易における時間的、量的側面などにも目を向ける。そして、植民地時代に構築された「グローバル（地球規模）経済圏」の原型が、どのように現代のものに包摂されていくのかについての具体的プロセスを考えたい、という趣旨であった。

本書はそのときの後述の五人（南、合田、住田、布留川、牛島）の発表によるシンポジウムを基礎としているが、およそ一年かけて、内容の拡充を図ってきた。当初は執筆者をシンポジウムの登壇者に限っていたが、必要があればそれ以外の執筆者の参加を積極的に認め、編者は本書の内容をより充実させることを優先した。そこでもともと研究講座に登壇の予定であったルシオ・デ・ソウザ（東京外国語大学）のほかに疇谷憲洋（大分県立芸術文化短期大学）、富田晃（弘前大学）、大越翼の各氏が本書の執筆に加わることになった。内容は以下のとおりである。

第1部「潮と風の歴史と社会」において、第1章「コロンブスはポルトガルで何を学んだのか――潮と風の秘密をめぐって」（合田昌史 京都大学名誉教授）では、大航海時代を成功させた航海上の科学技術やコロンブスの習得していた知識について考察している。第2章「近世のゴアおよびリスボンにおける日本人奴隷の状況」（ルシオ・デ・ソウザ 東京外国語大学特任准教授）によって、一次史料から読み解くことのできる日本人奴隷の個人史について明らかにしている。第3章「南米大陸北部の空間のナショナリズム――一七・一八世紀のアマゾン川の航行」（住田育法 京都外国語大学名誉教授）は、ポルトガルのアマゾン支配は「面」ではなく、「点と線」による支配であったことを立証している。第4章「ポルトガル海洋帝国におけるポンバル改革――「啓蒙」と「革命」の間で」（疇谷憲洋 大分県立芸術文化短期大学教授）では、ポンバルによる改革がきわめてポルトガル海洋帝国の枠組みを確立するうえで重要であったことを明らかにしている。第5章「大西洋奴隷貿易とラテンアメリカ――一九世紀ブラジルを中心に」（布留川正博 同志社大学名誉教授）は、大西洋の奴隷貿易に加えて、ブラジル国内における奴隷売買について論じている。第6章「一九世紀前半のメキシコ銀をめぐるグローバルヒストリー――『東航紀聞』に見られるメキシコへの日本人漂流民の記録を手掛かりに」（牛島万 京都外国語大学教授）は、メキシコ銀や日本人漂流民などを中心に一九世紀のグローバルヒストリーの動向について明らかにしている。

第2部「潮と風の歴史の周辺」では、コラム①「ヨーロッパ西域の民族移動のターミナル」（住田育法・疇谷憲洋）で大航海時代の主役であったポルトガルの形成史について論じている。コラム②「人食い言説を考える」（冨田晃 弘前大学准教授）は、コロンブスの探検に反対する黒い伝説の一環としての人食い言説について考察している。コラム③「大海原を挟んで――グローバル時代を生きたマヤ王族とスペイン王国の関係性」（大越翼 京都外国語大学教授）では、スペイン領アメリカの支配のなかでの先住民の主体性を、とりわけマヤ王室によるスペイン王室に向けた派遣団結成や直接交渉の史実を紐解きながら重視している。コラム④「新大陸の南北両古代文明圏に挟まれた中間領域における考古学の公共的役割と課題」（南博史 京都外国語大学教授）では、新大陸の南北両古代文明圏に挟まれた中間領域などの考古学的課題について論じ、パブリックミュージアムを拠点とする考古学調査結果の一般開放の意義にもふれている。コラム⑤「一九世紀日本人漂流民小史――帰国できた者、できなかった者」（牛島万）では、一九世紀の日本人漂流民の軌跡の実態と、幕末当時の日本と諸外国との交渉のはざまでいかに漂流民個人が貢献したか、その役割について述べている。

　本書で扱う「グローバル経済」とは原則、二〇世紀以降の現代を対象とするものではない。その理由は明白である。二〇二三年一二月に開催した研究講座のタイトルにあるように「潮と風」にかかわる海路を介する地球規模のいわゆる「世界史」の立場から言及するからである。そしてその海路を進むのは帆船である。むろん、一九世紀半ばごろから蒸気船が登場するので、現実には帆船と蒸気船の共存の時代が続く。しかし、遠洋航海においては、燃料等の問題から一九世紀末期においても帆船が主流を占めていたといえる。だからこそ、スエズ運河（一八六九年開通）やパナマ運河（一九一四年開通）が輸送距離や時間の短縮に貢献したことは言うまでもない。加えて、二〇世紀以降の現代においてはそれまでの海路と陸路に加えて、空輸やＳＮＳなどのテクノロジーの発達によるヒトやモノ、情報の移動がより迅速かつ複雑化しているため、従来の海路と陸路で成立してきた歴史とはその性質が異なることから、区別されなければならないであろう。とはいえ、古代から近代までが陸路と海路という手段が用いられた経済交流の歴史であった点では変わりがない。ただし、大西洋、インド洋、太平洋という世界三大海洋をまたにかける大航海史という点では、やはり近世以降のことになるであろう。そして近世、近代、現代へとそれぞれの世紀や時代（長期の一六世紀、長期の一九世紀など）の世界史（グローバル経済の歴史）が成立し、次の時代や世紀に向けて発展してきたことをわれわれは注視したい。とりわけ、本書ではタイトルにあるように、ラテンアメリカおよびカリブ海地域を中心とした「世界史」の展開を探究することを主眼に置いている。したがって、ポルトガル・スペイン、およびブラジル・スペイン領アメリカ・ポルトガル領インディアをふくめた「世界史」が、わが国をふくめたその他の国や地域にいかに影響を与え、逆に影響を受けてきたのかを明らかにしなければならない。とくに、一九世紀の国民国家の形成期、およびそれ以前から続いている「帝国」の時代における王室や国家のコントロールのもとでのヒトやモノの流動性と、それによる各地域や国における同化や摩擦をふまえて醸成される歴史観こそがここで言う「世界史」であると確信している。さらには、必ずしも国家権力のコントロールを受けなかったヒトやモノのグローバルな流動性とその影響については、一国史や地域史、さらには帝国の歴史を超越したまさにグローバルヒストリーという、広域かつ長期的な鳥瞰的視座に基づく、ヒト、モノ、カネ、情報のグローバル・ネットワークに着目することで、本書が潮と風の帆船の歴史の実態と認識を改めて世に問う機会となることを願っている。この点では略奪および密輸、また強制労働や奴隷という、ある意味ダーク・ヒストリーの部分にも光を当てなければならないし、天候や自然環境という半ば偶発的で当事者の意図していない脱国家的な移動であった漂流民にも着目する必要があるであろう。

近年、「世界史」研究に対する関心が学界でも高まっている。出版の市場においても世界史の本が流通し、一定の読者層を形成している。本書はポルトガル、スペイン、ラテンアメリカ、アジアを中心とする「世界史」の変容および同化する動的な歴史的過程についてふれているが、実際のところ本書執筆者の考察の及ばない点もあるかもしれない。読者のご批判、ご叱責を乞う次第である。

前回の『南北アメリカ研究の課題と展望——米国の普遍的価値観とマイノリティをめぐる論点』（明石書店、二〇二三年）同様、明石書店の神野斉編集部長と、編集は板垣悟氏にお世話になった。

心から感謝を申しあげたい。

本書では、いくつかの主要な用語のうち、それぞれの学界での慣例や執筆者個人のこだわりがあるものについてはあえて統一をしなかった。記してご理解いただきたい。

最後に、本書の出版には京都外国語大学より助成を受けた。堀川徹志理事長、小野隆啓学長、本学ラテンアメリカ研究センター坂本季詩雄センター長に謝意を表したい。

編　者

ラテンアメリカをめぐるグローバル経済圏

――「潮と風」と帆船によるポルトガル・スペインのネットワーク

目次

第6章　一九世紀前半のメキシコ銀をめぐるグローバルヒストリー
――『東航紀聞』に見られるメキシコへの日本人漂流民の記録を手掛かりに

第2部　潮と風の歴史の周辺

第1部　潮と風の歴史と社会

第1章　コロンブスはポルトガルで何を学んだのか

——潮と風の秘密をめぐって

合田　昌史

1　西洋初の大航海はなぜ成功したのか？

コロンブスの前半生は謎が多く、とくに出生に関して様々な異説が呈されてきた。だが、一四五一年にジェノヴァの織物職人で商人のドメニコ・コロンボとスサナ・フォンタナローサの間に生まれたクリストフォロであるという公証人文書に基づく通説は揺らいでいない。コロンブスは長じてジェノヴァの大商人の代理業等を行っていたが、一四九二年八月、スペインのカトリック両王（イサベルとフェルナンド）のために西回りのアジア航路の「発見」へ向けてパロスから出帆した。

アジアへの航路開設は果たされなかったが、往路・復路とも一ヶ月余りの「大航海」でヨーロッパとアメリカをつなぐ航路の先鞭をつけた。ここでいう大航海を仮に、陸標をみない途中で上陸補給をしないひとつながりの外洋航海とするなら、これは西洋初の事例といえよう。

なお、西洋人のアメリカ到達に限って言えば、一〇〇〇年頃のヴァイキングの「ヴィンランド」入植が初めてである。だが、これはアイスランド・グリーンランド経由であった点では航海の規模に関して、また、ごく短期的な定住にとどまり後世に影響を残さなかったという点では歴史的意義において、いずれもコロンブスの事績に及ばない。

図２でわかるように、スペイン南部のアンダルシアとカリブ海周辺を結ぶ一六～一七世紀の西インド航路はコロンブスの三回までの大航海でほぼ成立していた。なお、西インドという呼称はコロンブスが到達したカリブ海周辺を「インディアス」（南アジア・東南アジア・東アジア・アフリカの一部を包摂する広範な地理的概念）の一部と誤解したことに由来する。その後アメリカがアジアとは異なる別の大陸であるとわかると、カリブ海周辺は西インド、本来のインド以東の諸地域は東インドと呼ばれるようになった。

ここでの問題は唐突にも見える西インド航路成立の経緯である。陸標による沿岸航海に親しんでいたコロンブスは、なぜこのような大胆な大四辺形の航跡を外洋で描くことができたのであろうか。

図１『伝コロンブス像』
伝セバスティアーノ・デル・ピオンボ
1519年（メトロポリタン美術館所蔵：
The Met object ID 437645）

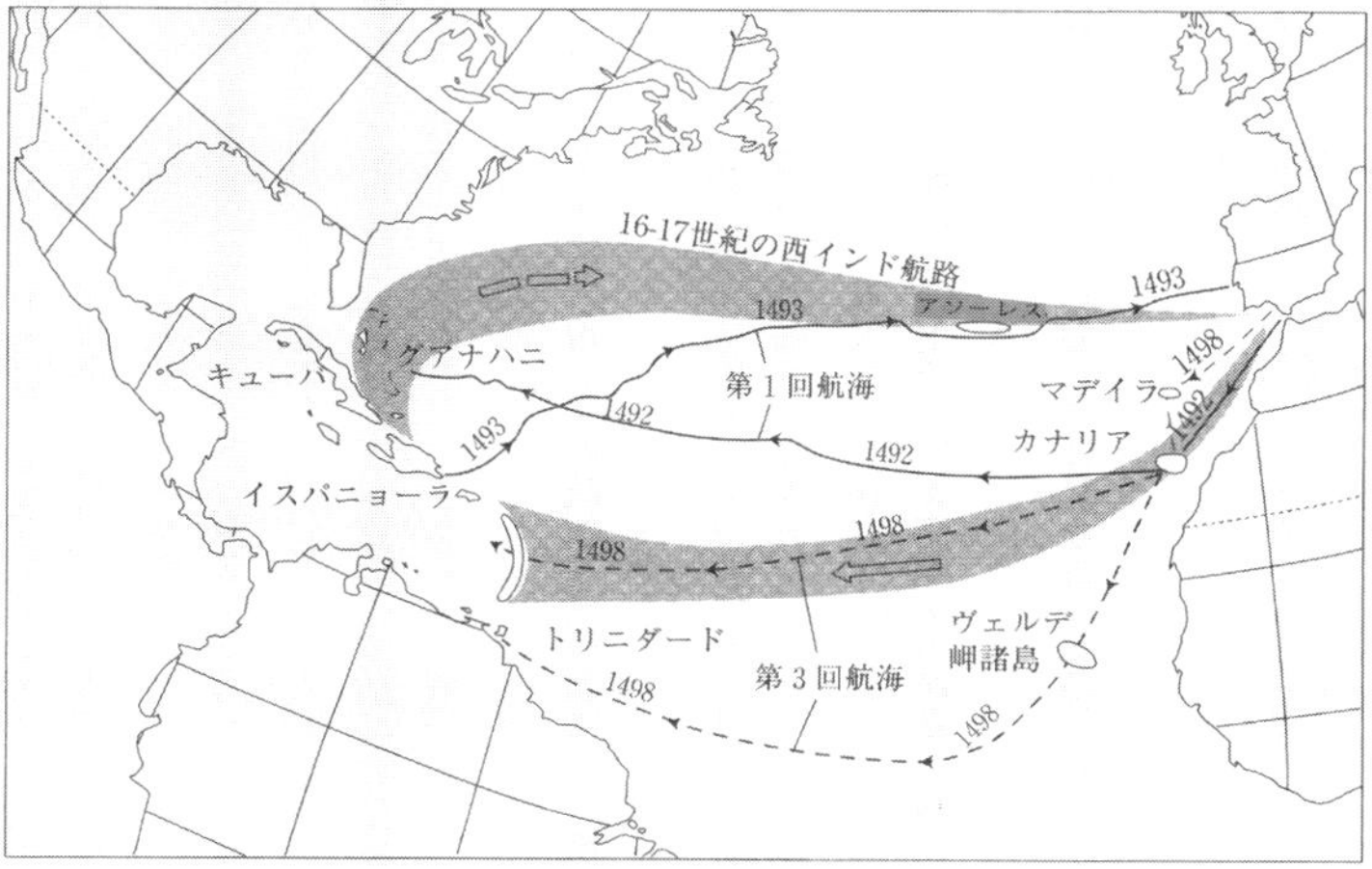

図２　コロンブスの第１・３回航海と 16 〜 17 世紀の西インド航路（網掛け部分）。第３回航海では６隻中３隻がカナリア諸島からイスパニョーラ島へ直行、コロンブス自身はヴェルデ岬諸島を経由した。
出所：合田 2006

大航海を可能にしたものとして、多年にわたって蓄積されてきた海事上の知識と技術をあげるべきであろう。とくに重要なのは海洋地理、すなわち風・海流・難所に関する体系的知識であった。一四八〇年頃から一六世紀初頭にかけて、北大西洋の海洋地理を利してヨーロッパ・アメリカ間に二つの楕円形の周回航路が成立したことに注目したい。

ひとつは反時計回りの「ヴァイキングの路」である。往きは、アイスランド南西沖から西へ流れるアーミンガー海流などの一連の西流に乗ってアイスランドからグリーンランドを経由して現カナダ東岸のニューファンドランド島やラブラドルに達し、帰りは、南よりのルートをとり西風を利してヨーロッパに帰着する。ヴァイキングの路の再開には、ふたつの動機付けがある。ひとつは北極圏経由でアジアへ至る北西航路の開設であり、もうひとつは新たな漁場の開拓である。

一一世紀以来バルト海と北海はニシン漁の中心であったが、一四～一五世紀バルト海からニシンは去ったため、現オランダ西部のホラントやゼーラントの漁船はイングランド・スコットランド近海に乗り出した。北海ではタラの漁獲量も減少した。タラを求める動きは北大西洋へ向かった。加えてクジラを追う動きもあった。一五世紀初め、イベリア半島北東部のバスク人はビスケー湾沖のクジラが減ったため北上を余儀なくされた。一四八〇年頃からイングランド南西部のブリストル人はアソーレス諸島のポルトガル人と連携して北大西洋の探検に乗り出し、まもなくノルウェー・バスク・フランス北西部のブルターニュ・ポルトガル中部沿岸のアヴェイロの人々もニューファンドランド島沖の浅い海域でタラ漁を始めた［Godinho 1984］。

もうひとつの周回航路が時計回りの「コロンブス航路」である。アンダルシア南西岸からカナリア諸島を経由して西ないし南西ないし西南西へ向かい、カリブ海の東端の小アンティル諸島ないし南米北岸に達する。帰りはフロリダ半島沖を北東へ向い、ついで東へ転じてアソーレス諸島付近を経由してリスボンないしアンダルシアの港湾都市カディスへ至る。ただし、この航路はコロンブスの独創ではない。半世紀あまりの前段階があり、とりわけポルトガル人の貢献が大きい。

本章では、コロンブスのポルトガル時代（一四七六～八五年）に注目し、彼が北大西洋の海洋地理をどのようにして習得し、大四辺形の航跡を考案するに至ったのか、という問いを掲げて考察してゆきたい。

２　アーチ型帰航路の成立とその応用

コロンブスの故地ジェノヴァとポルトガルの縁は深い。一三一七年二月、ポルトガル王ディニスはジェノヴァのエマヌエレ・ペサーニョを世襲の提督として招聘し、海軍を増強した。のちにスペインの中核となるカスティーリャ王国でも同様にジェノヴァ人が提督となった。以来、ロメリーニなど有力なジェノヴァ商人の到来が続き、リスボンにはジェノヴァ人の居留地ができた。エンリケ王子のもとでギネー（セネガル川以南の西アフリカ沿岸部）へ航海したアントニオット・ウソディマーレやアントニオ・デ・ノリもジェノヴァ人である。ジェノヴァ人はマデイラ諸島における砂糖業や砂糖貿易の興隆にも寄与した。

一四七六年五月、スピノラ家やディ・ネグロ家がエーゲ海東部のキオス島の乳香をフランドル等で販売するためジェノヴァ商船隊を組織し、これにコロンブスが乗船した。同年八月商船隊はポルトガル南西沖でフランス艦隊の攻撃を受けた。コロンブスの船は難破したため彼は「泳いで」ラゴスの町にたどり着いたが、まもなくリスボンへ移り、すでに海図作成業を営んでいた弟バルトロメと連携して活動することになった。

一四七八年七月、コロンブスはディ・ネグロ家の代理として砂糖買い付けのため、マデイラ諸島マデイラ島へ赴き、翌年隣接するポルト・サント島の世襲受領者の娘フェリパ・ペレストレーリョと結婚した。一四八二年頃には金・奴隷貿易の拠点であった西アフリカのギネーへ航海した。一四八三〜

八四年、コロンブスはポルトガル国王ジョアン二世にアジアへの西回り航海案を売り込むが退けられ、翌年新たな機会を求めてスペインへ移った。

以上の経緯は、コロンブスの庶子エルナンド・コロンの『提督伝』やコロンブスの蔵書欄外余白書き込み、一六世紀半ばのポルトガルの年代記の記述などから推測されているが、ポルトガル側の同時代史料で確認されておらず、総じて細部に不明な点が多い。注目に値するのは、西回り航海案の提示までに「結婚」そしてギネーへの航海を経験していたことである。

よく知られているように、西回り航海案の理論的前提は、「小さな地球観」を彼が抱いていたことである。地球の円周の三六〇分の一の距離については、古来から学説に大きな幅があったが、コロンブスはそれらのうち最短の五六ミリャ三分の二（＝八三・八七キロメートル）を、蔵書であったピエール・ダイイの『イマゴ・ムンディ』（一四八三年刊）経由で九世紀の天文学者アルフラガヌス（アル・ファルガーニ）から採用していた。これは実値のおよそ二五パーセントの過小見積もりである。

また、『エズラ記』等によってコロンブスは、海は地表の七分の一を占めるに過ぎないと述べて、東回りより西回りの方が容易くアジアに到達できるという信念を披瀝した［青木 1993］。

図３　カラヴェラ船のレプリカ（於テージョ河口、2000 年）。カラヴェラ船は三角形の縦帆がついた２～３本のマストと船尾材舵を備え、平張りで船体が約 50 トンと軽く、喫水が浅いので沿岸や未踏の危険な海域での踏査検分に優れていた。
出所：Vera Cruz, replica caravel (Wikimedia Commons)

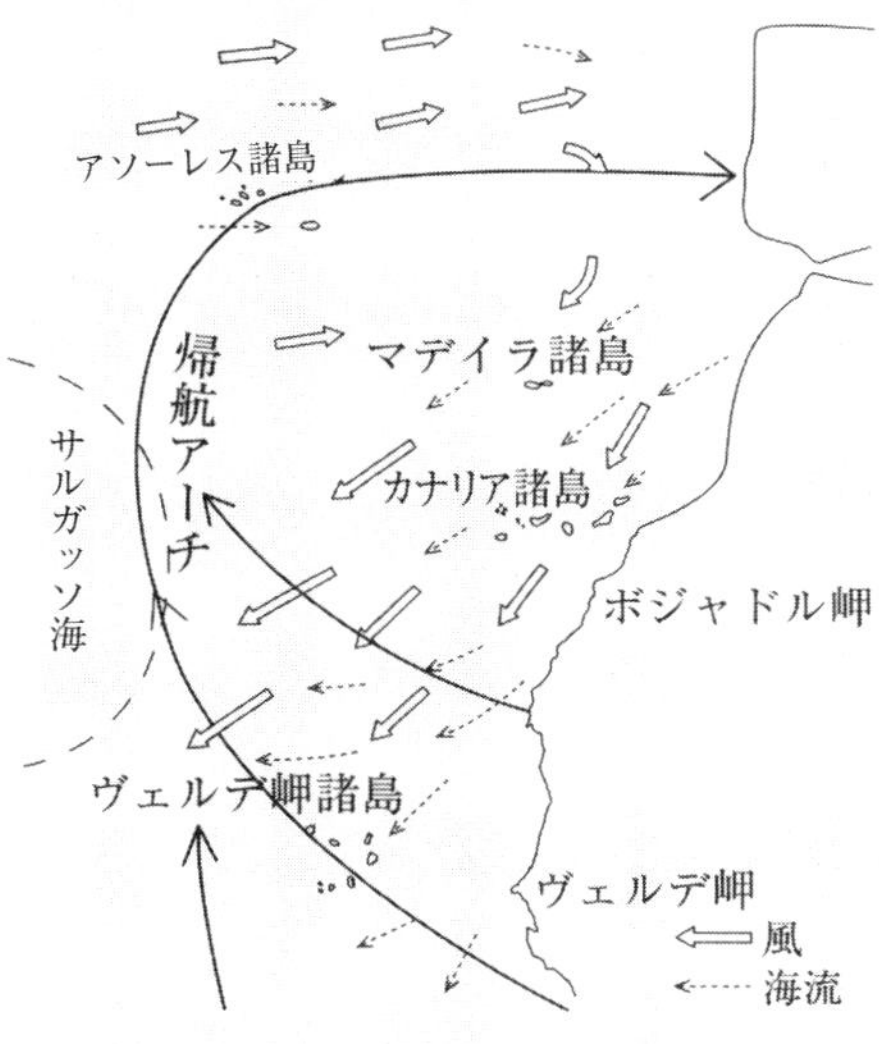

図４　西アフリカからのアーチ型帰航路（実線の矢印→）
出所：合田 2006

もう一つ重要なのは、ポルトガル時代の経験と「学習」である。エルナンドの『提督伝』によると、「南へ航行し西方へ転じて航行すれば土地が見つかるとコロンブスが考えるようになったのは、ポルトガルにおいて」であった。結論を先取りしていうならば、第一回航海の往路で「南へ航行し西方へ転じて航行」し、復路で北上してアゾーレス諸島経由で帰還という方針は、北大西洋の海洋地理によってたつ「アーチ型帰航路」を応用したものであろう。

アーチ型帰航路は一五世紀のポルトガル人による大西洋アフリカへの進出の過程で成立した。西サハラのボジャドル岬（中世では航海の限界点とされた）以南のアフリカ西岸から帆船で岸づたいにあるいはカナリア諸島やマデイラ諸島を経由して帰航しようとすると、強い北東貿易風とカナリア海流にまともにぶつかり、厳しい操船を余儀なくされる。一四四一年頃までに出現した改良型のカラヴェラ船は、沿岸を離れ右舷に風を受けながら外洋で大きく弧を描いて北上し、アゾーレス諸島付近の緯度に達すると、そこから偏西風にのって東向し故国へ帰還した。

なお、カラヴェラ船はラティーンセイルと呼ばれる三角形の縦帆を有したため、ヨットと同様に、船首を風上に向けて風を受ける舷を変えながら切りあがること、すなわち「タッキング（上手回し）」ができた。間切りの角度は四〇～四五度であったと推定されている。

図５　コロンブス隊のナウ型全装帆船・旗艦サンタ・マリア号のレプリカ。1892 年に建造され翌年のシカゴ万国博覧会で展示された。サンタ・マリア号はカラヴェラ船に比して喫水が深いためイスパニョーラ島で座礁し解体された。
出所：Replica of the Spanish carrack Santa María (Wikimedia Commons)

　だが、北東貿易風とカナリア海流にまともに抗してジグザク航法を連用するならば、船員と船体に多大なる消耗を強いる。その過酷さは現代の国際ヨットレース「アメリカズ・カップ」の戦いからも類推できよう。したがって、右舷に風を受け流すアーチ型帰航路の採用は省エネルギー効果があった。

　このような陸標に頼れない外洋での長期の航海は、初期型の天文航法の発展を促すとともに、順風時の帆走能力と積載能力に優れた帆船を生み出すことになった。一五世紀半ば以降、前檣と主檣に四角形の横帆、後檣にラティーンセイルを備えたナウ（カラック）型全装帆船が開発され、しだいに優位を占める

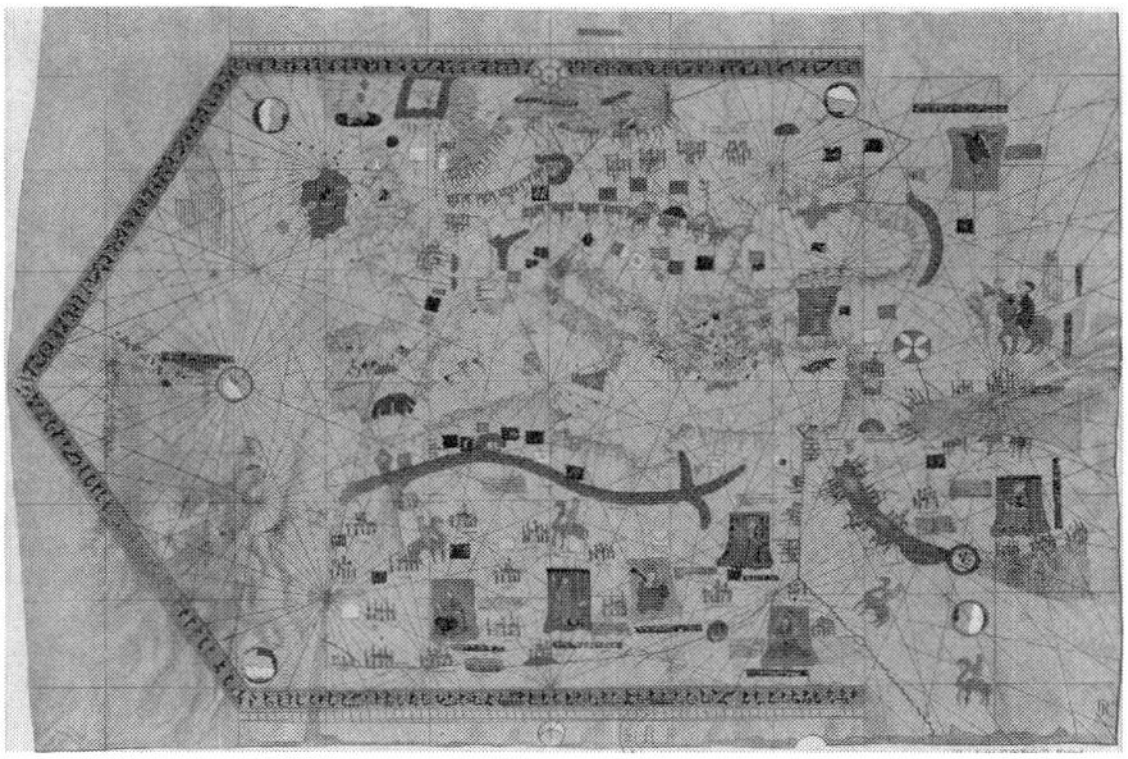

図６　ガブリエル・デ・バルセカのポルトラーノ海図（1439年、バルセロナ海事博物館所蔵）

ようになった。

三大航海者を例にとると、コロンブス（一四九二年）はナウ船一隻とカラヴェラ船二隻を、ヴァスコ・ダ・ガマ（一四九七年）はナウ船二隻とカラヴェラ船二隻を用いたが、マゼラン（一五一九年）は五隻すべてナウ船で揃えた。

アーチ型帰航路は一五世紀半ばまでに成立した、と推測されている［Albuquerque 1989］。その根拠は以下の三点である。

まず、ヴェネツィア人アンドレア・ビアンコの地図帳（一四三六年）所収の北大西洋海図に「マル・デ・バガ」すなわち「サルガッソ海」が描かれていること。サルガッソ海は、時計回りに巡廻し連環する四つの海流、すなわちカナリア海流・大西洋北赤道海流・メキシコ湾流・北大西洋海流に囲まれており、海面にホンダワラ属の海藻（サルガッサム）が数多く漂い風が凪ぎ易いので帆船は動き辛い。ちなみに、サルガッソ海の西部にバミューダ諸島が位置する。

第二に、ポルトガル人による踏査検分の成果が盛り込まれたカタルーニャ人ガブリエル・デ・バルセカのポルトラーノ海図（一四三九年）。アゾーレス諸島は一四世紀前半に発見されていたが、バルセカの海図によると、一四二七年にポルトガル人に再発見された。アソーレス諸島への入植が本格化するのは一四三〇年代からである。

第三に、ポルトガルの宮廷年代記家アズララ（ゴメス・エアネス・デ・ズララ）の『ギネー発見征服誌（一四五三年）』の一四四六年の項。これによると、エンリケ王子が西アフリカへ派遣した遠征隊は船長以下多くの幹部が死去したため、ギネーからの帰航において書記のアイレス・ティノコが指揮をとり、二ヶ月間の「陸を見ない」航海をしてポルトガル南部シーネス沖に到達した、と。

二ヶ月間の「陸を見ない」航海という記述が正しいなら、コロンブスの半世紀前に、しかも手練れとは言えない指揮官によって大航海が実現していたということになる。

では、コロンブスはどのような経緯で北大西洋の海洋地理とアーチ型帰航路を学び、その応用に思い至ったのであろうか。

3　コロンブスの学習

コロンブスの学習に関しては二つのポイントがある。ひとつは西アフリカへの航海の経験、もう一つは結婚によって得られた人脈と情報である。

バルトロメ・デ・ラス・カサスによって要録編纂された第一回航海日誌の一四九二年一〇月二八日付および一一月二七日付の箇所、さらに九三年二月一五日付ルイス・デ・サンタンデル宛書簡には、西アフリカ・ギネーに関する記述がみられる。

また、コロンブス蔵書のピエール・ダイイ『イマゴ・ムンディ』の欄外余白書き込みによると、コロンブスは「何度かリスボンからギネア（ギネー）に向けて南へ航海し」、サン・ジョルジェ・ダ・ミナ商館＝要塞（現ガーナのエルミナ）に滞在したことがあるが、「（航海用）四分儀などの器具を用いて太陽の高度を何度も測定した」。

コロンブスをこの地に呼び込んだのはギネー貿易の繁栄である。ミナ商館＝要塞は一四八二年初めに建設され、金・奴隷貿易の最重要拠点として機能した。金貿易は王室の独占下におかれ、一六世紀初頭にかけて最大で年間七百キログラムの金がリスボンにもたらされた。また、ポルトガル人によってヨーロッパに搬入された奴隷の数は一四八〇～九九年、年平均で約二二〇〇人に達した。

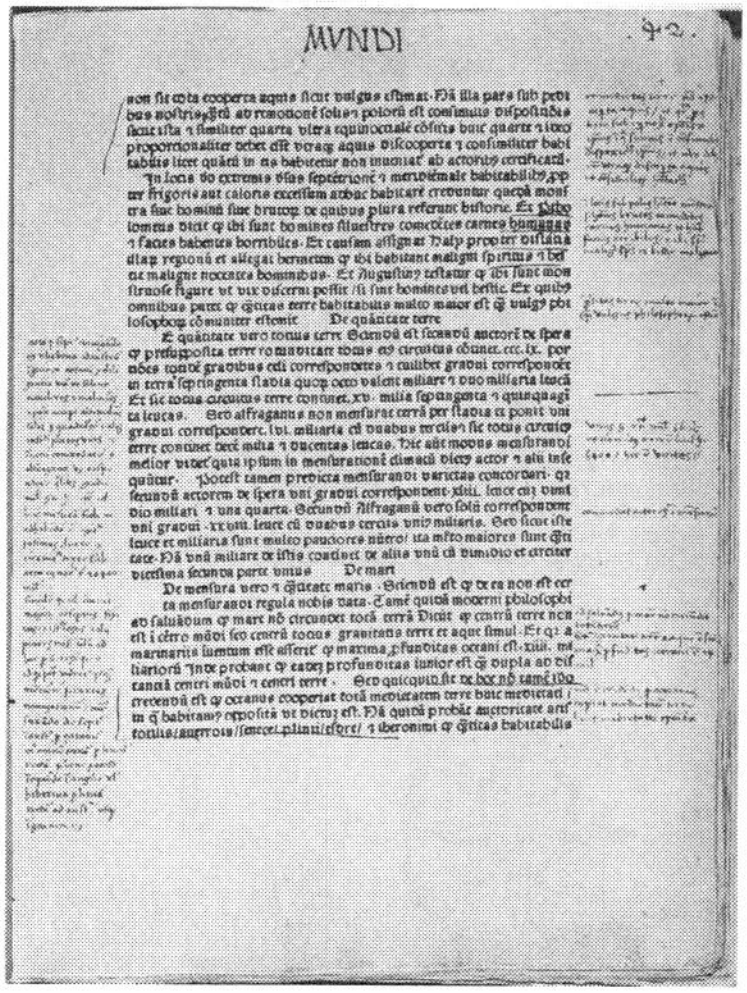
MVNDI

図７　コロンブス蔵書のピエール・ダイイ『イマゴ・ムンディ』部分（セビリア大聖堂内コロンブス文庫所蔵）

一四八〇年代、ギネー貿易を統括したリスボンのギネー館の総収入は五千万レアルを越えた。これは一四七三年時点におけるポルトガル国内の歳入に匹敵した［合田 二〇二二］。

ギネーからの帰還に際して、コロンブスはアーチ型帰航路の運用を見聞したであろう。その際重要なのは進路を東へ転換するべき緯度、すなわちアソーレス諸島が位置する北緯三七～三九度を探知することである。コロンブスによる「太陽の高度」測定への言及は、初期天文航法の開発と試行に関わる。

ポルトガル人ディオゴ・ゴメシュ・デ・シントラの報告によると、ゴメシュは一四六二年のヴェルデ岬諸島サンティアゴ島発見の際に、四分儀の盤面に北極星の高度を記入し、帰路アソーレス諸島を経由して帰還した。

図８　サン・ジョルジェ・ダ・ミナ商館＝要塞図。G. ブラウン＆ F. ホーヘンベルフ『世界都市図集成』（1572 年）より

だが、北極星の活用は北半球でしかも夜間に限定される。一四七〇年初頭からポルトガル人は赤道以南の大西洋アフリカへ航海するようになったため、一四八〇年代に太陽の南中高度による天文航法が開発された。

ジョアン・デ・バロスの年代記によると、ポルトガル王ジョアン二世の侍医ロドリゴと、侍医で占星師のジョゼ・ヴィジーニョおよびレギオモンタヌスの弟子マルティン・ベハイムは、「太陽の高度によって航海する方法を考案し、今日航海者の間で用いられているような太陽の赤緯表（天文表）を作った」。

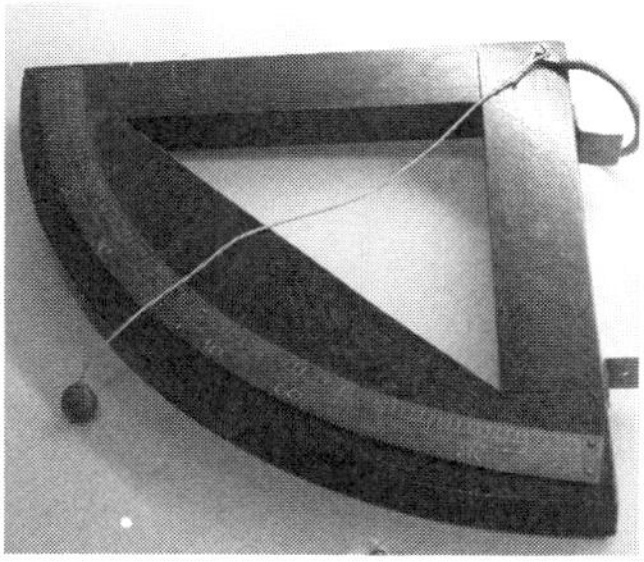

図９　航海用四分儀（16 世紀、マドリード海事博物館所蔵）

また、コロンブス蔵書のエネアス・シルヴィオ・ピッコロミニ（のちの教皇ピウス二世）の『世界誌』（一四七七年刊）の欄外余白書き込みによると、ジョアン二世は「全ギネーにおける太陽の高度を把握するためにユセピウス〔ジョゼ・ヴィジーニョ〕師をギネーに派遣した。彼は〔任務を〕やりとげてその成果を国王に報告したが、私〔コロンブス〕は他の多くの人々とともにその場に居合わせた」。

とはいえ、『航海日誌』を読む限り、コロンブスは太陽の南中高度の測定と天文表の読み取りを航海者に強いる天文航法を充分に理解していたとはいえない。そもそも四回の航海をすべて北半球で行ったコロンブスにとっては、それ以前の北極星の高度測定と旧来の推測航法の組み合わせで充分であった。推測航法は針路と速度と航行時間から船位を推算する方法で、ポルトラーノ海図・羅針盤・水路誌・砂時計・トラヴァース表・連針路盤が用いられた。

コロンブスの学習に戻ろう。北大西洋の海洋地理とアーチ型帰航路の習得に寄与したのは彼自身の航海の経験ばかりではない。学習をより円滑なものとしたのは、貴族の娘フェリパ・ペレストレーリョ・イ・モニーズとの結婚である。フェリパの祖父フィリッポ・パラストレッリはイタリア北部のピアチェンツァ出身で、一三八五年頃ポルトガルに定着した。

その末子バルトロメウはジョアン一世の四男ジョアンの、その死後はエンリケ王子の宮廷で養育を受け、一四四六年エンリケによってマデイラ諸島ポルト・サント島の世襲受領者とされた。バルトロメウとその二度目の妻イザベルとの間に生まれたのがフェリパである。イザベルの父アイレス・モニーズはポルトガル南部アルガルヴェの富裕な領主でエンリケに従って一四一五年のセウタ（ジブラルタル海峡に面した北アフリカの港市で現スペイン領）遠征に参画した。

平民のコロンブスが貴族の娘と結婚できたことについて疑念を抱く向きもあるが、フェリパの父バルトロメウは一四五七年頃に死去し、未亡人のイザベルはポルト・サント島の世襲受領者としての地位をバルトロメウの先妻の娘婿に譲った。まもなくイザベルとフェリパはリスボンに移り、ドス・サントス修道院の世話になっていた［ヴェ

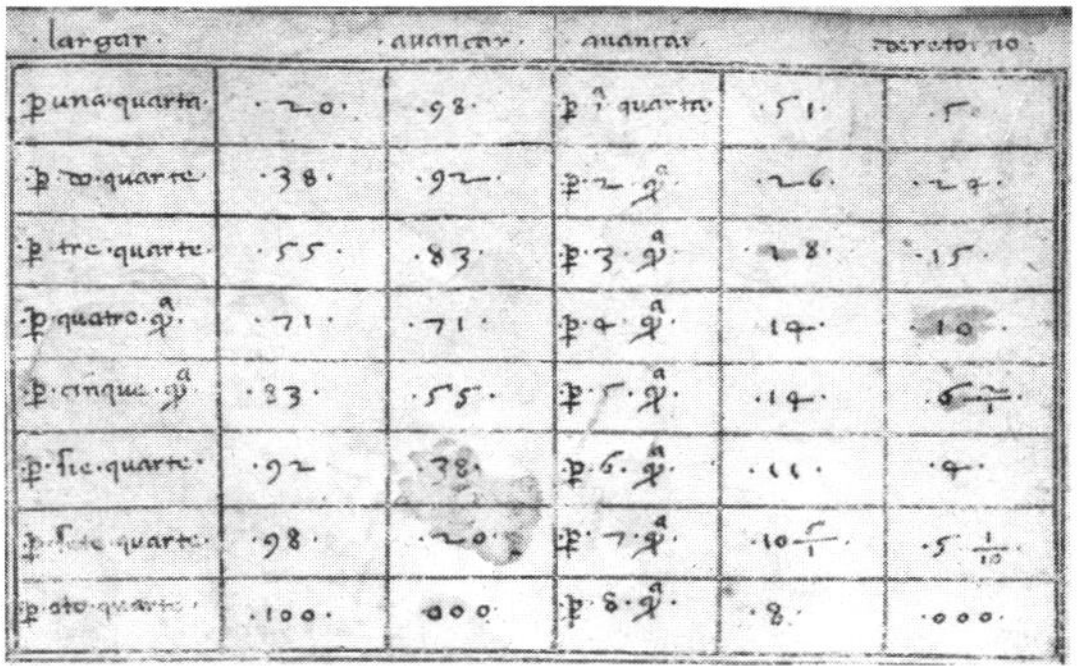

largar		avancar	avancar		[illegible] 10
p una quarta	20	98	p 1 quarta	51	5
p do quarte	38	92	p 2 q	26	24
p tre quarte	55	83	p 3 q	28	15
p quatro q	71	71	p 4 q	14	10
p cinque q	83	55	p 5 q	14	6 [illegible]
p sie quarte	92	38	p 6 q	11	4
p sete quarte	98	20	p 7 q	10 [illegible]	5 1/10
p oto quarte	100	000	p 8 q	8	000

図 10　アンドレア・ビアンコの地図帳に記載されたトラヴァース表（1436 年、ヴェネツィア国立マルチャーナ文書館所蔵）。ジグザグ航行時の日標方向における航行距離を算出するための表

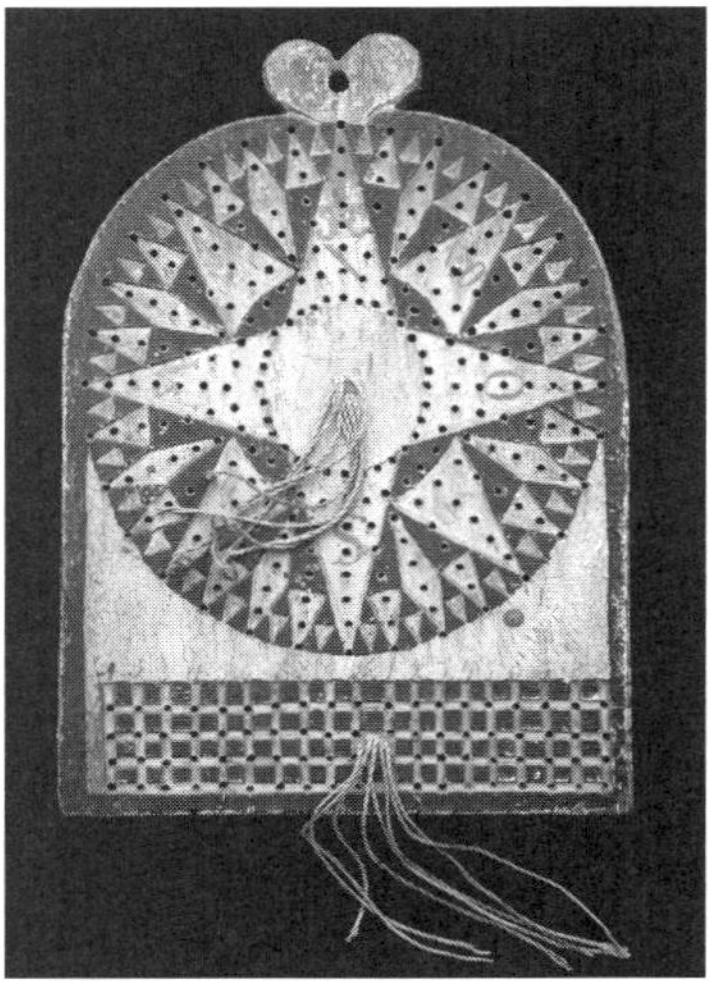

図 11　連針路盤（ロンドン・グリニッジ国立海事博物館所蔵）
トラヴァース表の補助器具。木製の盤上に羅針盤の 32 方位を示し各方位上に木釘を受ける 8 つの穴があいている。これを使って針路と航程を記録し船位を算出、海図に記入して確認する。

ルリンデン 1972]。母子の境遇の変化を考慮に入れると、身分の差はさほど重要ではない。ラス・カサスによると、コロンブスはこの修道院のミサに通ううちにフェリパと知り合った。コロンブスがフェリパと結婚したのは一四七九年末頃である。翌八〇年フェリパは長男ディエゴを産んだ。ラス・カサスはこのディエゴから聞いた話として、コロンブスは義母のイザベルから亡夫バルトロメウの「航海に関わる器具・書類・絵図」を譲渡された、と言う。

マデイラ諸島の開発と植民に寄与し周辺海域の海洋地理に通じた妻の一族から得られた知識は貴重であったにちがいない。だが、コロンブスがディエゴを連れてポルトガルを去る一四八五年、フェリパはすでに死去していた。

4　西回りのアジア航海案をめぐって

ジョアン・デ・バロスによると、一四八三〜八四年、コロンブスから西回りのアジア航海案を売りこまれた際、ジョアン二世は、サラマンカ大学の天文学教授であったディオゴ・オルティス・デ・カルサディィリャ、メストレ・ロドリゴ、ジョゼ・ヴィジーニョの三人にその案を検討させた。その結果、コロンブスの構想は「マルコ・ポーロのシパンゴなど想像に依ったもの」として退けられた。ただし、審議の詳細を伝える史料は知られていない。

西回り航海案は、すでに一四七四年六月、フィレンツェのパオロ・ダル・ポッツォ・トスカネリからリスボン聖堂参事会員マルティンス宛の書簡において推奨されており、王室周辺で知られていた。

また、ジョアン二世自身は以後の経緯から推して西回り航海案に強い関心を持っていた。それにもかかわらず同案はなぜ却下されたのであろうか。

ここでは三点指摘しておきたい。第一にあげられるのは、コロンブスの航海案において経費は王室持ちであったことである。コロンブスがポルトガルを去ったあと、ジョアン二世は一四八六年七～八月、フランドル出身でアソーレス諸島テルセイラ島北部の世襲受領者フェルディナンド・ファン・オルメン（フェルナン・ドゥルモ）とマデイラ島のジョアン・アフォンソ・ド・エストレイトに、西方への発見航海を許可したが、それは彼らが共同で経費自弁を申し出ていたからである。翌年、オルメン隊はアソーレス諸島から西へ向かったため偏西風にぶつかって失敗したとされるが、この航海自体が実現しなかったという見方もあり、はっきりしていない［Morison 1965］。

第二に、成功報酬の要求が過大とみなされたことである。一四八六年以降、コロンブスはカトリック両王に対して発見地における世襲の提督・副王（王の代理として植民地を統治する最高位の官職）・総督（副王に準ずる官職）といった高位の政治的特権や広範な経済的利権を求めており、同様の主張がポルトガルでもなされたはずである。

第三の理由は、同時期に行われた王家の従士ディオゴ・カンの第一回航海（一四八二～八四年）の影響である。カンはコンゴの住民を数人連れて帰国すると、踏査検分の功績が認められ騎士とされ紋章を与えられた。一四八五年一二月、ローマに派遣されたポルトガル使節団のヴァスコ・フェルナンデス・ルセナは、新教皇インノケンティウス八世に対する遵奉式辞において、ポルトガル人はすでにアフリカの南端に至りアラビア海の入り口に達した、という認識を示した。実際にはカンの踏査はア

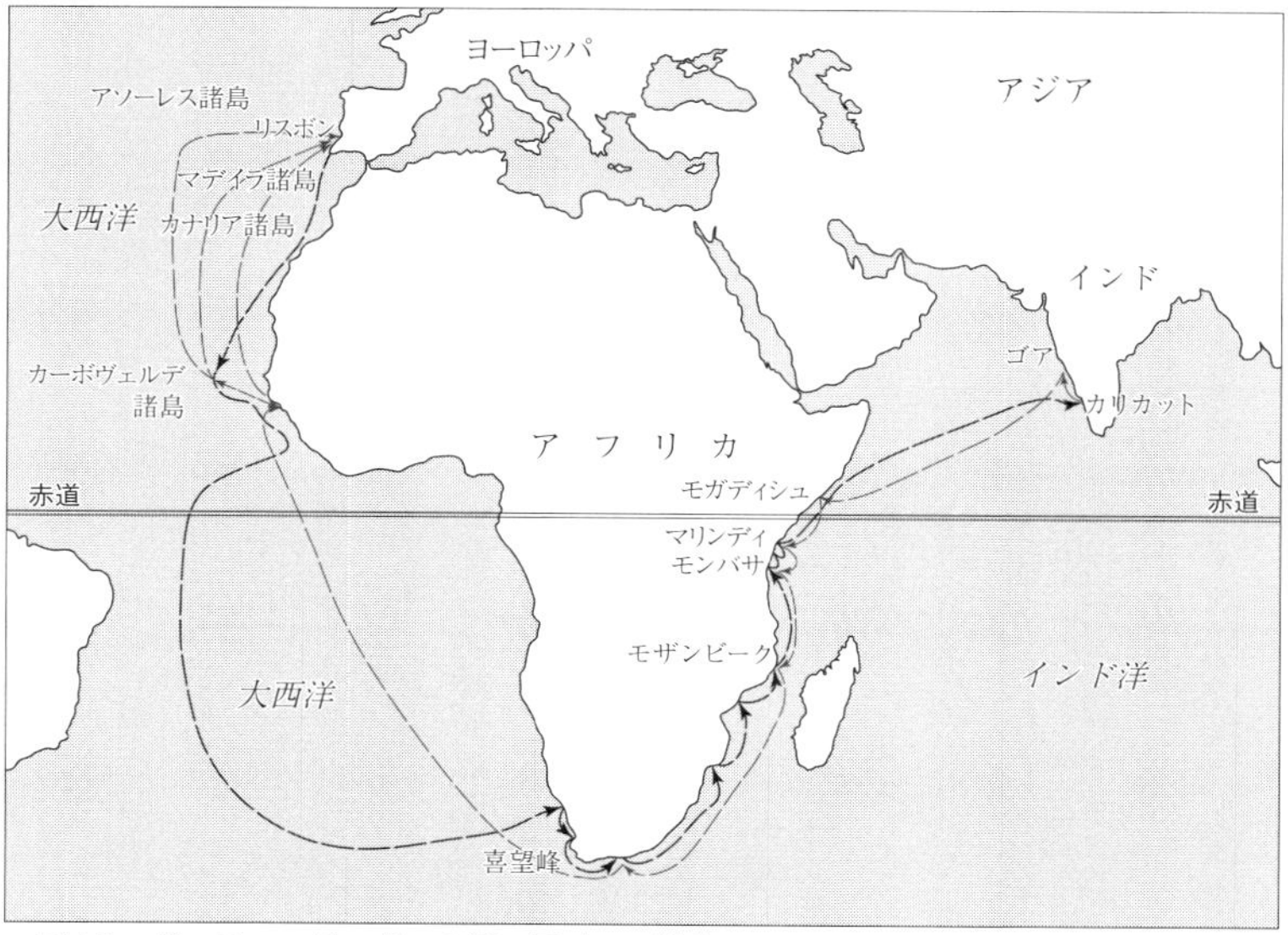

図12　ヴァスコ・ダ・ガマの第１回インド航海。
出所：[クリフ 2013] より作成

ンゴラのサンタ・マリア岬（南緯一三度）付近までであったが、その成果が過大に解釈され、のちのバルトロメウ・ディアスの喜望峰回航が先取りされたと誤解されたのである。

一四八四年末ないし八五年初め、失意のコロンブスは隣国に移ったが、ジョアン二世は西回り航海案に未練を抱いていた。一四八七年、スペインにおける最初の提案を退けられたコロンブスは、翌年ジョアン二世の招聘を受けてまたもリスボンに赴いた。しかし、一四八八年一二月、バルトロメウ・ディアスが喜望峰回航に成功して帰還し、東回り航路の開設にめどが立った。コロンブスはスペインに舞い戻った。

その三年余りのち、ようやくカトリック両王とサンタフェ協約を結び、八月コロンブス隊はパロスから出帆した。翌年一月からの帰航に際して、アソーレス諸島に立ち寄って一時乗員がポルトガル人に拘束され、さらに三月、アンダルシアではなくリスボン近郊に帰着するというリスクを冒した。『航海日誌』によると、いずれも荒天のためやむなくなされたとされているが、前述のように、これは海洋地理に基づいた予定通りの航路設定とみるべきであろう。

海洋地理を利したコロンブスの学習と応用はふたりのポルトガル人、ガマとマゼランに受け継がれた。太陽の南中高度による天文航法の運用で実質的に初めて成果を上げたのはヴァスコ・ダ・ガマの第一回インド航海である。ガマは航海用アストロラーベ（天測儀）と天文表を携えており、往復路で南北大西洋に８の字を描いて縦断する大胆な航跡を描いた。とくに往路の大航海は三か月におよびコロンブスの一ヶ月を大きくしのぐ。これは以後数世紀にわたる帆船の時代において範例となる。

ただし、インド洋に入ると、もっぱら現地航海士らの水先案内にたよって既存ルートの習得に努めた。一五〇二年のカンティーノ図をみると、インド洋や南シナ海の沿岸主要諸地点（未到達の地点も多く含む）の緯度が現地航海士らを介して吸収されていたことがわかる。

この間、コロンブスが果たせなかったアジアへの西回り航路の発見はポルトガル人マゼラン（フェルナン・デ・マガリャンイシュ）が率いるスペイン艦隊によって半ば達成された。マゼラン隊ではほぼ毎日緯度が、要所では経度も計測された。「半ば」とは、マゼラン海峡の発見と三ヶ月と三週間にわたる太平洋横断で拓かれたのは西回りの往路のみであって、南太平洋の強い南東貿易風はマゼラン海峡へ引き返す復路の運用をきわめて困難なものとしていたからである。

スペインはメキシコとフィリピンを結ぶ太平洋航路をもって西回り航路に代えた。メキシコから

図 13　航海用アストロラーベ部分（1496 ～ 1501 年、オマーン国立博物館所蔵）。ガマの叔父ソドレが指揮し 1503 年オマーン沖で沈んだエスメラルダ号の遺物。現存最古とされる。

の往路は、西へ向かう北赤道海流があるため比較的簡単で、一五二七～二八年アルバロ・デ・サアベドラ隊によって拓かれたが、復路の発見には時間を要した。一五六五年六月セブ島を発したアンドレス・デ・ウルダネタのサンペドロ号は、時計回りの北大西洋環流の一部である黒潮にのって北緯四三度付近まで北上し大圏航路を描いてカリフォルニアまでの航路を発見した。大航海の規模は一一〇日間に及んだ［Friis,1967］。

一五七一年スペインがフィリピン支配の拠点をマニラに定めると、マニラとメキシコのアカプルコを結ぶガレオン航路が成立した。すでにヨーロッパ経由でアジアに流れていたスペイン領メキシコやペルーの銀はこの航路によってマニラ経由で中国へ運ばれ、かわりに中国の絹などアジアの工業製品がメキシコへもたらされた。

とはいえ、太平洋航路は結局アメリカとアジアをつなぐものであった。フランシス・ドレークは一五七七～八〇年の世界周航でポルトガル人ヌノ・ダ・シルヴァの水先案内を得てマゼラン海峡の通過に成功したが、これは例外的で、一六世紀末までに同海峡の利用は激減した。南西回りの航海が長大であったこと、海峡通過が困難を極めたこと、そして海峡への復路が確立しなかったことがその要因である［ペンローズ 1985］。

そこで、フランス・イギリス・オランダはアジアへ通じる別の海路を求めた。フィレンツェのジョバンニ・ダ・ヴェラツァーノが率いたフランス隊が一五二四年に現アメリカ合衆国東海岸を踏査した事例を別とすれば、別の海路とは、イギリスのジョン・ディーらが提唱した最短航路、すなわち北米の北側を回る北西航路およびユーラシアの北側を行く北東航路である。ただし、そこには海氷という別の障害があった。北極海をわたる新たな海路の探索に大きな成果がもたらされるのは一九世紀末以降である。

参考文献

青木康征『完訳コロンブス航海誌』平凡社、一九九三年。
合田昌史『大航海時代の群像――エンリケ・ガマ・マゼラン』山川出版社、二〇二一年。
ヴェルリンデン、カール（今野一雄訳）『コロンブス』白水社、一九七二年。
クリフ、ナイジェル（山村宣子訳）『ヴァスコ・ダ・ガマの「聖戦」――宗教対立の潮目を変えた大航海』白水社、二〇一三年。
ペンローズ、ボイス（荒尾克己訳）『大航海時代――旅と発見の二世紀』筑摩書房、一九八五年。
Albuquerque, L. De, *Curso de História da Náutica*, Publicações Alfa, 1989.
Friis, R. ed., *The Pacific Basin, A History of Its Geographical Exploration*, American Geographical Society, 1967.
Godinho, V. M., *Os descobrimentos e a economia mundial*, 2nd.ed., 4vols., Editorial Presença, 1984.
Morison, S. E., *Portuguese voyages to America in the fifteenth century*, Octagon Books, 1965.

第2章　近世のゴアおよびリスボンにおける日本人奴隷の状況

ルシオ・デ・ソウザ

はじめに

一六・一七世紀のヨーロッパの歴史をふりかえると、日本はヨーロッパ人からすると謎めいた国として関心が向けられていたといえよう。この歴史的起源は、アントニオ・ガルヴァンにさかのぼる。彼の著作のなかで、日本はマルコ・ポーロの旅行記に記録された神話的な諸島「ジパング」と結びつけられ、ヨーロッパの知識人の好奇心を刺激した。これによって、アジアの国である日本に対する高い関心が生まれ、それは後に中国に対するヨーロッパ人の執着と同等の規模にまで成長する。これらの初期の接触がもたらした影響のひとつが、漆器をはじめとする日本の物品のヨーロッパへの流入である。これらの物品はその後何世代にもわたり受け継がれ、今日では欧州の最も権威ある博物館に展示されている。しかし、本章の目的は、単にこれらの物品を紹介することではない。むしろ、ポルトガルと日本の間に存在した広範な歴史的文脈、とくに初期における日本からポルトガルの地へと渡った日本人たちの足跡を明らかにすることである。

一六・一七世紀における日本人のポルトガルへの移動という長く複雑な過程を理解するためには、二つの重要な都市、すなわちマカオとゴアに注目することが不可欠である。これらの都市は、単なる地理的な地点にとどまらず、商品の流通と人々の移動を促進する戦略的なハブとして機能したのである。

一五五七年に正式にポルトガルの拠点として設立されたマカオは、極東におけるポルトガルの活動の拠点として重要な役割を果たした。ここから、ヨーロッパの商社やその代理人たちは、広東や日本の各港町、最終的には長崎からの製品を特権的に手に入れることができた。一六世紀後半から一七世紀前半のマカオにおける人口動態の調査によると、ポルトガル人や中国人の定住者に加えて、多くの日本人がこの地に住んでいたことを示している。なかには、船長や兵士、傭兵、商人、港湾作業員、神父、セミナリオ（神学校）生、教師、医師などが含まれていた。しかし、これ以外にあまり注目されることのない別のグループが存在していた。それは、使用人や奴隷たちである。これらの日本人奴隷の存在は、当時の日本における政治的混乱、すなわち戦国時代により分裂していた日本が、徳川幕府による統一に向かっていたという歴史的背景に深く根ざしている。一六世紀にポルトガル商人が頻繁に訪れていた日本の港で安価に購入された日本人奴隷たちは、マカオの社会に吸収され、他の者たちは東南アジア、とくにマラッカやインドに送られた。ゴアは日本人の主要な目的地となり、彼らはその地元社会に統合されるか、インドの他の地域やアメリカ大陸、さらにはヨーロッパへと送られることとなった。

この人々と物品の移動は単なる商取引ではなく、ヨーロッパとアジアの社会を形成するに至った深遠な交流を意味し、これが正式にそう認識されるずっと以前から、すでに世界は相互依存の関係にあった。

1　ゴア

ゴアにおける日本人の存在に関する研究は、依然として未開拓の学術領域であり、さらなる探究が求められている。筆者がこのテーマに初めて取り組んだのは、二〇一八年に出版した拙著においてであった [Sousa 2018]。その際、大学時代から二〇年以上にわたり収集してきた膨大な資料を活用したが、当時は未整理の文書が多く、新たに得られた発見を全て同書に盛り込むことはできなかった。本章は、これまでにふれることができなかった知見を統合し、再評価する場としたいと考える。

ゴアにおける日本人の存在が最初に示唆された記録は、一五四六年六月二日にゴア市でアントニオ・デ・ファリア・イ・ソウザによって書かれた報告書に見出される。この報告書では、ファリアがディオゴと名付けられた奴隷について言及しており、彼はホンペオという中国人の奴隷とともに日本を脱出したとされている。その後、ディオゴは再びファリアの下に戻ったと記録されているが、彼の出自については曖昧で、日本人であった可能性もあれば、中国人であった可能性もある [Almeida

2006: 310]。興味深い点は、ファリアがホンペオを中国人として明確に特定していることであり、これによりディオゴが日本人であった可能性が高まるものの、確定的な証拠は存在していない。

この時代における日本人の足跡をたどる上で、宗教裁判所の記録は極めて重要な資料である。これらの記録は、当時の社会における文化的・宗教的相互作用を深く洞察する鍵を提供してくれる。しかし、この資料を正しく解釈するには、宗教裁判所の制度そのものが形成された歴史的背景を理解することが不可欠である。一五六〇年にゴアで設立された宗教裁判所は、ローマ・カトリック教会がポルトガル領インドにおける宗教的権威を確立し、維持するための機関であった。この裁判所は、正統カトリック教義から逸脱する行動や文化的実践を厳格に排除する目的で運営されており、その活動の結果、一五六一年から一八一二年までの間に数千人が逮捕、拷問、さらには処刑されるにいたった。

筆者の研究では、一五六一年から一六二〇年にかけてゴアで行われた宗教裁判を、科学的かつ分析的な視点で考察する。この研究は、一六二五年から一六三三年にかけてゴアで宗教裁判官総長を務めたジョアン・デルガド・フィゲイラによる「コデックス二〇三」として知られる目録を基礎としている。この貴重な文書はリスボンのポルトガル国立図書館に所蔵されており、その脆弱な保存状態から二〇世紀に写真撮影が行われ、現在は六五一枚に及ぶ記録がマイクロフィルム形式で閲覧可能である。この目録には、宗教裁判によって起訴された人物の詳細な伝記記録が三四四四件含まれており、一部のケースでは同一人物が複数回の裁判を受けたことを反映してデータが重複している［Biblioteca Nacional de Portugal, Codex 203］。

記録されている罪状は多岐にわたり、重婚、信仰に対する冒瀆、異教性、異端、イスラーム教、ユダヤ教、ルター派、ネストリウス派の信仰、同性愛、さらには具体的に明記されていない罪状も含まれている。この膨大な記録群を通じて、ポルトガル植民地の統治構造、宗教裁判の制度的役割、そしてそれらの複合的な影響を受けながら生きた人々の多様な人生を浮き彫りにすることが可能である。これらは単なる法的手続きの産物ではなく、文化的・宗教的な交流や対立を映し出した貴重な歴史的資料である。

とくに注目すべきは、これらの記録の中に一一名の日本人が含まれていることである。その内訳は女性三名、男性八名であり、初期の分析からは興味深い事実が明らかになった。すべての日本人被告はポルトガル風の名前で登録されており、日本出身であることを示す明確な記述がない。この一一名のうち七名はフルネームで記載され、一名の女性は単に「日本出身」とされている。残る三名は名のみで特定されている。

以下、このグループに属する各人物を個別に詳細に分析し、宗教裁判が形成した文化的・宗教的アイデンティティの交錯を解明していく。

ゴア宗教裁判によって逮捕され裁かれた最初の日本人は、ポルトガル人ルイス・コエーリョの所有する奴隷であったロウレンソである。伝記的記録によれば、ロウレンソはキリスト教徒であり、彼の両親もキリスト教徒であったことから、彼の家族はすでにゴアに定住していた可能性が示唆される。しかし、彼はキリスト教へ改宗したにもかかわらず、イスラーム教とのつながりが維持されていたことが逮捕の理由となった。判決は一五九二年二月一日に下されたが、最終的な結末については記録が残されていない。この事例は、改宗後も元の宗教的・文化的習慣が保持される可能性を示しており、改宗が必ずしも完全な同化を意味しないことを示唆している。

次に逮捕されたのは、ポルトガル人商人アントニオ・モンテイロの奴隷であったコンスタンティノ・モンテイロである。記録によると、コンスタンティノはキリスト教徒であることを否定し、イスラーム教に改宗した罪で告発された。彼の判決は一五九二年一一月三日に下されたが、結果は明らかになっていない。しかし、これにより、彼がどのようにしてインドに到達したのかについての手がかりが得られる。アントニオ・モンテイロは、マカオと日本の間での貿易を管理していた著名な商人ドミンゴス・モンテイロの甥であり、このドミンゴスは奴隷貿易にも関与していた。一五九二年に彼が亡くなった際の遺言には、多数の日本人奴隷を所有していたものの、正確な数を特定できなかったことが記されている。さらに、彼の全ての日本人奴隷は解放され、財産の一部が与えられることが遺言で指定されていた［Misericórdia do Porto: Bco. 6, n°. 17, fol. 281v.］。ドミンゴス・モンテイロと彼の家族の商業活動に、ポルトガル、日本、そしてポルトガル王の商業的利害がどのように結びついていたかをこの史料は浮き彫りにする。さらに、これらの関係が個人の移動にどのような影響を与えたのかを理解する上で重要な手がかりを提供している。

三人目の犠牲者、マヌエルは、ポルトガル人商人アントニオ・ディアス・デ・メンドンサの所有する奴隷で、キリスト教に改宗していた。しかし、記録によれば、彼はイスラーム教を実践した罪で告発され、一五九三年八月二二日に判決が下されている。

四人目の犠牲者であるトメは、長崎出身の奴隷であり、ポルトガル人ロポ・トリゲイロスの所有物であった。トメもまた、イスラーム教的慣習を保持していたとされ、一六〇〇年一月三一日に判決が下された。

五人目の犠牲者であるジュリアン・パイスは、他のケースとは異なる独特な特徴を示している。日本出身でありながら、逮捕時には自由の身であり、かつて奴隷であったことが記録されている。彼が一六〇六年の法令によって解放された日本人奴隷の一人である可能性もある。ジュリアンに対する告発はイスラーム教に関するものではなく、むしろ財宝を発見するための儀式への関与に関するものであった。その詳細は不明であるが、彼の判決日が一六一二年六月三日であることのみが記録されている。

六人目の事例、ゴンサロ・リベイロのケースは、日本人犠牲者の中でもとくに複雑で興味深い要素を含んでいる。ジュリアン・パイスと同様に、ゴンサロは洗礼を受けていなかったものの日本人として認識されていたが、彼の特異性はゴアで日本人の両親である、パウロ・リベイロとマリア・リベイロの間に生まれた「第二世代」である点にある。この「第二世代」の現象は、単なる個別の事例ではなく、当時の交易ネットワークや社会的構造の広範な影響を反映している。

例えば、ペルーのリマで行われた一六〇七年から一六一三年にかけての国勢調査では、事務官（secretário）ミゲル・デ・コントレラスが「東洋のインディオス」（ポルトガル交易ルートを通じて移動した東インド出身のアジア人）として分類した日本人住民二〇名を記録している。この集団はリマの人口における小規模ながら重要な部分を形成しており、商業活動やアジア・ディアスポラとの関連が示されている。とくに注目すべきは、トマス（二八歳）と妻のマルタという夫婦の事例である。彼らは奴隷として扱われながらも、自身の出自を問われた際に「ゴア」と答え、文化的アイデンティティが形成される過程で日本人であることと現地の影響が融合していた可能性を示している。

　ゴンサロ・リベイロも同様に、こうした「第二世代」の現象を体現しているが、彼はポルトガル植民地に奴隷として連れてこられた多くの日本人とは異なり、自由民としてゴアで働いていた。とくに注目すべきは、彼が船の防水作業員（コーカー：槙皮工《まいはだ》）として生計を立てていたことである。この職業は、船体を修理し密閉することで漏水を防ぐ作業を担い、当時の海上貿易において極めて重要な役割を果たしていた。ゴンサロのような日本人がこうした専門的な技能を持ち、その地域社会や海洋・商業インフラの中核的な役割を担っていたことは、彼らが単なる被抑圧者ではなく、現地社会において一定の重要な貢献を果たしていたことを示している。

　一方で、ゴンサロは宗教裁判により逮捕され、重婚の罪で起訴された。一七世紀初頭のポルトガル社会において、重婚は単なる宗教的違反ではなく、社会秩序や教会が定める家族価値に対する重大な侵害とみなされていた。このため、宗教裁判はゴンサロのようなケースを利用し、個人の行動や道徳的選択に対する統制を強化することで、キリスト教の婚姻規範や一夫一妻制を厳格に適用していた。ゴンサロに対する最終的な判決は記録に残されていないが、彼の判決は一六一三年九月一日に宣告されたことがわかっている。

　一六一七年七月二一日、宗教裁判はアンドレ・ペレイラとジェロニマ・トラヴァソスの二人の日本人に判決を下した。これらの事例は、当時のゴアにおける宗教的および社会的ダイナミクスを理解する上で重要な洞察を提供している。

　アンドレ・ペレイラは、筑後出身の改宗キリスト教徒であり、ゴアで自由民として仕立て屋を営んでいた。彼の伝記的記録によると、おそらく彼の両親は日本に留まり、キリスト教には改宗していなかったとされている。宗教裁判における彼の罪状は「ジェンティリダーデ（gentilidade）」であり、これは非キリスト教的な慣習や信仰に関与している疑いを示すものであった。この告発は、ペレイラが観察された宗教的習慣がキリスト教の教義にそぐわなかったと見なされた結果であり、これが密告と告発に至った可能性がある。この事例は、当時の多宗教的環境下での緊張関係や、キリスト教の同質性を維持しようとする宗教裁判の役割を浮き彫りにしている。

一方、ジェロニマ・トラヴァソスのケースは、さらに多層的な社会的・文化的文脈を示している。彼女はゴアで日本人キリスト教徒の両親の間に生まれた自由民であり、ポルトガル商人エンリケ・ヌネスに所有されていた男性の奴隷、アンドレ・ルイスと結婚していた。この結婚は、当時の社会的ヒエラルキーと法的な曖昧性を反映している。ジェロニマが法的には自由民でありながら、夫が奴隷身分であったことは、彼女の社会的および法的脆弱性をさらに深める要因となった。

ジェロニマはキリスト教徒として生まれたにもかかわらず、キリスト教への完全な受容を示していなかった。彼女に対する告発は、「ムーアの罪」および「パゴダ（pagodas）への供物」であり、これにはイスラーム教的慣習や仏教、神道、あるいはゴアでのヒンドゥー教の影響が含まれていた可能性がある。このような告発は、ゴアの多様な宗教環境のなかで、キリスト教から逸脱した行動が如何に厳密に監視されていたかを物語っている。宗教裁判は、このような事例を通じて宗教的秩序の維持を試みるとともに、信仰の同一性を保証する手段として機能していた。

さらに興味深いのは、ジェロニマの夫アンドレ・ルイスも宗教裁判の記録に登場するものの、彼が独自に裁判を受けた形跡や判決に関する詳細が不明である点である。この不確定性は、当時の記録の断片性や、社会的身分と法的地位の絡み合いを反映していると言えるであろう。

一六一九年、フランシスコ・フェレイラはゴア宗教裁判における九人目の日本人犠牲者となった。彼は独身で洗礼を受けていたものの、その両親はキリスト教に改宗していなかった。一時はフランシスコ・ブランドン・デ・リマの奴隷として扱われていたが、判決が下される前に自由民としての地位を獲得していた。それにもかかわらず、彼は宗教的逸脱、とくにイスラーム教的慣習への関与の疑いで宗教裁判の標的となった。この時代における宗教的監視は極めて厳格であり、キリスト教以外の信仰を示す兆候が、容易に異端として告発される基盤となったことを浮き彫りにしている。

続く一〇人目と一一人目の犠牲者は、カタリナ・ゴンサルヴェスとイザベル・ジャポアという女性たちであった。両者の投獄日や裁判の詳細は記録されていないが、それぞれの境遇はゴア社会の宗教的および社会的複雑性を反映している。カタリナは自由民であり、フェルナン・アルブケルケと結婚していたが、彼女自身も夫もキリスト教に改宗していなかった。同様に、イザベル・ジャポアも自由民としてガスパル・デ・カセレスという奴隷と結婚していた。ガスパルは、その所有者であるアポロニア・フェルナンデスとその夫シマン・ペレイラとともに拘束された。このような事例は、宗教裁判が個々の信仰だけでなく、社会的な繋がりや身分をも監視し、それらを異端の可能性として組み込む方法を示唆している。

また、一五九三年には、ゴアに住む日本人の奴隷女性三人が主人の元を逃げ出した。そのうち二人は逃亡中にイスラーム教へ改宗したが、後に聖職者の介入を受け、ゴアへ戻り宗教裁判に自らの「過ち」を告白した。この二人は赦免され、再び主人の元へ戻ることを許された。この事件は、宗教裁判が異端とされた行為を厳しく取り締まる一方で、悔悟が示された場合には赦しを与える可能性があったことを明確に示している。しかしこの赦免も、主従関係を再構築するための手段として機能していた可能性が高く、信仰の管理と社会的秩序の維持という宗教裁判の二重の役割を示している［Wicki 1970: vol. XVI, 301］。

一五九五年にゴアでイエズス会が果たした介入は、宗教的活動を超えた重要な意味を持つ。日本人女性四人と日本人男性二人を解放したこの事例は、イエズス会の影響力の大きさを示すと同時に、日本人女性が当地の奴隷市場において特異的に高く評価されていたことを浮き彫りにしている。彼女たちが高値で取引された背景には、単なる身体的労働力としての価値を超えた需要があり、それはゴアの植民地経済における日本人奴隷の位置づけを反映している［Wicki 1998: vol. I, 311］。この事例は、当時のグローバル化した奴隷貿易において、日本人がどのような役割を果たしていたのかを示唆するものであり、その搾取の構造が広範囲にわたっていたことを示している。

さらに、一五九七年にイタリア人奴隷商人フランチェスコ・カルレッティがゴアに到着した際に連れてきた奴隷たちは、地理的にも文化的にも多様な背景を持つ人々であった。彼が連れてきたのは、日本、朝鮮（当時）、そしてアフリカのモザンビーク出自の者で、これらの人々がともに奴隷として取引されていたことは、奴隷貿易がいかに国際的かつ多層的であったかを象徴している。こうした人々の強制移動は、植民地帝国の経済的な野心がいかにして異なる社会の人々をつなぎ合わせ、単一の抑圧の枠組みの中に取り込んでいったかを明らかにしている。

植民地時代の奴隷制度における暴力と非人間化を浮き彫りにする具体的な事例として、一六一〇年に記録された日本人女性の悲劇的な出来事が挙げられる［Mocquet 1696: 252］。この事件は、単なる個別の残虐行為にとどまらず、植民地社会の制度的構造に深く根差した暴力の本質を示しており、人間性の暗黒面を科学的・分析的に考察する契機となる。

この女性はゴアで奴隷として所有されており、所有者の妻による暴力と拷問の対象となった。記録によれば、最初にその女性の歯は嫉妬の感情に駆られた妻によって折られ、その後、夫との関係が疑われたことでさらに残虐な拷問が加えられた。最終的にその女性は赤熱した鉄による拷問で命を奪われている。この暴力行為は、単なる個人的な嫉妬や敵意の発露ではなく、奴隷を物として扱う法的・文化的な枠組みがいかに暴力を正当化し、助長していたかを示す象徴的な事例といえる。

この事例を科学的に分析する際には、次の点に注目する必要がある。第一に、この事件が示すのは、植民地時代における奴隷の完全な非人間化である。奴隷は法的に所有物とみなされ、その肉体や生命さえも所有者の恣意に委ねられていた。このため、奴隷所有者の家族内の葛藤や権力争いが、奴隷に対する暴力として現れることが頻繁にあったと考えられる。第二に、赤熱した鉄という拷問道具の使用は、単に暴力の極端さを示すだけでなく、制度化された暴力がいかに意図的で計画的であったかを物語っている。

この事件を通じて明らかになるのは、奴隷制度が単なる経済的な制度ではなく、権力関係を内包した社会的構造そのものであったことである。植民地時代のゴアにおける奴隷制度は、単に労働力としての人間の搾取にとどまらず、社会的支配を強化し、異なる文化的背景を持つ個人を徹底的に抑圧する仕組みとして機能していた。この日本人女性の悲劇は、植民地社会における暴力の深層を解明するための重要な一事例として、単なる歴史的事件を超えた分析的な価値を持っている。

２　リスボン

ポルトガルに渡った日本人は主に二つのカテゴリーに分類できる。それは、宗教的役割を担った個人と、奴隷として扱われた個人である。この二重の存在は、近世初期における国際関係の多層的な力学を浮き彫りにし、宗教、文化、そして貿易が交錯する当時のグローバルな背景をより深く理解する糸口を提供する。

第一のカテゴリーである宗教関係者は、主にイエズス会に関連する日本人男性で構成されていた。イエズス会は一六世紀以降、日本における布教活動に積極的に関与し、東西文化交流の重要な橋渡し役を果たした。このネットワークにより、多くの日本人がヨーロッパを訪れる機会を得た。彼らはイエズス会士、学生、または文化的・政治的使節として活躍し、東洋と西洋の間で知識と思想の流通を促進した。彼らの存在は、当時のヨーロッパ人にとって遠く離れた異文化への理解を深める重要な窓口となり、また逆に日本社会にもヨーロッパ的視点や思想をもたらした。このような交流は、単なる学術的な好奇心を超え、文化的相互作用が人間の理解をどのように進化させるかを物語っている。

第二のカテゴリーである奴隷化された日本人は、グローバル経済とその暗部を象徴している。これらの個人は、アジア港湾を中心に形成された人身売買ネットワークの犠牲者であった。このネットワークは、ヨーロッパ諸国が確立した交易路を介して機能し、異なる地域や文化圏の人々を結びつける一方で、強制的な移動をもたらした。日本人奴隷はしばしば高値で取引され、ポルトガルを含むヨーロッパ各地に連行された。こうした人々は、困難な境遇にもかかわらず、歴史的な交流の一部を形成する存在であり、当時の社会経済的構造の一端を解明する手がかりとなる。

この二つのカテゴリーは、それぞれが対照的でありながら相互に関連し、一六・一七世紀における日本とヨーロッパの接触の多面性を示している。つまり、知的探求と文化交流が進められる一方で、暴力的で非人道的な取引が展開されたのである。

ポルトガルにおける日本人奴隷のなかでとくに注目すべき人物は、ジャシンタ・デ・サーである。彼女はおそらく、ポルトガル、ひいてはヨーロッパに住んだ最初の記録に残る日本人女性であり、カゴシマのベルナルド（Bernardo de Kagoshima）というイエズス会の学生がヨーロッパに記録された最初の日本人であるとされる一方で、ジャシンタは、ポルトガル社会における日本人女性の経験に対する独自の視点を提供している。ベルナルドと異なり、ジャシンタの日本名は歴史的記録には残っておらず、これは植民地主義的状況下において、とくに女性の奴隷に関する個人のアイデンティティがしばしば隠蔽されたり抹消されたりしたことを示している。

歴史的な記録によれば、ジャシンタはリスボンのコンセイソン教区に住んでおり、奴隷として扱われていたが、彼女の解放の具体的な経緯は不明である。一つの可能性として、一五七〇年九月二〇日に国王セバスティアン一世が発布した王命による解放が挙げられる。この王命は特定の奴隷の解放を命じたものであり、もしジャシンタがこの命令によって解放されたのであれば、少なくともその時点からポルトガルにいたことになる。このことは、法的行為と個々の生活が交差する興味深い瞬間を提供している。

一五七三年二月五日、ジャシンタは別の日本人元奴隷であるギリェルメ・ブランドンとリスボンのコンセイサン教会で結婚した［Torre do Tombo: Liv. 1 de Mistos, fl. 43 v.; 5-2-1573］。この結婚式は、イエズス会のバスティアン・ペレイラ神父とカルロス・ネトによって立ち会われたが、カルロス・ネトの社会的地位や職業についての記録は残っていない。また、結婚式に出席した他の人物についても記録はなく、二人の子供、洗礼、または死亡についての記録も存在しない。この記録の欠如は、ジャシンタとギリェルメがその後リスボンを離れた可能性を示唆している。おそらく一五八〇年一月二七日にリスボン地域を襲ったペスト流行の影響を受けたのであろう。この流行のタイミングが彼らの移住を促し、記録が消失する一因となった可能性があり、彼らの生活にさらなる謎を加えている。

一五八〇年代初頭、リスボンにおける日本人の再婚に関する記録が登場する。とくに注目すべきは、元日本人奴隷であるヌノ・カルドーゾの結婚である。一五八六年六月一〇日、ヌノはポルトガル人フェリペ・ロドリゲスの所有する女性奴隷コンスタンティナ・ディアスとロレート教会で結婚した。結婚証明書には九人の証人の名前が記載されているが、そのなかで明確に記録されているのはディオゴ・フェルナンデス神父のみである。この結婚に関する記録は、ヌノ・カルドーゾの社会的背景や職業に関する詳細な情報を欠いており、その生活や地位については多くが不明である［Torre do Tombo: Liv. 1 de Mistos, fol. 137v.］。

しかし、この結婚の意義は、一六世紀ポルトガルにおける自由人と奴隷との結婚に関連する法的および社会的複雑性を分析する際に極めて重要である。自由人と奴隷との結婚に対する主な障害は、奴隷所有者の抵抗にあった。この結婚により、奴隷側に法的権利が付与され、所有者の支配力に制限が加わるためである。具体的には、結婚後、所有者は奴隷を恣意的に移動させたり、売却したりすることができなくなり、その結婚関係を尊重することが求められた。このように、結婚は奴隷側に対して一定の法的保護と社会的地位をもたらし、所有者の権限を制限する重要な意味を持った。

ヌノ・カルドーゾとコンスタンティナ・ディアスの事例は、抑圧的な社会構造のなかで支配を超えて自己のエージェンシーを行使しようとした疎外された人々の戦略を示している。この結婚は、法的および社会的な枠組みに対して微妙な抵抗の手段を提供し、奴隷が自身の状況を改善しようとした試みとして理解される。結婚は単なる社会的契約を超え、権力関係の交渉の場として機能し、支配者の絶対的な支配に対する「控えめ」な反発を生み出す一つの方法であったと言えるであろう。

さらに、この結婚は、宗教機関としての教会の役割を浮き彫りにする。教会は、こうした結婚を合法化することによって、当時の厳格な社会階層において個人の権利を部分的に保護し、家族形成を支援する仲介者としての役割を果たした。教会によるこのような結婚の認可は、奴隷制度という制度的な枠組みに対して、直接的ではないものの重要な挑戦を意味し、奴隷たちが基本的人権を行使できる道を提供した点において、社会的変革の微細な前兆を示している。

一六世紀末のリスボン、ペナ教区における日本人男性とポルトガル人女性の婚姻記録は、当時の社会構造における画期的な出来事として注目に値する。一五九三年一月三一日、ヴェントゥラ・ジャパンとマリア・マヌエルが結婚し［Arquivo Nacional Torre do Tombo, Paróquia da Pena, Registo de

Casados, fol. 24v.］、続いて一五九五年一月一八日にはゴンサロ・フェルナンデスとカタリナ・ルイスが婚姻した［Torre do Tombo: Registo de Casados, fol. 38］。これらの婚姻は、単なる歴史的事実ではなく、当時の社会的構造や権力ダイナミクスを解明する上で重要な手がかりである。とくに、奴隷制の枠組みを超えた自主性の発現は、権力構造がどのように個人の選択や行動に影響を与えたのかを考察する際の重要な要素となる。また、共同体の形成とその内部ダイナミクスは、社会的包摂と排除のメカニズムを理解するための鍵となる。

これらの記録から浮かび上がるのは、ペナ教区に形成された緊密な共同体の存在である。この共同体は、主に奴隷、元奴隷、少数の自由民で構成され、社会的に周縁化されながらも、相互扶助のネットワークを築いていた。このネットワークは、彼らが経済的に脆弱であったことを示唆しており、ヴェントゥラやゴンサロが似た境遇の人々とともに暮らしていたことを物語っている。例えば、彼らの友人には別の日本人男性、トメ・デ・アブレウが含まれ、ゴンサロの結婚式では、彼の妻カタリナが親族のドミンゴ・ルイスとその妻を招待している。このような親族の参加は、当時の社会において人間関係がどのように機能していたのかを示す貴重な証拠である。

さらに、ゴンサロとジョアン・フェルナンデスというポルトガル人男性とのつながりが記録から浮かび上がる。ジョアンは、他の婚姻にも証人として登場し、フランシスコ・オメンとマリアのような元アフリカ人奴隷の結婚をも見届けている。この姓の共有は、ゴンサロやその他の友人たちが、かつてジョアンの奴隷であり、その後、庇護や社会的関係を象徴するものとして彼の姓を採用した可能性を示唆している。

これらの婚姻に共通するテーマは、奴隷制という枠組みのなかで行われた小規模ながらも重要な抵抗の表現である。また、彼らがペナ教区に集住した理由は、互いに近接し、共有された資源や価値観にアクセスできるという戦略的な選択であった可能性が高い。このような緊密な共同体は、彼らが直面した社会的および経済的脆弱性に対する緩衝材として機能し、同時に彼らの生活における自主性の証拠ともなった。

しかしながら、一五九八年一〇月にリスボンを襲った致命的な疫病により、この共同体は分断され、ヴェントゥラやゴンサロを含む多くの記録が途絶えている。この疫病は、彼らが築いた絆を破壊し、稀有な連帯の避難所を崩壊させた。

リスボンの教区記録には、一七五五年の大地震を生き延びた日本人に関する婚姻記録が残されているが、これに加えて、一六世紀のポルトガルにおける日本人の存在をより深く理解するための記録が散在している。これらを分析することで、単なる歴史的事象を超えた、広範かつ複雑な社会的・経済的・文化的力学が浮かび上がる。

たとえば、一五七九年一〇月一〇日、フィレンツェ出身の商人フィリッポ・サセッティがフィレンツェのバッチョ・ヴァローリに宛てた書簡は、日本人奴隷がリスボン港に到着した最も初期の証言を提供している [Sassetti 1855: 125–126]。注目すべきことは、国王セバスティアン一世により一五七〇年九月二〇日に発布された日本人奴隷化禁止令にもかかわらず、日本人奴隷がポルトガルに到着し続けた事実である。この事例は、商業的利益を優先するグローバルな交易ネットワークが、法的禁止をどのように回避しながら機能していたかを示しており、倫理的および法的ジレンマを浮き彫りにしている。アフリカやインドからの奴隷に比べて規模は小さいものの、日本人奴隷の存在は、ポルトガルの商業システムの弾力性とそのグローバルな影響力を物語っている。

さらに、ゴアからリスボンに至る航路を辿った日本人捕虜の事例は、この時代の交易ルートの過酷さとその背後にある人間の苦難を物語る。たとえば、一五八一年の航海では、マルコ・アントニオ・ポルカリ修道士が高い死亡率を伴う旅の過酷な条件を記録しており、その中には日本人奴隷の悲劇的な死も含まれていた［Wicki 1972: 467］。一五八一年一一月三〇日、高知にて、フライ・マルコ・アントニオ・ポルカリがイエズス会総長クラウディオ・アクアヴィーヴァへ宛てた書簡である。この記録は、単なる移動の記録ではなく、グローバル化の進展がもたらした人間の耐久力の試練を示していると言える。

また、一五八四年一二月八日にリスボンに到着した天正遣欧少年使節として知られる四人の日本人使節の事例は、文化的交差点としてのポルトガルの役割を象徴している。他のヨーロッパの都市では大きな興奮を引き起こしたこの日本人使節の訪問も、リスボンでは比較的馴染み深いものとして受け入れられた。この現象は、ポルトガルが東アジアの文化や人々に早期かつ広範な接触を持っていたことを反映している。たとえば、ブラガンサ公爵の息子が日本の衣装を身にまとい、使節を驚かせたという逸話は、ポルトガル貴族の日本文化に対する関心を象徴的に示している。この種の異文化交流は、単なる好奇心を超え、当時のポルトガル社会のコスモポリタン的な性格を強調するものである［Pinto 2006: 55］。

さらに、一六世紀ポルトガルに連れてこられた日本人奴隷の複雑な社会的移動を例示するのが、ダミアン・デ・リマの事例である。幼少期にイナシオ・デ・リマ船長の家に引き取られたダミアンは、成長の過程で解放され、さらに船長の相続人として指名された［RAH: 969-970］。この特異な事例は、ルネサンス期リスボンの社会的流動性が必ずしも一方向的ではなかったことを示し、個人の能力や関係性が社会的階層を超える可能性を持つことを示唆している。このような例は、当時のポルトガル社会が持つ柔軟性と、それが広範な歴史的文脈で持つ意義を考える上で重要である。

一方、既述の一五七〇年の奴隷化禁止令の実施は、法的な進歩であると同時に、その運用上の矛盾も浮き彫りにしている。たとえば、一五九〇年五月二三日、フィリッパ・デ・ヴィリェナが日本人奴隷ディオゴを解放した際の法的文書には、ディオゴが「白い顔を持つ日本人」と記述されており、この記述は当時の人種観や文化的誤解を反映している。このような事例は、単なる法的措置を超え、当時のポルトガル社会における日本人の存在が持つ多層的な意味を明らかにしている［Rios da Fonseca 2010: 108］。

最後に、リスボンのルア・ノヴァで金細工師シマン・カルロスによって一五九三年三月七日に解放された日本人奴隷トメの事例も特筆に値する。この解放は、「忠実かつ優れた働き」［Rios da Fonseca 2010: 108］に対する報酬として行われたものであり、経済的価値を超えた個人の貢献が評価された稀な例である。こうした事例は、奴隷制の経済的側面だけでなく、その社会的・文化的文脈をより深く理解する手がかりとなる。

一六世紀ポルトガルにおける日本人の存在を分析することで、単なる歴史的事実を超えた、人間社会の動態的で普遍的な特質を明らかにすることが可能である。それは、歴史が科学的に分析されるべき対象であることを思い起こさせると同時に、過去の複雑性を現在の視点から再考する意義を強調するものである。

フィリパ・デ・ゲラの奴隷であった日本人女性マリア・ペレイラは、一六世紀ポルトガルにおける奴隷制の複雑な実態を浮き彫りにする、興味深くも矛盾に満ちた一例である。修道女であったフィリパは、一五九六年二月七日付の遺言において、自身の死後にマリアを解放するよう命じた [Rios da Fonseca: 108]。しかし、この行為は、表面上はキリスト教的な慈悲心を体現しているように見えるものの、深く分析すれば、当時の道徳的、法的矛盾を内包している。そもそも、すでに述べたように一五七〇年に発布された日本人の奴隷化を禁じる王令に反し、フィリパはマリアを約二〇年以上にわたり所有していた事実が明らかである。このような矛盾は、宗教的信条と実際の行動との間に存在する乖離を浮き彫りにする。さらに、遺言には解放後のマリアの生活を支えるための具体的な措置が含まれておらず、彼女は三〇代の未婚女性として、社会的および経済的に不安定な状況に直面することとなった。このような自由の提供は、真の解放というよりも、新たな形態の脆弱性への移行に過ぎなかったと言えるであろう。

対照的に、ガスパール・ゴンサルヴェスの未亡人であるマルガリダ・フェルナンデスの事例は、法的および道徳的整合性の稀有な例を示している。一五九八年九月二五日、彼女は若い日本人奴隷マヌエル・フェレイラを解放し、その理由として、日本人奴隷化を禁じるポルトガルの法令を明確に引用した [Sousa 2018: 470-471]。この行為は単なる法的遵守を超え、倫理的な正義感を反映している。マルガリダの決断は、個人的行動が法的規範と一致し得る可能性を示すものであり、奴隷制の不正を認識しそれに対処しようとする姿勢が見られる。

さらに深い視点をもたらすのが、博多出身のマルティン・ゴメスの存在である。彼の生涯は、一六世紀における地球規模の移動と文化的相互作用を象徴している。スペイン領アメリカのヌエバ・エスパーニャやスペインのカタルーニャを経由してリスボンに到着した後、彼はポルトガルの広範な海上貿易ネットワークを利用して日本へ帰国した。しかし江戸幕府の禁教令後に教会関係者とともにマニラに移住し、結婚してキリスト教宣教を支援したが、マニラを離れ再度帰国した。そして不幸にも帰国した日本でのキリスト教迫害により、一六二七年に五歳の息子とともに処刑される運命に陥った［Sicardo 1698: 334］。彼の人生は、超国家的な宗教ネットワークの一端を担う一方で、当時の地政学的および文化的敵対の犠牲者としての側面も持っている。

これらの人生は、一六世紀ポルトガルで奴隷として扱われた日本人が直面した複雑で矛盾に満ちた現実を浮き彫りにしている。彼らの経験は、法的命令、倫理的原則、そしてその時代の経済的・文化的ダイナミクスとの間で生じた根深い不調和を反映している。この不調和は、単なる道徳的勝利ではなく、むしろ法律の枠組みの中で生じた制約を認めざるを得ない現実の反映であり、その結果として得られる解放はしばしば制度的な周縁化からの一時的な逃避に過ぎなかった。自由という概念は、単なる平等や安定を保証するものではなく、むしろ新たな社会的、経済的な困難の始まりを意味することが多かったのである。この現象は、自由がただ一つの状態に過ぎず、むしろより広範な社会的矛盾を浮き彫りにする役割を果たしていたことを示唆している。

おわりに

本章を締めくくるにあたり、一六世紀という変革の時代におけるポルトガル領インディア（ポルトガル語でEstado da Índia Portuguesaと記し、大航海時代にポルトガルがアジア、アフリカ、インド洋地域に築き上げた複雑な領土と拠点のネットワークを指す）およびポルトガルにおける日本人の存在を規定した社会的、文化的、政治的関係について、深く分析的な視点から再考することが求められる。この時代は、帝国の拡張とそれに伴う文化的接触の急激な増加が特徴であり、同時にそれらはしばしば緊張や搾取を伴うものであった。

ゴアにおける日本人の存在を、社会的かつ宗教的、あるいは植民地的枠組みの中で考察することにより、従来あまり注目されてこなかった重要な側面が浮上する。それは、ポルトガル帝国内での異端審問が果たした役割、アイデンティティの形成、文化的多様性の抑制、そして正統性の強制的確立に関するものである。奴隷として扱われたロウレンソやコンスタンティーノ・モンテイロから、自由な立場のジュリアン・パエスやジェロニマ・トラヴァッソスに至るまで、これらの実例は、個々のエージェンシー、家族や社会的ネットワーク、そして植民地的権力構造との交差を明確に示している。

これらの日本人の生涯は、帝国主義的な野望の陰で顕著に浮かび上がる人間的コスト――すなわち、グローバルな奴隷貿易の中での人々の商業化と、それに対する適応や抵抗の試み――を深く考察する手がかりを提供する。また、この歴史的な状況は、植民地的な統合の逆説を浮き彫りにする。つまり、日本人が現地経済に貢献する一方で、その文化的起源とアイデンティティが体系的に抹消されていたという矛盾である。

一六世紀の日本、インド、ポルトガルにおいて、イエズス会は思想や知識の交換の重要な仲介者として機能し、単なる宗教的使命の遂行にとどまらず、知的な交流を促進した。しかし、この思想の交換が進む一方で、人間の搾取という厳しい現実も存在し続けた。とくに、日本人が奴隷として扱われた事実は、道徳的原則と社会的実践との間の根深い対立を露呈する。一五九八年、ポルトガルの法律に基づいて若い日本人奴隷マヌエル・フェレイラを解放したマルガリダ・フェルナンデスの行為は、この時代における社会的な闘争を非常に明確に照らし出している。彼女の解放は、日本人奴隷を禁止するポルトガルの法に根ざし、その直接的な背景を超えて、体系的な不正義に対する広範な抵抗を象徴している。フェルナンデスの決断は稀ではあるが、個人が如何にして体系的な誤りに立ち向かい、それを正す力を持っているかを示している。これは、社会的不平等の制約の中であっても、変革的な行動が可能であるという重要な示唆を与えており、その意義は今日においてもなお有効である。

また、ヌノ・カルドーゾ、ヴェントゥラ・ジャパン、ゴンサロ・フェルナンデスといった元日本人奴隷たちの事例も、社会的な抵抗を体現するものである。彼らがポルトガル人女性と結婚したことは、単なる個人的な結びつきにとどまらず、当時の硬直した社会階層に対する深い反抗であり、外国人、とくにアジア人やアフリカ人に対する劣位を固定しようとする構造に対する挑戦であった。これらの結びつきは、新たな連帯のネットワークを築くことで、抑圧的な社会制度の中にあっても人間精神の強靭さを示し、より公正で包括的な社会の可能性を示唆している。

さらに、博多で生まれた日本人キリスト教徒であるマルティン・ゴメスの人生は、初期近代世界におけるグローバルな移動の逆説的な性質を明らかにする。彼の経歴、すなわち宣教師から宗教的迫害の犠牲者への転身は、国際的なネットワークが個人にもたらした可能性とリスクの両面を映し出している。思想や人々の交流を促進した一方で、それがいかにして帝国の罰則機構によって個人を圧迫し、自由を制限する結果を招いたのかを示している。マカオからの通信が発覚したことによる処刑は、自由と抑圧が同時に存在する複雑なグローバルシステムの一端を示しており、歴史的な文脈における人間の移動の本質を考察させる。これらの人生は、多様でありながら深く結びつき、逆境の中で抵抗と適応がいかにして個人と社会を変革する力を持つかを鮮明にしている。たとえば、ダミアン・デ・リマのように、かつての奴隷としての立場から社会的な名声を勝ち取った人物は、従属に関する通俗的な歴史観を根底から覆す存在である。一方で、法的に解放されたにもかかわらず、マリア・ペレイラのように経済的な困難と社会的な排除に苦しみ続けた人々の姿は、自由そのものが単に法的な概念ではなく、より深い社会的および経済的構造の変革を必要とすることを私たちに突きつける。

このような事例を分析することは、人権の本質を科学的に再考する機会を与えてくれる。自由と尊厳は単なる理想や抽象概念ではなく、歴史を通じて人間が困難の中で勝ち取ってきた実践的な成果であることがわかる。しかし、この成果は常に流動的で、権力構造や社会的慣習によって揺さぶられ続けてきた。これらの人生は、法的改革が達成されたとしても、社会全体の意識と構造的な変化が伴わなければ、自由と尊厳は実現し得ないという教訓を私たちに提供する。

さらに、この研究は、歴史が単純に「正義に向かって曲がる弧」として理解されるべきではないことを示唆する。むしろ、それは複雑で矛盾に満ちたプロセスであり、小さな抵抗や人間性の行為が積み重なることで初めて大きな変化を生み出すのである。

参考文献

（一次史料）

Biblioteca Nacional de Portugal, Codex 203 (Reportorio geral de tres mil oito centos processos, que sam todos os despachados neste sancto Officio de Goa & mais partes da India, do anno de Mil & quinhentos & secenta & huum, que começou o dito sancto Officio atè o anno de Mil & seis centos & e vinte & tres, com a lista dos Inquisitores que tem sido nelle, & dos autos públicos da Fee, que se tem celebrado na dita Cidade de Goa), *Microfilme F. 2545.*)

Documenta Indica, ed. Joseph Wicki, Rome: Monumenta historica Societatis Iesu, Societas Jesu, Institutum historicum Societatis Iesu, 1970.

Misericórdia do Porto, Arquivo Histórico da Santa Casa da Bco. 6, nº 17, fol. 281v.

Mocquet, Jean, *Travels and Voyages into Africa, Asia, and America, the East and West- Indies; Syria, Jerusalem, and the Holy Land*, London, William Nowton, 1696.

RAH, Jesuitas Legajo 9-7238; Legajo 21. Testamento de Damian de Lima. De Macau aos 25 de Outubro de 1642 annos, fols. 969–970.

RAHは、Real Academia de la Historia, Madridの略称。フィリッポ・サセッティは、フィレンツェのバッチョ・ヴァローリ宛の書簡において、一五七八年から一五七九年にかけて、日本人奴隷がインド航路（カレイラ・ダ・インディア）の船でリスボン港へ運ばれたことを指摘した。

Sassetti, Filippo, *Lettere edite e inedite [···] raccolte e annotate da Ettore Marcucci*, Florence: Accademia della Crusca, 1855.

Sicardo, José, *Christiandad del Japon, y dilatada persecucion que padecio. Memorias sacras de los martyres de las ilustres religiones de Santo Domingo, San Francisco, Compañia de Jesus; y crecido numero de Seglares; y con especialdad, de los Religiosos del Orden de S. Augustin*, Madrid, Por Francisco Sanz, Impressor del Reyno, 1698.

Arquivo Nacional, Torre do Tombo, Fundo Paroquial, Lisboa, Igreja da Conceição, Liv. 1 de Mistos.

Arquivo Nacional, Torre do Tombo, Paróquia da Pena, Registo de Casados.

（二次史料）

Almeida, Fernando António, *Fernão Mendes Pinto: Um Aventureiro Português no Extremo Oriente*, Almada, Câmara Municipal de Almada, 2006.

Lúcio de Sousa, *The Portuguese Slave Trade in Early Modern Japan*, Leiden, Brill, 20 Dec. 2018.

Oliveira e Costa, João Paulo, "O Cristianismo no Japão e o Episcopado de D. Luís de Cerqueira," PhD, New University of Lisbon, 1998.

Pinto, Abranches, Yoshitomo Okamoto, and Bernard Henri, S.J. *La Première Ambassade du Japon en Europe 1582–1592*, Tokyo, Sophia University, 1942.

Rios da Fonseca,Jorge Manuel, *Escravos e Senhores na Lisboa Quinhentista*, Lisbon, Edições Colibri, 2010.

Wicki, Joseph S.I. *Documenta Indica, vol. XII* (1580-1583), Romae. Institutum Historicum Societatis Iesu, 1972.

第3章　南米大陸北部の空間のナショナリズム

――一七・一八世紀のアマゾン川の航行

住田育法

はじめに

北に広い逆三角形をなすブラジルの現在の領土は、東は大西洋、西はアンデス山脈、北はギアナ高地、南はラプラタ川へとつながる広大な空間を占めている。本章で取り上げるアマゾン川の本流は、アンデスの山々から始まり、赤道直下の緑の森を全長六八〇〇キロ（長さの数字は二〇〇七年のブラジル地理統計院の報告に基づく）東に下って大西洋に注ぐ（図1）。そしてアマゾン川本流の北の支流と南の支流がそれぞれ北半球と南半球に水源をもち、年に一度の雨期と乾期に水位が上下する。

南米大陸北部に位置するこの広大なアマゾン川の大部分はどのようにしてブラジルの領土になった

のであろうか。その答えはあくまでも幾何学上の例えであるが、「点と線」の支配を重視したポルトガルの植民地支配の歴史にある。「点」とは砦や要塞、町《ヴィラ》、「線」とは「潮と風」の航路である。アマゾン川の場合は海のような川の「水と風」であった。ポルトガル人ヴァスコ・ダ・ガマ（一四六九年頃～一五二四年）はアフリカ南端の喜望峰を越えて一四九八年に最初のヨーロッパ人としてインドに航海した。その直後、ポルトガル人はアジア貿易の商品を独占し、他のすべての産物の貿易を支配してこれに対する課税を意図した［ピアスン：23］。アジアにおけるこの試みは失敗に終わったものの、大西洋を舞台とするブラジルの熱帯農業開発は成功を収めたのである。一五世紀の大航

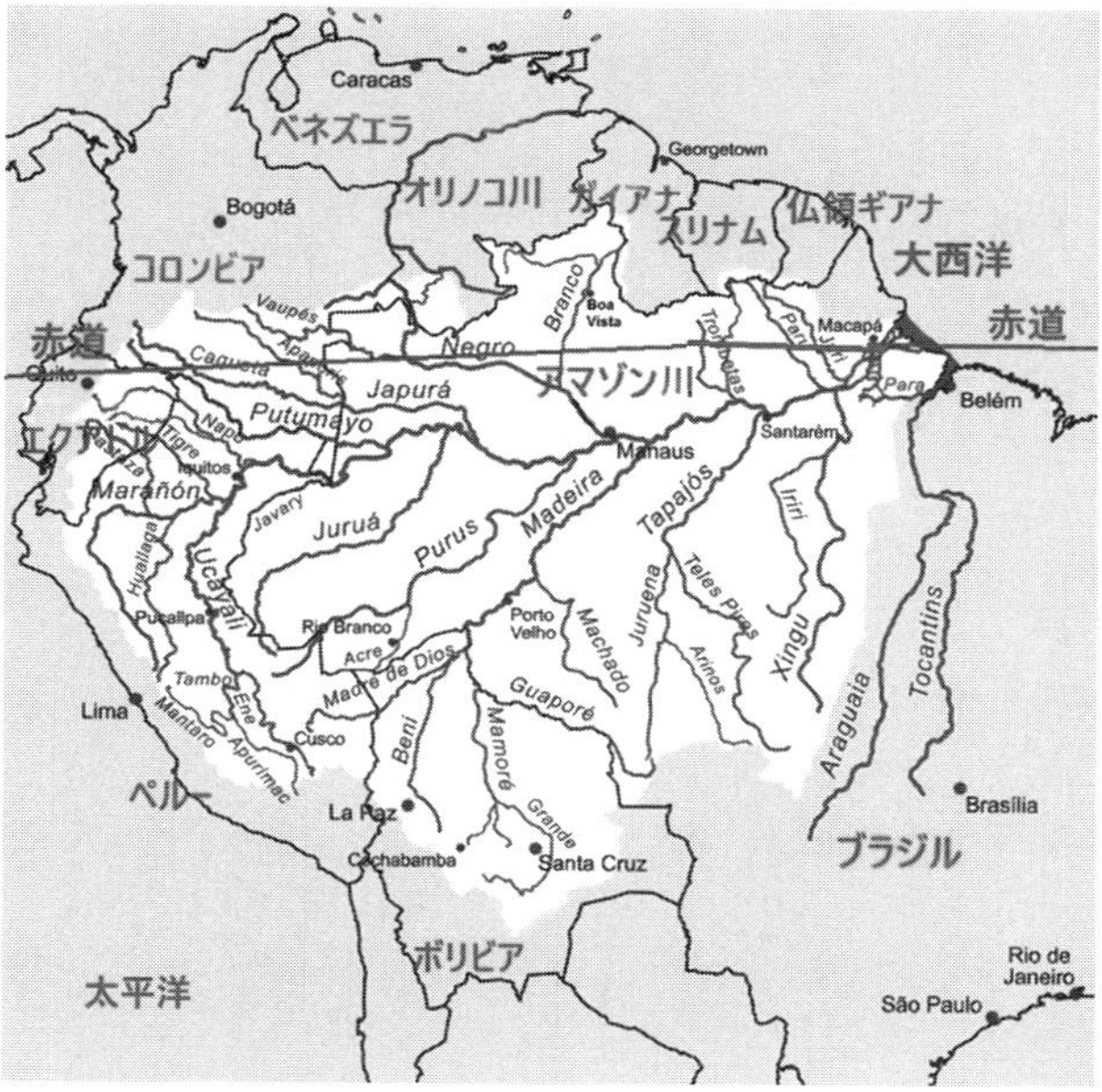

図１　アマゾン川と赤道

アマゾン川の流域面積は 705 万平方キロメートル（ブラジル地理統計院 IBGE, 2018 年）。その 62.4% の 439 万平方キロメートルをブラジルが占めている。

出所：Rio Amazonas、Wikipedia スペイン語版

海時代以降、大西洋においては旧世界ヨーロッパの工業製品、新大陸ブラジルの砂糖や、一八世紀には金、一九世紀にはコーヒーとゴム、そして一九世紀まで旧大陸アフリカの黒人奴隷などの商品の交易がつなぐシステムが存在した。

一方ブラジル内陸部の農業の開発はアジアで試みたような「点と線」ではなく、図形の概念としての「面」で展開した。「面」とは具体的には農場や牧場である。ポルトガル人はブラジルで熱帯農業に着手した。しかし過去において北部のアマゾン川の占有は、「面」ではなく水路を利用する「点と線」の支配で行われたのである。つまり大航海時代の海軍力同様、オランダ人、フランス人、イギリス人、スペイン人などの侵略者に対抗するための「軍」という力による支配の実践であった。

本章で扱うのは一七・一八世紀であるが、これ以降の一九世紀後半における北アメリカの米国は、太平洋と大西洋に面した海洋国家であり、同時に、ヨーロッパのロシアとともに広義の大陸国家でもあった。これに新興国として、アジアの中国、そして南米のブラジルが二〇世紀、二一世紀の大陸国家として登場する。大陸国家は歴史のなかで広大な自らの空間の維持と国境付近の民からの領土の獲得を求めた［ウェスタッド 2020 上：20-24］。六割を超える流域面積をブラジルが占めるアマゾン川は現在、想像を絶する環境破壊や先住民保護の問題に直面し、とくに農牧畜のための「面」の開発は陸上を覆う広大な熱帯雨林消滅の危機を招いている。この問題の研究は別の機会に譲り、今回は過去にさかのぼって、ブラジル北部の空間のナショナリズム［住田 2023：109-144］の歴史を考察する。

1　ポルトガルの「点と線」と「面」の開発

（1）ポルトガルの建国と大航海

ポルトガルは一二世紀の一一四三年に王国として誕生した。レックス（ラテン語ではRex。王の意味である。ポルトゥカーレ伯エンリケの子を意味する）を自称するアフォンソ・エンリケス（生一一〇六、一一〇九、一一一一年頃〜没一一八五年）に対して、一一四三年にローマ教皇の使節の仲介による平和条約の締結がなされて国王の称号が認められたのである。この建国以降、一三世紀には帆船の中央舵や羅針盤、海図など航海術にかかわる主要な発明の恩恵が他の地域より早くもたらされていた［マルケス 1981：120］。

やがて一五世紀初頭に始まる大航海時代においてポルトガルは地理上の発見をリードすることになる。しかしポルトガルは人口二〇〇万に満たない小国であった。小さな国が広大な空間を支配できた理由は、強力な王権を求めず本格的な植民地帝国を創らなかったためである［マルケス 1981：214］。ポルトガル人はヨーロッパで最初の近代的な国民国家を形成し、その国境は、イベリア半島のアルガルヴェ地方のイスラーム「西方王国（原語：Kingdom of the West）」が倒れて以来、現在まで変わっていない［バーミンガム 2007：8-9］。

ポルトガルは大航海時代をリードするため、冒頭で述べたように広大な地域を「面」としてではなく、「点」と「線」のつながりによって支配の仕組みを整えた。ポルトガルの首都リスボンの海軍博物館の入口に掲げられている歴史地図（図２）を観察すると、大航海時代のポルトガル人の広大な空間への強い思いが理解できる。

図２　大航海時代のポルトガル発展図。1970年リスボン海軍博物館制作（2023年、筆者撮影）

　これを可能にしたポルトガルの能力について、「世界システム論」の提唱者ウォーラーステインは第一に、ポルトガルが大西洋岸にあり、アフリカに隣接している、という地理的条件を上げる。第二に遠距離貿易に経験があり、第三に資本の調達が容易で、第四に国家機構が強大であったことを指摘している。とくに一五世紀に西欧諸国が内乱にあけくれていたときに、ポルトガルだけは平和を享受し、国の全エネルギーをかたむけて商業活動に邁進した［ウォーラーステイン1990：52–54］。

　一四九四年六月にスペインとポルトガル両王国の間で調印されたトルデシリャス条約の分割線（図３）の東側の空間がポルトガルに属することになった。一五〇〇年にポルトガル王国によって境界線東側のブラジル発見が正式に宣言され、一五三四年には世襲制のカピタニア（Capitania）に分割された。これはカピタン（capitão）、つまり指揮官の地を意味した。そこに入植し経済開発できるよう財政および人的資源ととも

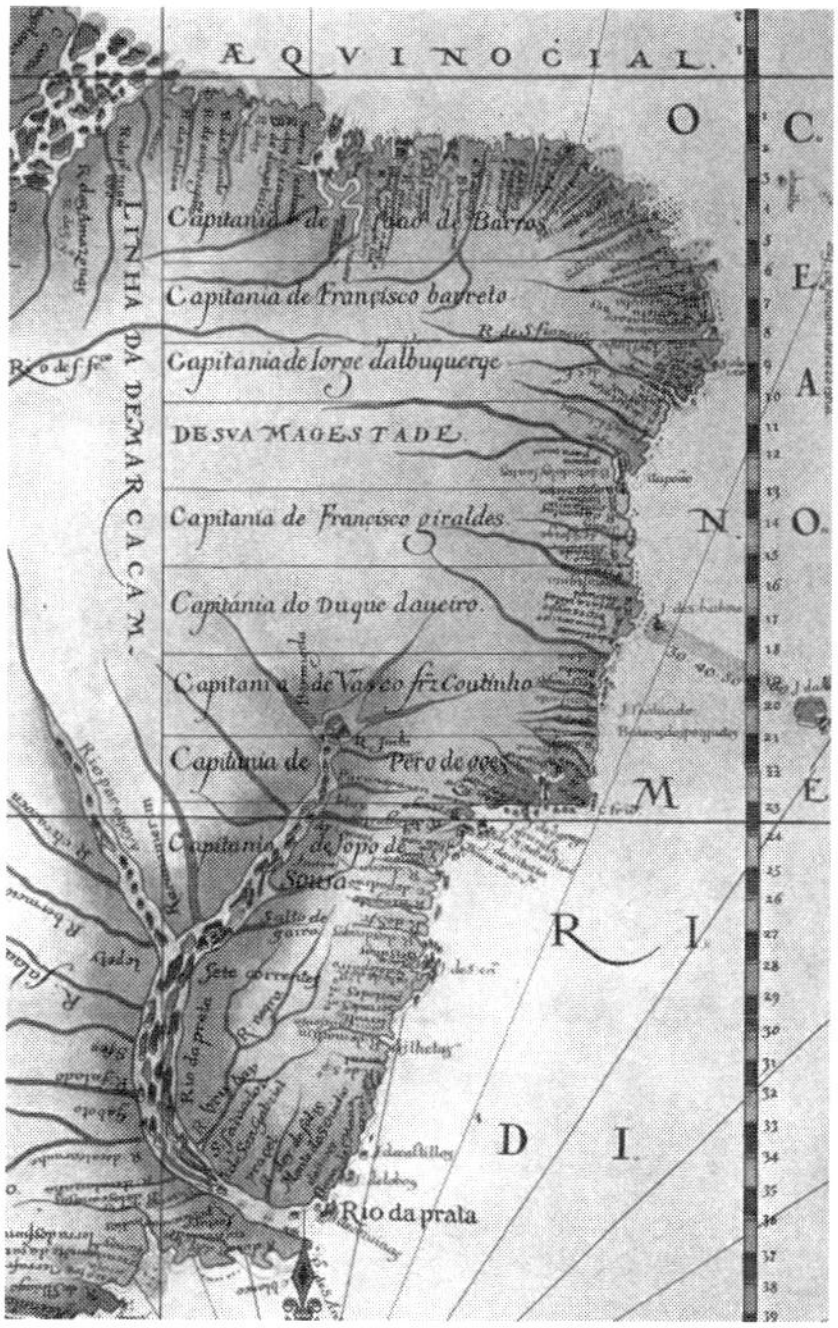

図３　トルデシリャス条約分割線東側のブラジル
Luís Teixeira, 1574. Domínio público, Biblioteca da Ajuda, Lisboa.
出所 :https://multirio.rio.rj.gov.br/index.php/historia-do-brasil/america-portuguesa/8727-o-sistema-de-capitanias-heredit%C3%A1rias

に国王によってこの空間はポルトガルの貴族に与えられた。カピタニアのうち北東部の土地ベルナンブーコが、ヨーロッパで商業的価値の高かったサトウキビの栽培地となった。一五三九年、ペルナンブーコのカピタニアを付与された領主であるドナタリオ（donatário）は、輸出向けの砂糖生産の拡大のため、すでに所有していた先住民奴隷の他に、アフリカの黒人奴隷を入手するための許可を国王に求めた。黒人奴隷制度に基づく熱帯農業の開発が「面」として始まったのである。

（2）ブラジルの開発

ブラジル領土の実効占有の開始を歴史家Ｊ・Ｈ・ロドリゲス（一九一三〜一九八七年）は次のように説明している。

ブラジルはあまりに急激に開拓され急速に拡大したので、奥地の大部分において入植が不十分であった。アングロ・サクソン系入植者が一七七六年の時点ではなおフランスよりも小さな領土しか占有せず、一八三〇年以降の数一〇年間に西部への大量移住によって国全体を有するに至った北米合衆国の場合とは逆に、一七世紀のブラジルにおいて領土的浸透は、人数を制限された小集団によって行われ、本格的な入植を実現できなかった［ロドリゲス 1982：96］。

植民地であったブラジルは、一六世紀以降、本国ポルトガルのスペインへの併合に関わる大きな転換期を迎えた。熱帯農業による「面」の開発である。しかしそれは、人口希薄な拡散型の過程であった。ロドリゲスはドイツの歴史家ハインリッヒ・ハンデルマン（一八二七〜一八九一年）の観察を利用して以下のように続ける。

「ブラジルにおいては入植集団の大部分が先導者の流れへと分散し、その各々が急速な前進によって大成功を遂げた。しかし、当時彼らは、後衛とのいかなる定期的な連絡をも持たない孤立した前哨基地として留まることを義務づけられ、遠い将来に住民数の増加によってのみ実現を期待できる援助を待ち望むだけであった」。しかしながら、人口の自然増加だけでは奥地に散在していた人々を援助するのには不十分であった［ロドリゲス 1982：96］。

ブラジル植民地化の基盤である熱帯農業つまり北東部海岸地帯の砂糖生産によって植民が始まった。この事業に資金と販売の面で協力したのがオランダであった。大西洋を挟んで、オランダはポルトガルの植民地ブラジルの経済活動を強く支援したのである。しかし、南米とアフリカ、ヨーロッパをつないで、成長するために有利となる政治・経済情勢は、一六世紀末の一五八〇年から一六四〇年までの六〇年間のスペインによるポルトガル併合期間に根本的に変化した。併合の期間、オランダがスペインに対して挑んだ戦争は、南米ブラジルに深刻な影響を与えた。一七世紀初頭、オランダ人はヨーロッパ諸国の海上貿易を事実上、すべて支配していたのである。したがって、オランダ商人の協力なしに、ヨーロッパにブラジルの砂糖を販売することは不可能であった。他方、オランダ人はブラジルの砂糖取引の大きな分け前を決して放棄しようとはしなかった。この砂糖の支配をめぐる闘争は、オランダがスペインに対して挑んだ戦争の理由の一つとなった。それは一六三〇年から一六五四年までの二五年間にわたるブラジル北東部砂糖生産地帯のオランダによる占領であった。そして、オランダとポルトガルの協調体制が破綻したことによって、ブラジルにおいてオランダ人が得た砂糖産業の技術面および組織面のすべての知識が、カリブ海地域における大規模な競争的砂糖事業の設立と発展のための基礎となったのである。このときから、それまでのポルトガルの生産者とヨーロッパ貿易を支配するオランダ金融グループの間の利害の一致に基礎をおいた独占状態は、崩壊した。一七世紀の第三四半期には、砂糖価格は半分に下落し、つぎの一八世紀全般を通じて、ブラジルの砂糖生産は低迷する［フルタード 1971：12-13］。

一七世紀におけるブラジルにとってのアメリカ大陸史の主要な出来事は、熱帯産品市場における強力な競争相手の出現であった。これはかなりの程度まで、一七世紀前半におけるスペインの軍事力の弱体化から生じたものである。そしてこの軍事力の低下は、当時、勢力を伸ばしていた三強国、オランダ、フランス、イギリスによって観察されていた。アメリカ大陸のスペイン領土という豊かな戦利品を手に入れようとの考え方はこれらの国々に常に存在していた。この考え方が実現に至らなかったのは、英仏両国間の敵対意識の増大のおかげであった。この両国は戦略的価値のあるカリブ海諸島を手に入れ、そこに軍事的目的をもった定住植民地を立てようとしていた［フルタード 1971：14］。

（３）オランダ人の追放

ポルトガルがスペインに併合されていた一六四〇年までの期間、ブラジル北東部から追放されたオランダ人がアンティル諸島経済の変革をもたらしたのである。砂糖生産技術を習得し、砂糖産業用設備の製造の準備ができていたオランダ人がこの地域の植民者と協力した。オランダ人は必要な技術を与えただけでなく、設備や奴隷、土地を購入するための借款も与えた。まもなく、カリブ海の広大な土地を支配し、大規模な製糖工場を所有する強大な金融グループが形成された。そして、ブラジルからのオランダ人追放後一〇年もたたないうちに、アンティル諸島にはまったく新しい設備をもち、ヨーロッパに近いという、より有利な地理的位置を利用した大規模な砂糖経済が運営されたのである。結果として、仏領および英領アンティル諸島ともに、ヨーロッパ系人口が急減し、逆に黒人奴隷の数が急増した［フルタード 1971：19-20］。

こうした展開において、仏領および英領アンティル諸島から西に位置するカリブ海地域では一七世紀から一八世紀にかけて、イギリス人やオランダ人による植民が行われ、黒人奴隷も導入されることになった。オランダ人、フランス人、イギリス人、スペイン人などヨーロッパ勢のブラジル侵攻への脅威によって、ポルトガル人の側からは南米北部に位置するアマゾン川への領土的関心が強まったのである。ポルトガルを出て帆船が西に向かうと、アフリカ大陸とアメリカ大陸に挟まれた大西洋が広がる。リスボンからアマゾン川河口までの距離は、直線でカリブ海のキューバやアンティル諸島までと同程度、あるいはやや短い。熱帯作物の商品である砂糖の消費地ヨーロッパへの輸送価格において遠距離であるため価格競争でカリブ海に生産地を持つオランダにブラジルは負けた。しかしアマゾン開発の場合、ヨーロッパからの距離の面で、ブラジルのペルナンブーコなど北東部にくらべて優位にあったといえよう。アソーレス諸島を挟む首都リスボンとの地政学的環境にアマゾン川の空間は、ポルトガルが支配を行うために距離の面で恵まれていたのである。

2　一七世紀のアマゾン川とポルトガル人

(1)　アマゾン川の利用

一七世紀にポルトガル人は赤道の南のブラジル大西洋岸全域を支配していった。トルデシリャス条約の境界線の西の空間はスペインに領有が認められた地域であるが、すでに述べているように一五八〇年にポルトガルがスペインに併合されたことから、その空間をポルトガル人が積極的に利用することになる。そして一六一二年に「赤道フランス（仏語 France équinoxiale）」を創建した大西洋に注ぐアマゾン川河口の南東に位置するマラニャンに入植しようとしたフランス人の試みを一六一五年にポルトガル人が打ち破ったのである。フランス人を追放すると直ちに、ポルトガル人はアマゾン川に前哨基地を建設するため、三隻の船に乗った一五〇人の男たちと一緒にフランシスコ・カルデイラ・デ・カステロ・ブランコ（一五六六～一六一九年）を派遣した。一六一六年一月にグアマ川がパラ川に合流する地点にある島にポルトガル人たちは木の砦をつくった。砦は発展し、ベレンドパラ（ベレン）市となる［ヘミング 2010：69］。

一方、ギアナ（英語・ポ語 Guiana、オランダ語 Guyana、フランス語 Guyane、スペイン語 Guayana）海岸に高収益のタバコ農園を拓いていたオランダ人は、シングー川下流にオレンジとナッソウという二つの防禦柵の砦を建てていた［ヘミング 2010：71］。このようにオランダ人の侵攻も脅威であった。

アマゾン川の河口のベレンドパラ近くの先住民を鎮圧したあと、ポルトガル人は他のヨーロッパ人の侵入者の追放に向かった。相手のほとんどはカトリック教徒に敵対するプロテスタントであった。一六二三年にポルトガルから来た部隊長と先住民討伐者のベント・マシエル・パレンテ（一五六七～一六四二年）の指揮の下で、七〇人の兵士からなる遠征隊がアマゾン川本流へ派遣された。遠征隊にはブラジルへ異端審問官として行くことを志願したフランシスコ会のクリストバン・デ・サン・ジョゼ修道士が含まれていた。彼は先住民たちから非常に好かれ、信頼されていたため、一〇〇〇人の友好的な先住民の弓の射手が四〇隻のカヌーに乗って自発的に遠征隊に参加した。先住民は大量の食料を持参したので、工具、ガラス玉、櫛、鏡、釣り針などの交易品がその見返りとして贈られた。アマゾン川の北側の河口近くに定住していたイギリス人とオランダ人はこの強力なポルトガル人の部隊に対して何もできなかった［ヘミング 2010：73–74］。

（2）スペイン領アマゾン川をポルトガル人がさかのぼる

ポルトガル人のペドロ・テイシェイラ（生一五七〇－一五八五年～没一六四一年）（図４）はタウレゲ砦のオランダ人やアイルランド人の財産を奪い、他のイギリス人とオランダ人の入植地をつぎつぎと破った。テイシェイラはブラジルの海岸地帯出身の先住民同盟者ポチグアル族に助けられた。彼らは危険を顧みることなく勇敢に戦い、泳いでいってオランダ人のカヌーを転覆させ、要塞に突入し、彼らの矢でヨーロッパ人の銃火と対等に戦った。ポルトガル人は同盟を結んでいる先住民の協力を得ることができたのである［ヘミング 2010：77–78］。

図４　肖像画（ペドロ・テイシェイラの肖像）
出所：Pedro Teixeira (Wikipedia)

一六三〇年にオランダ人は本章の第１節で述べたように、砂糖の生産地であるブラジル北東部の征服に成功し、二五年間にわたってその地を占領するが、同じ時期、アマゾン川ではポルトガル人がオランダ人を完全に排除した。つまり、「点」と「線」による広大な川の支配にポルトガル人が先住民の力を借りて勝利したのである。

一七世紀の一六四〇年にポルトガルはスペインからの再独立によりブラガンサ朝を成立させ、一六六八年にスペインがポルトガルの独立を承認した。このスペイン併合期間の一六三七年にブラジルのマラニャンの長官ジャコメ・デ・ライムンド・デ・ノローニャが大規模な遠征隊を組織させ、ペドロ・テイシェイラを隊長にアマゾン川を遡行させた。アマゾン川河口のパラのカメタを出発してアンデスのスペインが支配しているキトに達したペドロ・テイシェイラ遠征の様子が、シネマテークによる二〇〇〇年制作のポルトガルとブラジル合作の歴史映画で紹介されている。ノローニャはテイシェイラにアマゾン川の簡単な地図を渡してその遡行を命じた（図5）。

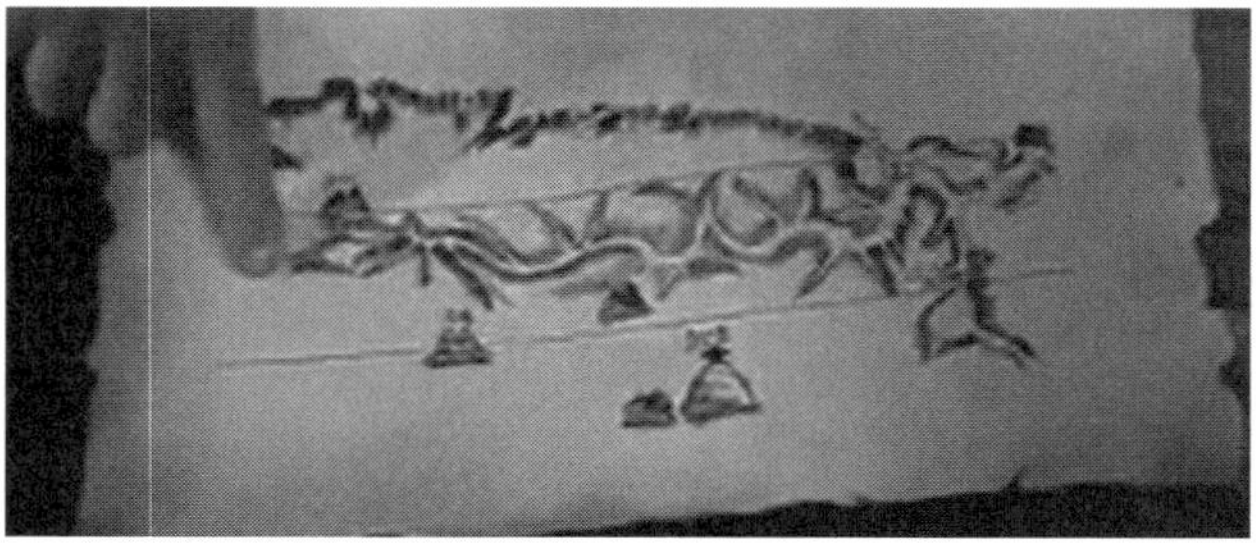

図５　映画のシーンの中のアマゾン川の地図とこれを指すテイシェイラ。映画は、実際にアマゾン川を撮影地として製作している。映像で先住民を船の漕ぎ手として川をのぼった様子が描かれている。
出　所：CURIUA-CATU A Grande Expedição de Pedro Teixeira. 2000, Lisboa, Portugal- Belém, PA　https://www.youtube.com/watch?v=Z4FkcnZoVB8

一六三七年一〇月に出発したテイシェイラが指揮する遠征隊は、四七隻のカヌー、七〇人のポルトガル人兵士、数人の聖職者、一〇〇〇人を超える妻や子を連れた先住民で構成されていた。ガイドは修道士のドミンゴス・デ・ラ・ブリエバであった。一六三八年一月、遠征隊はネグロ川の河口を発見し、七月にはナポ川の河口を発見、八月には最終的にキホス川に達し、九月にキトに到着した。最初の旅を終えたテイシェイラと遠征隊は、一六三九年二月にキトを出発し、川を下ってベレンに向かった。六ヶ月後の一六三九年八月、彼らはポルトガル人のフランシスカナ入植地を設立し、さらにノローニャ長官の命令書に従ってトルデシリャス条約の境界線を西に二四〇〇キロも超えて、スペインとポルトガルの境界線を示す礎石を建てたのである［ヘミング 2010：80-81］。

テイシェイラの遠征隊はパラのカメタを出発して二年後の一六三九年一二月にベレン市に戻った。この功績によりテイシェイラは一六四〇年二月にグランパラのカピタニアの長官（capitão-mor）の職を受け入れ、一六四一年五月までその職に留まったが、同年七月に同地で没した。

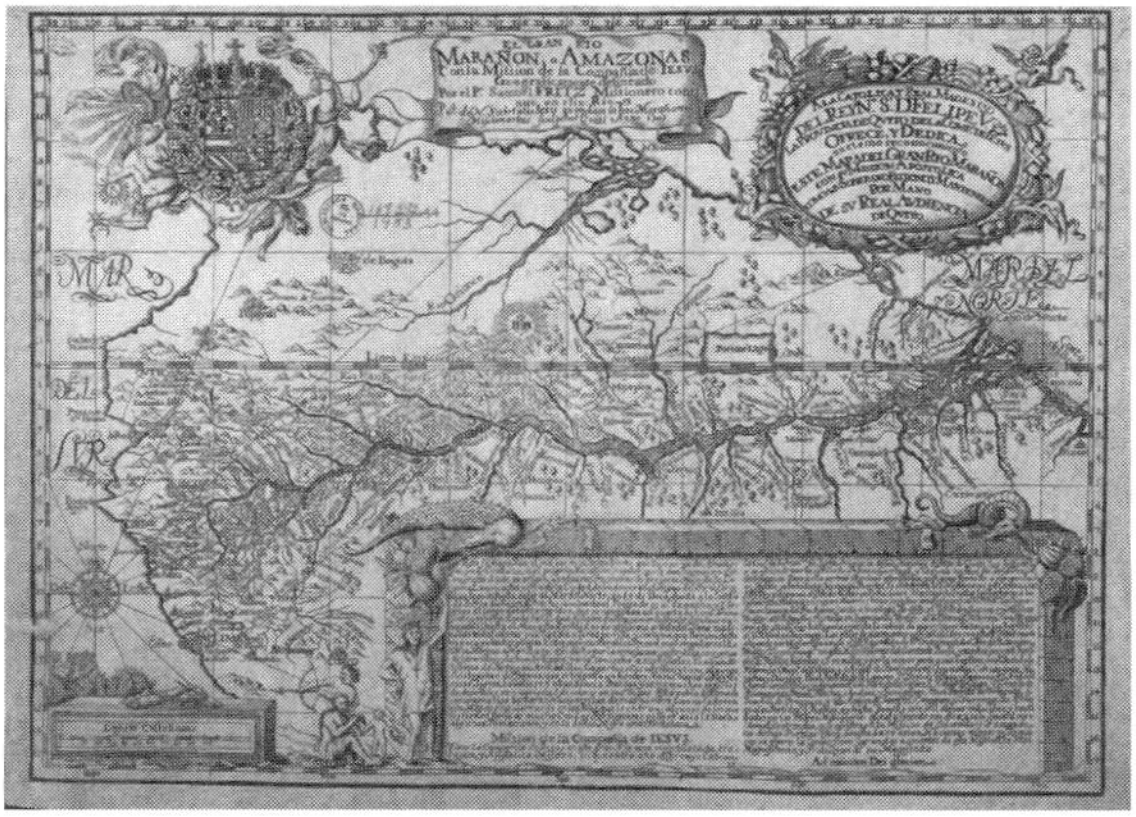

図６　18 世紀イエズス会のアマゾン川地図（1707 年）
出所：El gran río Marañón o Amazonason la Misión de la Compañía de Jesús:
Este mapa del río Amazonas es obra de Samuel Fritz (1654-1728), un misionero jesuita que cartografió la cuenca del río Amazonas.
https://www.wdl.org/es/item/1137/

（３）アマゾン川の実効占有

歴史をさかのぼると、植民地時代にアマゾン地方は「無人の地」と呼ばれ、一六世紀には植民地ブラジルの最北端のこの地のドナタリオとなることは追放を意味していた［Dias 1982: 239-305］。本章で述べているように、一六世紀末、ポルトガルがスペインに併合（一五八〇～一六四〇年）され、アマゾン川河口で区切られていたトルデシリャス条約の境界線を越えて、ポルトガル人が西方へ向けて植民を進めたのである。一七世紀初頭には、一六一五年サンルイス市、一六一六年ベレン市が相次いで創設され、パラとマラニャンの実質的な植民活動が開始される。スペインのフェリペ三世（一五七八～一六二一年、同君連合によりポルトガルではフィリッペ二世）が没した一六二一年にはパラ・カピタニアをブラジル総督府下の長官が統治することになるが、フェリペ四世は六月の書簡によって、パラ・カピタニアとマラニャン・カピタニアを統合し、ブラジル総督府から切り離して、マラニャン植民地（Estado）を創設する。一六四〇年一二月にポルトガルの再独立が実現し、ジョアン四世によってアマゾンの植民活動は新しい段階に入った。一六五二年二月には、パラ・カピタニアを分離し、マラニャン植民地を廃止し、二つの独立したカピタニアとしたが、これは失敗であると判断された。一六五四年には一六二一年の状態に戻して、両カピタニアを統合し、再びマラニャン植民地として、これ以降一〇〇年間、サンルイス市を中心に機能した。つまり、新大陸のポルトガルの植民地は、アマゾン川流域地域の植民地とブラジル植民地の二つが併存したのである。

一七世紀のポルトガルのアマゾン川支配を経て、一七五〇年一月のマドリード条約により広大なアマゾン川流域が、土地の実効占有の原則（ラテン語 uti possidetis= あなたが所有しているように）に従ってポルトガル領となった。スペイン領であった地域を一八世紀の地図で確認できる（図6）。

３　アマゾン空間の一八世紀の開発

（1）マドリード条約以後のアマゾン川

一八世紀のポルトガルとブラジルの重商主義政策による開発を意図したセバスティアン・ジョゼ・

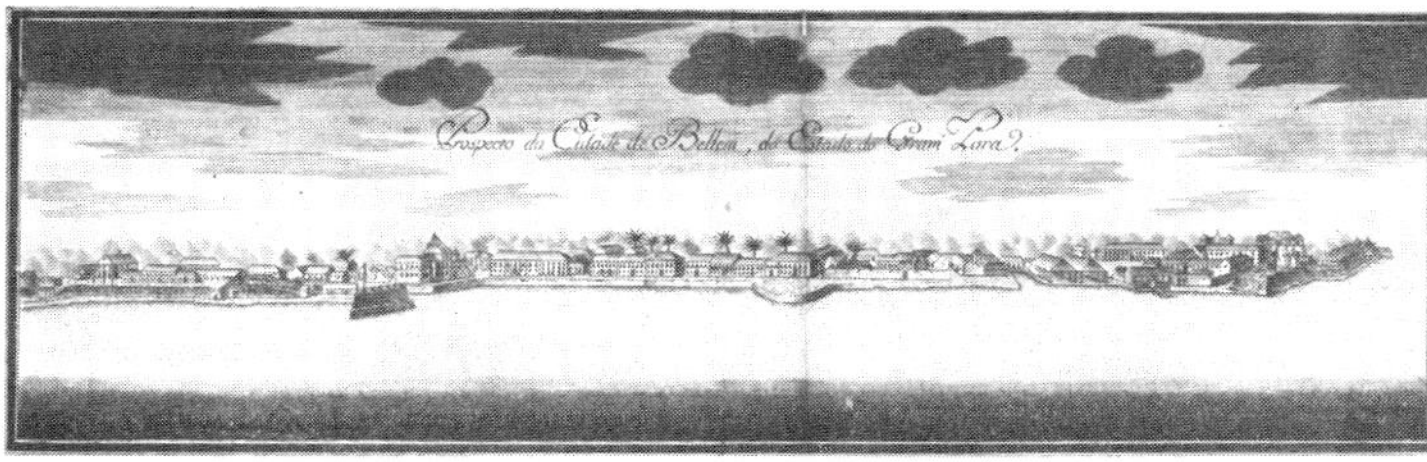

図７　アマゾン川河口のベレン市遠景
先住民の居住地が 18 世紀にヨーロッパ的な市街地に変貌している。
出所 : Mendonça 1º Tomo 8-A

デ・カルヴァーリョ・イ・メーロ（一六九九～一七八二年。一七五九年にオエイラス伯、一七六九年にポンバル侯の爵位を得たが、本章では一七六九年以前の名前もポンバル侯と記す。参照：第４章ポルトガルにおけるポンバル改革）は、広大なアマゾン空間の開発のため一七五一年に新たに植民地を整えた。主都をサンルイス市からベレン市に移し、名称をグランパライマラニャン植民地に改め、ポンバル侯の弟であるフランシスコ・シャヴィエル・デ・メンドンサ・フルタード（生一七〇一～没一七六九年、以下、メンドンサ・フルタードと記す）をその総督（capitão-general）に任命した（任期：一七五一年九月～一七五九年三月）。メンドンサ・フルタードはポルトガルからブラジルへ渡り、ポンバル侯の指示に従って、スペイン、オランダ、イギリスなどの侵入行為を防御しながら、要塞を構築し、領土の保全を続けた。メンドンサ・フルタードは先住民解放令の施行やグランパライマラニャン特許会社の設立、運営など、積極的なアマゾン開発に着手した。もっとも就任当初には経済組織は停滞を強いられ、アマゾン地方は未だ悲惨な土地とされていた。一七五一年の報告では、流行病により「パラとアマゾンには六三のアルデイア（村）があったが、すべて無人できわめて不安定な状態であった」[Dias 1982: 251]。

一七五二年一二月に、グランパライマラニャン植民地下のマラニャン・カピタニア知事（governador）が逝去、同一八日には同地の司教が亡くなり、当地はいわば「見捨てられた地」となっていた。パラ・カピタニアでも諸要塞は悲惨な状態に陥った。こうした困難な状況下にあるアマゾン地方を本国の重商主義実現に向けて効果的に開発するため、ポンバル侯は、一七五一年九月に主都をサンルイスからベレン（図7）に移し、次いで、一七五五年には、労働力不足解消を目指して先住民女との結婚法（四月）と先住民解放令（六月）を発し、またアマゾン奥地の統治を進める目的で、サンジョゼドリオネグロ・カピタニアを創設した。ポンバル侯改革によるアマゾン開発実施にあたっての枠組みが出来上がった［住田 1984：73］。

（2）外国の侵略の脅威

一七五五年六月に設立されたグランパライマラニャン特許会社はポンバル特許会社とも呼ばれるが、この独占的活動地域は、アフリカ西岸のカシェウ、ビサウ、アンゴラ、カーボヴェルデ諸島からアマゾン地方のグランパライマラニャンに及び、この広大な地域の防衛は会社自らが行わなければならなかった［Dias 1982: 85-120］。

河川航行に際して、より容易に、より安全に、より安価に商品や建設資材などを運ぶために、アマゾン地方奥地、ネグロ川、ブランコ川、ジャヴァリ川、アマゾン川本流において、信頼できる営所や要塞、砦を築く必要があった（図8）［住田 1984：75］。

アマゾン奥地のネグロ川上流では、カシキアレ川（図13のオリノコ川とネグロ川をつなぐ支流）やオ

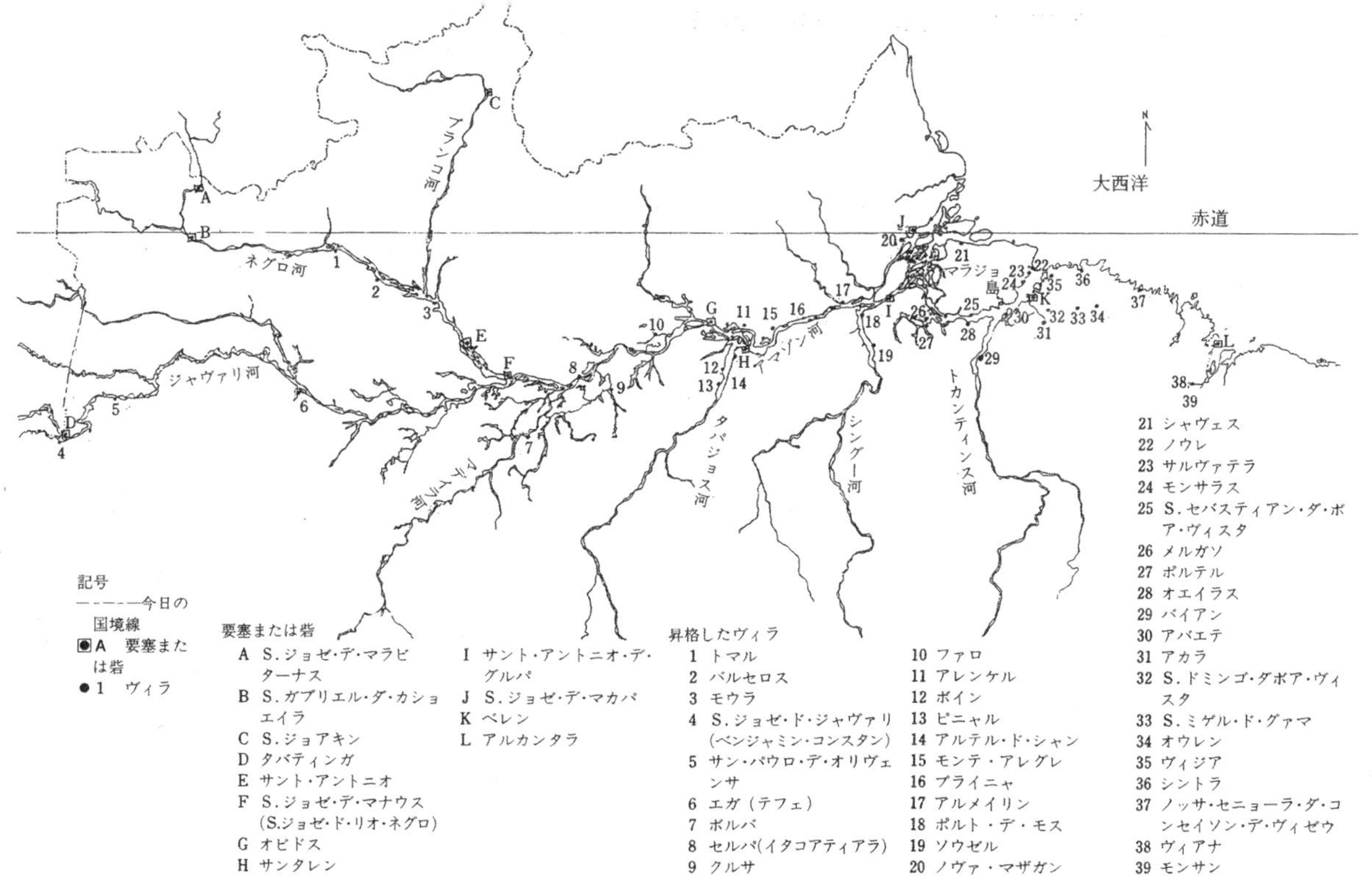

図8　18世紀アマゾン地方の要塞、砦、昇格ヴィラ分布地図。川に沿って多数の砦やヴィラが創られている。砦の多くがマナウスの上流域である。

出所：本地図は拙稿［住田1983］の第2図をNunes Diasの新資料に基づいて書き改めたものである。本章では拙稿［住田1984］の図を利用している。本地図のアマゾン河などの河の表記は川と同じ。

リノコ川に隠れているスペイン人への防衛が必要とされ、一七六一年五月、メンドンサ・フルタードの後任のマヌエル・ベルナルド・デ・メーロ・イ・カストロ（一七一六〜一七九二年）はネグロ川のS・ガブリエル島に要塞の建設を命じ、翌一七六二年には、サンガブリエルダカショエイラとサンジョゼデマラビターナスの二つの要塞（図８）がすでに防備の態勢にあり、このお蔭で、スペインのカルロス三世の領土的野望の広がる地域でのポルトガルの主権を確保したのである。サンガブリエルダカショエイラについては、石造要塞の建設が一七六三年一月にポルトガル政府によって開始された［住田 1984：75］。

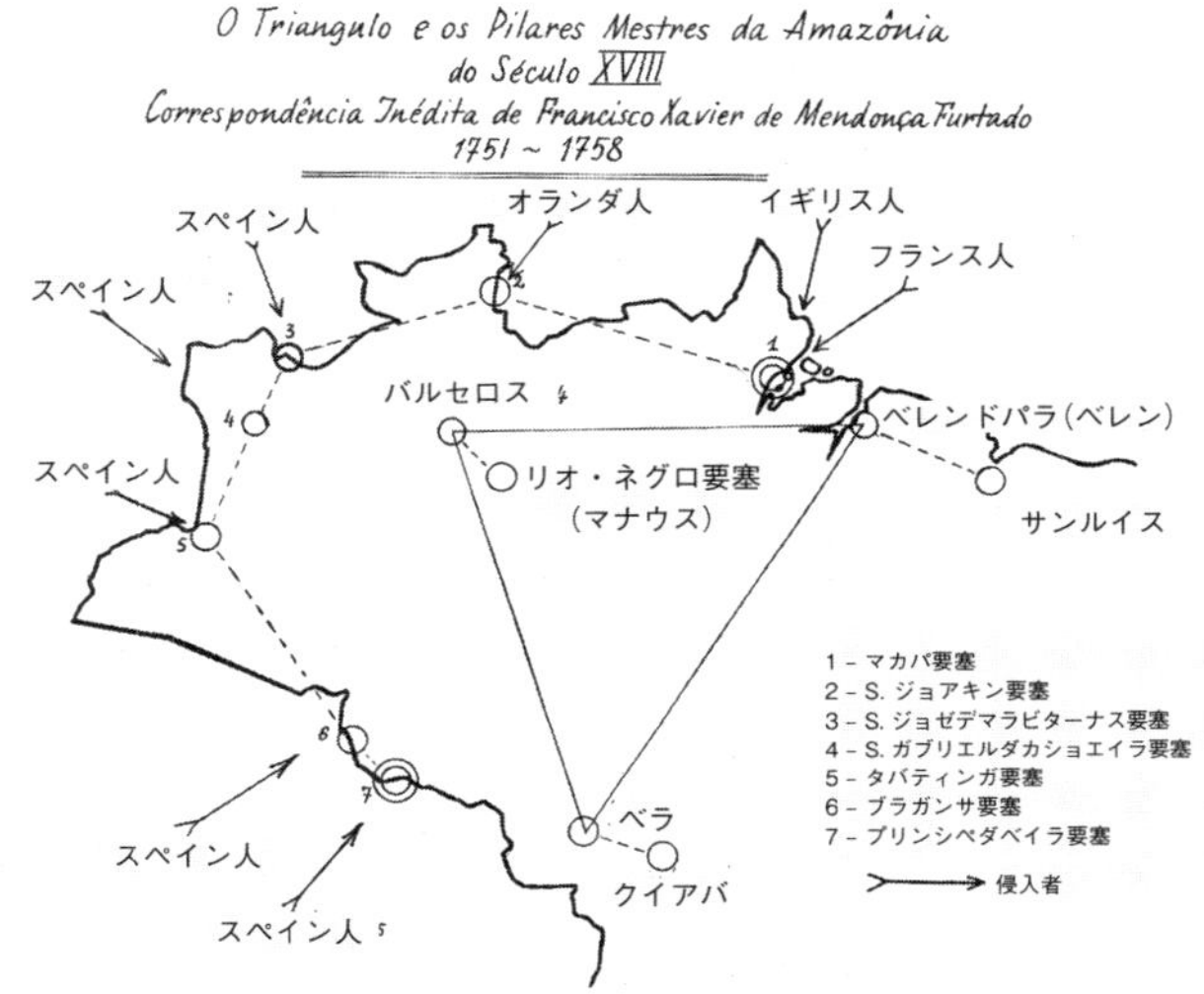

図９　18世紀アマゾン川防衛の三角形と主柱。メンドンサ・フルタードの未公開書簡（1751 〜 1758 年）に基づく。
出所 : Mendonça 1° Tomo 6-A

（３）北部防衛の三角形

一八世紀には北と東から攻めてくるフランス人、イギリス人、オランダ人、スペイン人に対する防衛網をアマゾン川河口のベレンドパラ市、北部のネグロ川のバルセロス市（図10）、南のベラ市の三点を結ぶ三角形で示すことができる（図9）。とくにネグロ川がスペイン人支配地のすでに述べたカシキアレ川（図13）でカリブ海に注ぐ大河オリノコ川につながっていることから、外国勢力の侵攻地域として防衛が懸念されていた。

ブランコ川における防備を、スペイン、オランダ、イギリスと競うことは、メンドンサ・フルタード総督時代に始まり、一七五二年以降、軍事用砦がブランコ川の河岸を固め、一七七五年には、同植民地総督ジョアン・ペレイラ・カルダスが石造要塞の建設を命じ、S・ジョアキン要塞が据えられた。

さらにアマゾン地方最西端のナポ川での境界画定のため、ジャヴァリ川の防備が進められた。まず、サンジョゼドジャヴァリが一七五九年にヴィラに昇格し、一七六六年にはジョアン・ペレイラ・カルダス総督のもとでタバティンガ砦の建設が始まって、一七六八年にはタバティンガがポルトガルにより占有された。南西部のマデイラ川の支流グアポレ川にも要塞が築かれた（図11）。

大西洋岸の防衛、すなわちベレン湾とアマゾン河口については、サントアントニオデグルパ、サンジョゼデマカパ、ベレンの三都市が軍隊で守られていた。

このうち、サントアントニオデグルパ砦は、一七六〇年に、マヌエル・ベルナンド・デ・メー

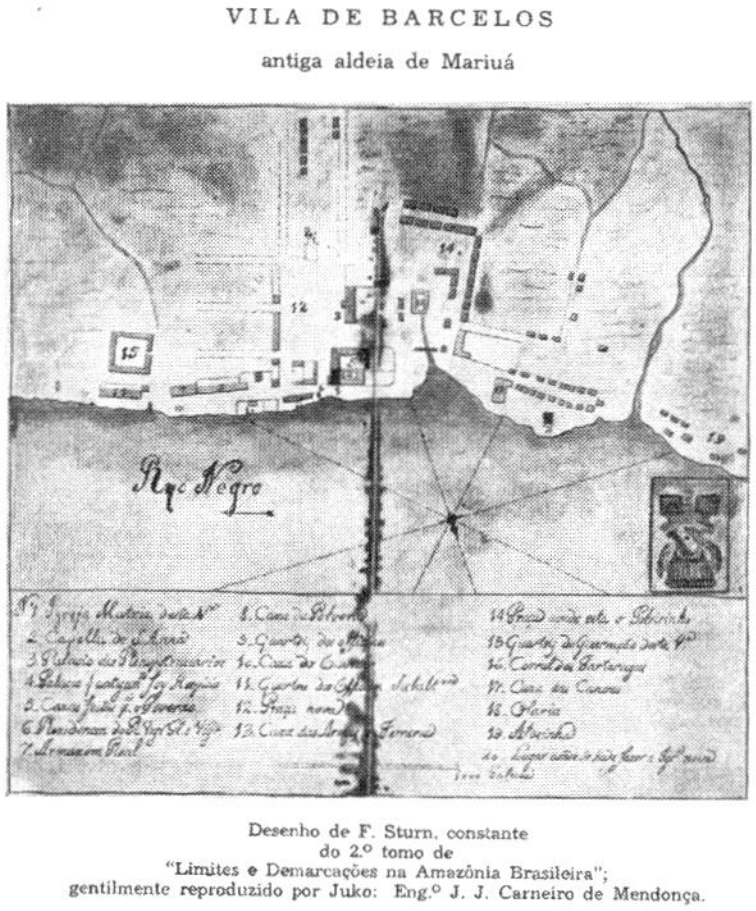

図10　アマゾン川支流ネグロ川のバルセロス市（ヴィラ）（旧マリウアー）の地図
出所：Mendonça 1º Tomo 8-C

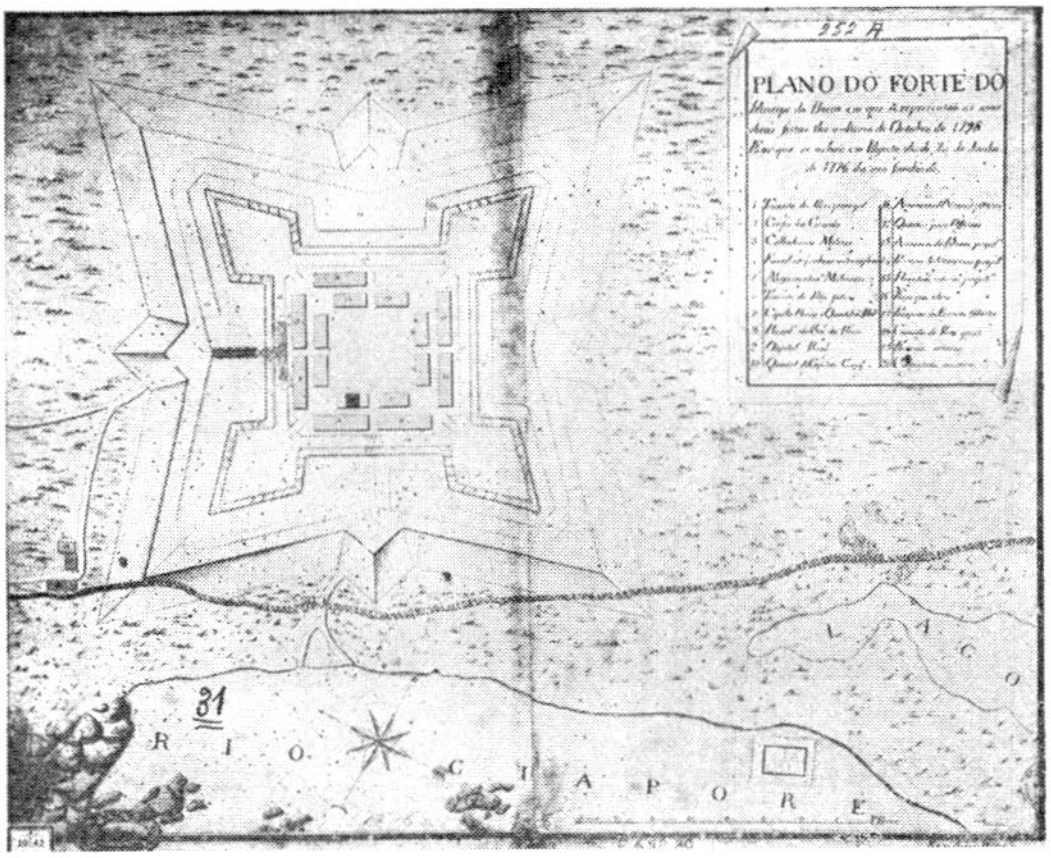

図 11　アマゾン川南西部の支流グアポレ川の要塞の地図
出所 : Mendonça 1º Tomo 8-E

ロ・イ・カストロにより再構築され、オビドスやサンタレンの砦とともに、アマゾン川における不正な航行を防止し、さらにシングー川入口も防御するものであった。

マラジョ島上方のアマゾン川左岸に位置するサンジョゼデマカパ要塞は、ポルトガル人がカウラウ砦の残骸のうえにサントアントニオデマカパ要塞（図12）を構築したことに始まり、フランス領ギアナへの防御の点でパラの歴代総督から重視され、こうした経緯からサントアントニオデマカパ市（ヴィラ）が一七六四年に誕生した。この年に総督マヌエル・ベルナルド・デ・メーロ・イ・カストロが五角形の先端をもつ砦から成る正方形の新しい要塞建設に着手し、これは一七七一年に完成した。

このマカパ要塞と並んで、オビドスとサンジョゼドリオネグロの小砦がアマゾン川本流を防御した。ベレン市は、グランパライマラニャン植民地の主都であると同時にセルタン（内陸部）の富の積出港であり、また総督の本拠地であるため、防御には最大の注意が払われ、この場所が、放射状に広がったアマゾン川流域防衛システムの要となっていた。

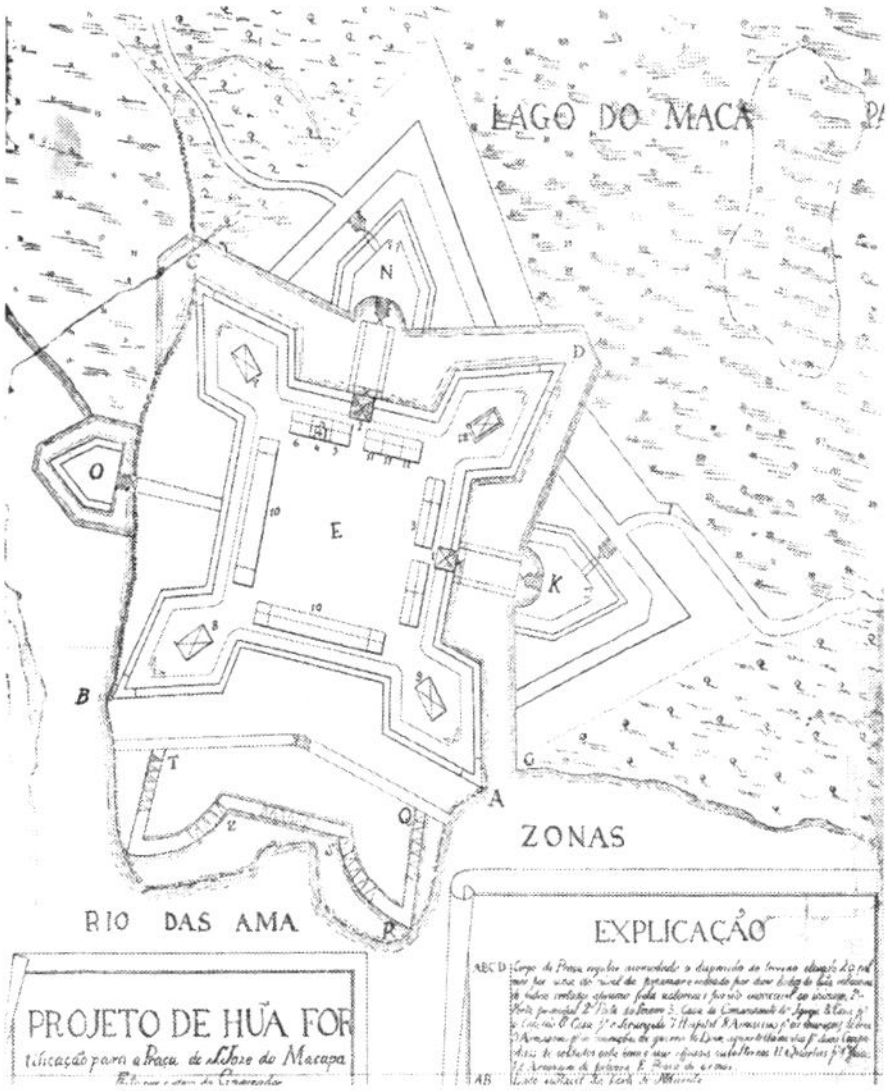

図 12　アマゾン川河口のマカパ要塞の地図
出所 : Mendonça 1° Tomo 8-D

以上の要塞や砦の分布をみると、巨大な空間の防衛システムと入植の拠点としてのヴィラの発展が示されていることが理解できる（図８）。幾多の困難に直面していた広漠たるアマゾン地方が、一七五〇年一月のマドリード条約締結以降、ポンバル侯の強力な重商主義政策を背景として、短期間に開発の枠組みを整えたことは注目に値する。

航行の安全を保障されたグランパライマラニャン特許会社の船は、一七五六年から一七七七年までの期間に一二八隻がリスボン港に向けてベレン港を出帆した。内訳は一七七三年と一七七六年が一〇隻、一七七五年が九隻、一七六二年、一七七〇年、一七七二年、一七七七年が八隻であり、年間の航海を計算すると、特許会社所有の商船は二〇から二五隻に達していた。

ポンバル侯は重商主義改革としてアマゾン開発を進めた。北部主都のサンルイスからベレンへの移転、先住民解放令、イエズス会士の追放、先住民指導規則書の制定、先住民女との結婚法、グランパライマラニャン特許会社の設立、サンジョゼドリオネグロ・カピタニアの創設、黒人奴隷の導入である。このすべてが絶対主義下の本国を豊かにさせるための重商主義的政策であった［住田 1984：76］。

4　南米北部の空間のナショナリズム

（1）アマゾン川のゴム採取のブーム

一八世紀の一七四三年にスペインとポルトガルが植民地として支配するアマゾン川を下り、先住民がボールなどに使うゴムノキの樹液について最初にヨーロッパ人に報告したのは、フランスの地理学者シャルル＝マリー・ドゥ・ラ・コンダミヌ（一七〇一～一七七四年）であった。やがて重商主義と絶対主義に基づくポンバル侯時代が終わり、アマゾン川の防衛に主力を置いた自然からの採取型の開発は停滞する。しかしこのフランス人科学者のコンダミヌが一八世紀にヨーロッパ人に知らせた天然のゴムノキから採取される液体が、のちにイギリス人たちによる一連の発明のおかげで、一九世紀の産業革命に不可欠である素材のゴムとなった。蒸気機関のパッキングや機械のベルト、鉄道の緩衝装置をはじめ、自動車用のタイヤに利用されようになった。世界のゴム需要は際限のないものとなり、一九世紀を通じてアマゾンが天然ゴムの生産を独占したのである。ゴム産業はブラジルではセリンゲイロと呼ばれる野生のゴムノキから乳樹液を採取する人びとに依存した。マナウスは年間を通じて水深を保てる港があり、ゴムノキが育つ密林の中の河川の河口の近くに位置していた。マナウスはゴムブームによって急成長した。マナウスの繁栄ぶりは一八九七年に完成したオペラハウス、アマゾナス劇場などに遺されている［ヘミング 2010：256–260］。

ゴムは一九世紀末および二〇世紀はじめにおいて世界市場で需要が急増した。ゴムをタイヤに用いる自動車工業が一八九〇年代から一九三〇年代までの期間に世界の工業経済の主要な動的要因となった。しかしゴムは採取産物であり、当時存在していたゴムノキのストックがアマゾン川流域に集中していたため、増大する世界における需要増に対応する生産の拡大が困難であった［フルタード 1971：142］。ところがイギリスがアジアで集約的なゴムノキのプランテーション栽培に成功すると、世界経済に依存するアマゾン川流域のゴムブームは終わりを告げた。

（2）ブラジル北部の領土問題

一八世紀におけるすでに述べてきた「点と線」によるアマゾン川流域の支配ののち、一九世紀末から二〇世紀初頭の共和政期にブラジルは外交によって北部の領土を確保したのである。天然の要塞と呼べる人の自由な移動を困難にさせてきたギアナ高地と広大なアマゾン川の熱帯雨林の地域である。ブラジの意図は隣接するスペイン語圏、英語圏、オランダ語圏、フランス語圏に対する国境の整備であった。

一八八八年五月にブラジルの奴隷制が廃止され、一八八九年一一月、帝制が瓦解し、共和制が誕生した。この共和制下において活発な外交政策が展開し、一八九四年、リオ・ブランコ男爵として知られる（一八八八年に爵位を得る）ジョゼ・マリア・ダ・シルヴァ・パラーニョス・ジュニオール（一八四五～一九一二年、以下、リオ・ブランコと記す）は、武力による戦争ではなく、外交交渉によって周辺諸国との領土問題をブラジルに有利な内容で解決したのである。リオ・ブランコはカンポス・サーレス大統領（一八四一～一九一三年、大統領：一八九八～一九〇二年）の命で一九〇〇年九月にはスイスに向かい、フランス領ギアナとの国境問題においてスイス連邦議会の仲裁裁定によって一九〇〇年一二月に領土を獲得した。現在のアマパ州である。ロドリゲス・アルヴァス大統領（一八四八～一九一九、大統領：一九〇二～〇六年）の下で旧英領ギアナからイタリアのヴィクトル・エマヌエル三世の仲裁裁定によって、一九〇四年六月に領土を獲得した。

ロドリゲス・アルヴェス大統領の下で、ボリビアから、一九〇三年一一月に締結したペトロポリス条約で獲得した地域は現在のアクレ州に重なる。アフォンソ・ペナ（一九四七～一九〇九年、大統領：一九〇六～〇九年）のときは、コロンビアとの一九〇七年四月の国境・航行条約（一九二八年一一月に再確認）によって領土の帰属を決めた。さらにニーロ・ペサーニャ（一八六七～一九二四年、大統領：一九〇九年六月～一九一〇年）の下、ペルーとの一九〇九年九月の国境条約でブラジルは領土を獲得したのである［住田 2023：127-129］。

（3）空間のナショナリズム

イベリア半島の小国ポルトガルは南米の広大なアマゾン川の空間を領有した。二一世紀の今に至るまでポルトガル語圏のブラジルがアマゾン川の空間を国土としていることは興味深い世界史の展開である。重要なのは、「面」としてではなく「点と線」で支配した歴史によって、ポルトガル人が現在に残した先住民の多様な文化や特異な自然環境を、これからは世界の人々が人類共通の未来に向けて残す努力を続けることであろう。本章では二一世紀のアマゾン川の地球規模の環境問題などではなく、

図 13　オリノコ川とネグロ川をつなぐカシキアレ川（21 世紀の地図）
出所　Casiquiare Wikipedia https://es.wikipedia.org/wiki/Casiquiare

ヨーロッパの強国が新世界の富を求めて争った一七・一八世紀の領土問題を考察した。したがって、アマゾン川の二一世紀の持続可能な開発や自然環境保護などの問題の考察は研究の必要性を認めたうえで別の機会に譲りたい。

スペイン語圏の国境に向かうアマゾン川の支流のネグロ川は、図13のようにベネズエラ領内のカシキアレ川によってカリブ海に注ぐ巨大なオリノコ川とつながっている。二一世紀の今、ベネズエラやガイアナ、ブラジルなどの民が出稼ぎ、もしくは難民として国境を越えて移動するとき、カシキアレ川のような天然の「運河」の存在は重要であろう。

現在のブラジル領内のアマゾン地方は、総面積が五二一万七〇〇〇平方キロメートルに及ぶ巨大な空間であり、北部地方に属する一〇の行政区であるアマゾナス州（一五五万九〇〇〇平方キロ）、パラ州（一二四万五〇〇〇平方キロ）、アクレ州（一六万四〇〇〇平方キロ）、アマパ州（一四万二〇〇〇平方キロ）、ロライマ州（二二万四〇〇〇平方キロ）、ロンドニア州（二三万七〇〇〇平方キロ）、トカンチンス州（二七万七〇〇〇平方キロ）、マトグロッソ州（九〇万三平方キロ）、マラニャン州（西経四四度の西方部分）を加えた地域から成っている［IBGE 2019: 60-61］。ヴィアンナ・モオグによれば、ひとたびアマゾン地方に足を踏み入れた者は誰でも、その巨大空間に対して「宇宙の恐怖」に似た畏怖の念を抱くことになるという［京都外国語大学モオグ記念講演「ブラジル文化の特質について」、一九八二年一一月一七日］。

二一世紀の今、アマゾン川の大部分はブラジルに属しているものの、貴重な自然環境や先住民の多様な文化を考えるとき、既述のとおり地球規模の問題として未来に向けてのアマゾン空間のナショナリズムを検討しなければならない。

おわりに

今から約八八〇年前に王国として建国を果たしたポルトガルの一五世紀以降の大航海時代について、ポルトガルの開発が「点と線」であったことをふりかえった。一方、植民地ブラジルの熱帯農業開発は「面」によるものであったが、北部のアマゾン川の植民地では、海のような川を巡る「点と線」による支配であったことを確認した。とくにその空間の占有は、オランダがスペインと対立したことから、「点と線」の支配に優れていたポルトガルが最終的に勝利したアマゾン川占有の展開を第２節の「一七世紀のアマゾン川とポルトガル人」で取りあげた。さらに、グランパライマラニャン植民地の徹底した防衛を実現したポンバル侯の植民地政策を第３節「アマゾン空間の一八世紀の開発」で地図を利用して説明した。第４節では以上のポンバル侯以降現在につながる展開として「南米北部の空間のナショナリズム」について述べた。

ブラジル史に接するときの大きな疑問は、なぜ、周辺のスペイン語圏と比べて、ポルトガル語圏のブラジルは小国として複数に独立することなく広大な一ヶ国として存続しているのか、ということである。「面」を重視するブラジル開発の展開が、ブラジルボク（pau brasil）に始まる一六・一七世紀の砂糖、一八世紀の金、一九・二〇世紀のコーヒー、さらに一九世紀のゴムと、地域と担い手を変え歴史を紡いだために、ある特定の時期にブラジルの内部で複数の勢力が対立することがなかった、という説明ができる。また、一八世紀のポンバル侯の支配や一九世紀のポルトガルの王室の到来と帝国としての独立によって王という権威の支配が地方権力の分離を阻止したと考えることもできよう。植民地時代のアマゾン川の支配も、リスボンの王政の権威が直接及んだ結果でもあった。

本章冒頭での、南米大陸北部に位置するこの広大なアマゾン川の大部分が今日に至るまでブラジルの領土であり続けている背景のひとつは、「点と線」の支配を重視したポルトガルの植民地支配の歴史にあると述べた。しかし二一世紀の今、「点」ではなく大規模な農場経営による「面」としての開発が進められている。本章の目的は、冒頭で指摘したように、小国ポルトガルがなにゆえ広大なアマゾン空間を領土として保持できたかの背景の考察である。「点と線」ではなく、アマゾン空間を「面」で開発することから今人類は広大なアマゾンの熱帯雨林消滅の危機を招いている。多くの研究者が注目するこの問題の考察は冒頭と第４節で述べたように別の機会に譲りたい。

参考文献

池本幸三・布留川正博・下山晃著『近代世界と奴隷制――大西洋システムの中で』人文書院、一九九五年。

ウェスタッド、O・A（益田実監訳、山本健・小川浩訳）『冷戦ワールド・ヒストリー（上）』岩波書店、二〇二〇年。

ウォーラーステイン、I（川北稔訳）『近代世界システムI――農業資本主義とヨーロッパ世界経済の成立』岩波現代選書、一九九〇年。

オランダ、S・B・デ（池上岑夫訳）『真心と冒険――ラテン的世界』新世界社、一九七一年。

ケイロス、ディナー・S（河井美津子訳）『母なる奥地』新世界社、一九七一年。

小池洋一「開発と環境保護への取り組み」富野幹雄・住田育法共編『ブラジル学を学ぶ人のために』世界思想社、二六一－五〇頁、二〇〇二年。

――・田村梨花編『抵抗と創造の森アマゾン――持続的な開発と民衆の運動』現代企画室、二〇一七年。

実松克義『アマゾン文明の研究――古代人はいかにして自然との共生をなし遂げたのか』現代書館、二〇一〇年。

シュラディ、ニコラス（山田和子訳）『リスボン大地震――世界を変えた巨大災害』白水社、二〇一三年。

住田育法「ポンバル統治下のアマゾン地方に於ける先住民問題」『京都外国語大学COSMICA』XII、二一－四〇頁、一九八三年。

――「ポンバル時代のアマゾン地方開発戦略について」『京都外国語大学COSMICA』XIII、七一－七九頁、一九八四年。

――「ポルトガル語文化圏における都市空間比較研究パイロットプラン――旧世界リスボン市と新世界リオデジャネイロ市を訪ねて」『京都外国語大学COSMICA』三五号、四一－五五頁、二〇〇五年。

――「二〇世紀親米ブラジル大統領の理念と政策――空間のナショナリズムと米国」住田育法・牛島万編『南北

アメリカ研究の課題と展望――米国の普遍的価値観とマイノリティをめぐる論点』明石書店、二〇一三年。

バーミンガム、デビッド（高田有限・西川あゆみ訳）『ポルトガルの歴史』創土社、二〇〇七年。

ピアスン、M・N（生田滋訳）『ポルトガルとインド――中世グジャラートの商人と支配者』岩波書店、一九八四年。

ファウスト、ボリス（鈴木茂訳）『ブラジル史』明石書店、二〇〇八年。

フルタード、C（水野一訳）『ブラジル経済の形成と発展』新世界社、一九七一年。

ヘミング、ジョアン（国本伊代・国本和孝訳）『アマゾン――民族・征服・環境の歴史』東洋書林、二〇一〇年。

マルケス、A・H・デ・オリヴェイラ（金七紀男訳）『世界の教科書＝歴史　ポルトガル1』ほるぷ出版、一九八一年。

ロドリゲス、ジョゼ・H（富野幹雄・住田育法訳）『ブラジルの軌跡――発展途上国の民族の願望』新世界社、一九八二年。

Cavalcanti, Nireu, *O Rio de Janeiro Setecentista: a vida e a construção da invasão francesa até a chegada da corte*. Rio de Janeiro, Jorge Zahar Editor, 2003.

DaMatta, Roberto, *Carnavais, malandros e heói: para uma sociologia do dilema brasileiro*, 6ª ed. Rio de Janeiro, 1997.

Dias, Manuel Nunes. "Estratégia Pombalina de Urbanização do Espaço Amazônico". In: *Boteria: cultura e informação, no Bicentenário do Marques de Pombal (II)*, vol. 115-N° 2-3-4, Agosto-Setembro-Outubro, Lisboa, 1982, pp. 239-305.

Mendonça, Marcos Carneiro de, *A Amazônia na era pombalina: correspondência inédita do governador e capitão-geral do Estado do Grão Pará e Maranhão Francisco Xavier de Mendonça Furtado 1751–1759*. 1° Tomo, 2°

Tomo e 3º Tomo, Instituto Histórico e Geográfico Brasileiro, Rio de Janeiro, 1963.

〔映画・インターネット資料〕

CURIUA-CATU *A Grande Expedição de Pedro Teixeira*. 2000, Lisboa, Portugal-Belém, PA（歴史映画）
https://www.youtube.com/watch?v=Z4FkcnZoVB8〔最終閲覧日　二〇二五年二月一五日〕

Fritz, Samuel. *El gran río Marañón o Amazonas con la Misión de la Compañía de Jesús: Este mapa del río Amazonas es obra de Samuel Fritz (1654-1728)*, un misionero jesuita que cartografió la cuenca del río Amazonas.
https://www.wdl.org/es/item/1137/〔最終閲覧日　二〇二四年一〇月二八日〕

IBGE（ブラジル地理統計院）
https://www.ibge.gov.br/〔最終閲覧日　二〇二四年一〇月二八日〕

第4章　ポルトガル海洋帝国におけるポンバル改革
――「啓蒙」と「革命」の間で

疇谷　憲洋

はじめに

ポルトガルの首都リスボンの中心部、交通の要所ロトゥンダ（ロータリー）は「ポンバル侯（マルケス・デ・ポンバル）広場」となっている。その中心にそびえる高さ四〇メートルのモニュメントの頂上には、ライオンを従えたポンバル侯セバスティアン・ジョゼ・デ・カルヴァーリョ・イ・メーロ（一六九九～一七八二年）像が立ち（写真1）、足下に伸びるリベルダーデ大通りは、一七五五年の震災から復興を遂げた市街地「バイシャ・ポンバリーナ」へとまっすぐ続いている。このモニュメントは、一九世紀の共和主義運動の盛り上がりの中、一八八二年のポンバル没後一〇〇周年記念を機に着想され、一九三四年に完成した。巨大な柱の基礎部分を、大学改革の成果を示す神殿や女神像、産業振興のアレゴリーとなっている働く人々の像などの彫刻群が取り囲み、柱の側面には「政治・社会の改革」「経済・行政改革」という分野ごとに彼の業績とされるものが列挙され多方面にわたって改革を推進した近代化の担い手としてのポンバルを称揚している［Carvalho 2003］。

その広場の地下、リスボン地下鉄「マルケス・デ・ポンバル駅」は、地下鉄青線（サンタ・アポローニャ～レボレイラ間）と地下鉄黄色線（ラト～ルミアール間）が交わり、日々多くの乗客が行きかうターミナルであるが、プラットホームからは、トレードマークとなっているかつらを付けた後ろ向きのポンバル立像が設置されており、表情の見えない謎めいた姿を表している（写真２）。

写真１　ポンバル広場のポンバル像（筆者撮影）

地上と地下の、この二つの像が示唆しているように、ポンバルは、ポルトガル史上最も評価の分かれる人物とされている。ポンバル失脚直後には反ポンバル風刺文書が流布するなど、彼の強引な政治手法への反発が見られ、一九世紀の立憲革命期以降は、自由主義者・共和主義者が自分たちの先駆者としてポンバルを称賛する一方で、復古主義者や教会勢力は、

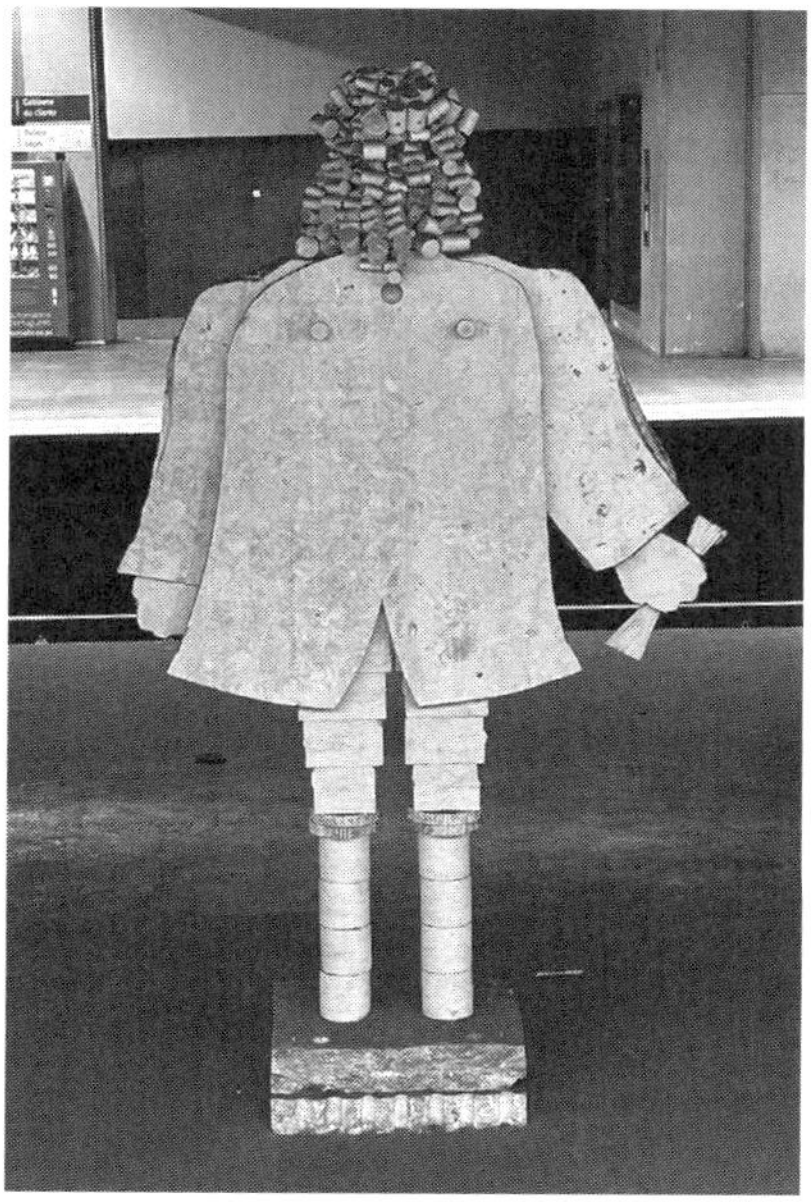

写真２　地下鉄駅のポンバル像（筆者撮影）

反宗教的で伝統の破壊者であったとして攻撃していた。ポンバルをめぐるイデオロギー的対立は、一九八二年のポンバル没後二〇〇周年を記念して発刊された研究論集にも影を落としており［Torgal 1982］、ポルトガル史上におけるポンバル改革のインパクトを物語っているとも言えるだろう。本章では、ブラジル開発が進みポルトガルの大西洋帝国が発展する一八世紀前半の「金の時代」と一八世紀末～一九世紀前半の「環大西洋革命」の間で、ポルトガルとその海洋帝国の再編を目指したポンバル改革の意義について考える。

１　大西洋帝国の展開と改革思想

（１）「金の時代」とジョアン五世のバロック王権

ポルトガルの一八世紀は、スペイン継承戦争（一七〇一～一四年）で幕を開ける。一六四〇年の「再独立」から始まったスペインとの戦争が一六六八年に終結した後、ヨーロッパの国際紛争に可能な限り巻き込まれず中立を保っていたポルトガルは、オーストリアのカール大公をスペイン国王に推すイギリスとメシュエン条約を結び、大同盟側に参加、スペインにも遠征軍を派遣する。結局、スペインの王位はブルボン朝のフェリペ五世が継承することになったのだが、ユトレヒト講和会議の結果、ポルトガルは、フランス領ギアナとの境界となるオイアポケ川とアマゾン川河口の間の領有権を認められ、アマゾン川両岸を正式に獲得することにより、アマゾン川の航行と内陸部への進出が容易になった。また、スペインからは、一七〇五年以降占領されていたラプラタ川河口のサクラメント植民地を回復した。

このスペイン継承戦争の最中に即位したのがジョアン五世（位一七〇六〜一七五〇年）である。このジョアン五世の時代に、一七世紀末にブラジル内陸部で発見された金が一八世紀前半を通じて増産を続け、大西洋帝国は「金の時代」を迎えることになった［Boxer 2000］。ブラジルにおいては、一八世紀前半を通じて、ミナスジェライスなど内陸部への移民の流入と開発が見られ、金の増産に伴う交易の振興や人口の増加、都市部の発展によって、植民地帝国の基盤としての重要性を増していく。その一方で、大西洋帝国を維持するためにイギリスへの政治的・経済的な従属はさらに強まることになり、イギリス産の工業製品のポルトガル流入を招く一方、イギリスに対してはワイン輸出が増加するという貿易構造が確立する。

ブラジル金の流入やジョアン五世の文化政策もあって、イタリアの影響を色濃く受けたバロック文化が開花し、マフラ修道院宮殿をはじめとする教会建築、アズレージョ（装飾タイル）やターリャ・

写真３　ポルトガル使節団の「黄金の馬車」（リスボン馬車博物館にて、筆者撮影）

ドラーダ（金泥木彫）といった装飾芸術が発展し流行した。ポルトガル中部の古都に一五三七年以降置かれているコインブラ大学で、華麗に装飾され六万冊の蔵書を誇る「ジョアニーナ図書館」や、ポルトガル教会史作成の企図から設立された王立歴史アカデミーは、知識人に保護と恩恵を与える一方で、学問を保護する王としての威光を示すものであった。さらにジョアン五世は、教皇庁への働きかけを強め、「いとも忠実なる王」の称号の獲得や、リスボン首都大司教座の設置、首都大司教座聖堂の建設など、ヨーロッパにおける国際的な威信を獲得するための努力を惜しまなかった。一七一六年に教皇庁に派遣した使節団の黄金の馬車は、この時代を象徴する芸術作品である［Levenson 1994］。

その一方で、ジョアン五世期には、政

治権力の中央集権化が進み、「絶対王政」の性格を色濃く持つようになった。身分制全国議会（コルテス）が開催されなくなっただけでなく、貴族たちは国王の宮廷に伺候し、権力の重心は大貴族で構成される国務顧問会議や評議会から、国務秘書官（Secretário de Estado）を中心とする国王の近臣グループに移っていった。ブラガンサ家宮宰を兼務していた寵臣、国務秘書官コルテ・レアルが死去すると、内務担当、外務・陸軍担当、海軍・植民地担当の三つの国務秘書官職が設けられ（一七三六年）、ペドロ・ダ・モタ・イ・シルヴァ、マルコ・アントニオ・デ・アゼヴェード・コウティーニョ、アントニオ・ゲデス・ペレイラがそれぞれ任命された。ジョアン五世は、この国務秘書官や、国王の私的秘書官的役割の枢機卿ジョアン・ダ・モタ・イ・シルヴァ、外交官アレシャンドレ・デ・グズマンらとともに、国政を進めていった。枢機卿モタ・イ・シルヴァの死去やジョアン五世の発病によって、治世末期にはうまく機能しなくなっていたものの、この国務秘書官体制は次のジョゼ一世の治世に受け継がれる［Subtil 2007］。

（2）エストランジェイラードスたち――啓蒙改革に向かって

こうして、ブラジルのゴールドラッシュを背景にバロック王権が開花していたジョアン五世の治世であったが、その一方、「啓蒙のヨーロッパ」、とりわけフランスやイギリスと比較した時のポルトガルの遅れや衰退を批判し、その改革を訴える知識人が存在していた。「エストランジェイラードス（外国かぶれ）」と称されるかれらの中には、ポルトガル国外に活躍の場を求め、啓蒙のヨーロッパの成果をポルトガルに導入することを献策しているものもいた。イタリアで活動し『真の学問の方法について』を著してポルトガルの教育の改革を訴えたルイス・アントニオ・ヴェルネイ、オランダのライデンで当時のヨーロッパで最も高名な医学者の一人ブールハーフェに学び、ロシア皇帝に仕え、『百科全書』の項目を執筆するなどパリで活動する傍ら、ポルトガルの改革について様々な献策書を著した新キリスト教徒系医師のアントニオ・ヌネス・リベイロ・サンシェスなどが有名であるが、こうしたエストランジェイラードスの中心的存在が外交官ルイス・ダ・クーニャ（一六六二〜一七四九年）である。

ルイス・ダ・クーニャは、一六九五年に駐ロンドン特使に任命された後、一七四九年にパリで死去するまで、オランダ、スペイン、フランスなど当時のヨーロッパで強国の地位を占めていた国でポルトガル外交を担当する。スペイン継承戦争の際にはロンドンで重要な役割を果たし、ユトレヒト講和会議にも全権の一人として出席して戦後処理や条約の締結にも関わっている。各地の政治家や学者、さらには異端審問所の迫害を逃れて亡命していたポルトガル系ユダヤ人のコミュニティーとも接触を持つ中で、啓蒙時代のヨーロッパにおけるポルトガルの遅れを認識せざるを得なかったクーニャは、ポルトガル政府関係者に対する助言や献策の書を残している。ロンドン公使マルコ・アントニオ・デ・アゼヴェード・コウティーニョが、外務・陸軍国務秘書官に異動するに伴い、このアゼヴェード・コウティーニョに宛てて書かれた「政治的教訓」という著作において、クーニャは、スペイン継承戦争後のポルトガルの地政学的位置や、ポルトガルの衰退の原因などを分析する中で、産業振興の重要性や、新キリスト教徒の流失を食い止めるための宗教的寛容政策を献策し、ポルトガルと海洋帝国の再編を唱えるのだが、その要となる施策が「ブラジル遷都論」であった［金七 2002］。

こうして以上のことを考慮すると、おそらく幻視的ではあるが、私は以下のようなことを考える。もし、国王陛下が、陛下御自らとともに、陛下につき従うことを希望する男女すべて、それも少なからざる数になるだろうが、さらに無数の外国人も伴って、ブラジルの地に宮廷を置き、西方の皇帝の称号をその手にすることをお望みになるなら、陛下は、かの巨大なブラジルの大陸が、人口に富みかつこの上なく繁栄するのを目にすることになるだろう。

そして私の意見では、宮廷の所在地に最もふさわしい場所は、リオデジャネイロの街になるだろう。そしてわずかな間で、リスボンよりも富み栄えることになるだろう［Cunha 2001］。

このように、ルイス・ダ・クーニャは、新大陸に首都を移しブラジルの開発を進めることによって、ポルトガル海洋帝国を再編することを提案しているのである。

このルイス・ダ・クーニャの人脈につながる外交官の中に、アゼヴェード・コウティーニョの近親者にあたるセバスティアン・ジョゼ・デ・カルヴァーリョ・イ・メーロという人物がいた。セバスティアン・ジョゼは、アゼヴェード・コウティーニョが外務・陸軍担当国務秘書官に異動した際、その後任として駐ロンドン公使に任命され、外交官としてのキャリアを始めるのだが、公使としての業務と並行して、様々な意見書や提案書を作成し、ポルトガルとイギリスの間の政治的・経済的関係の分析と見直し、産業振興の重要性や「東インド会社」設立などを提言している［Melo 1986］。

このセバスティアン・ジョゼについて、ルイス・ダ・クーニャは、ジョアン五世の後継となる王太子ジョゼ（後のジョゼ一世）に宛てた「政治的遺言」という文書の中で、「内務担当には、セバスティアン・ジョゼ・デ・カルヴァーリョ・イ・メーロを。その性質は、わが国民のそれと同様、いささか散漫なところはありますものの、忍耐力があり、思索的であります」と評し、国務秘書官職に推薦している。

一七五〇年のジョアン五世崩御、ジョゼ一世（位一七五〇〜七七年）の即位とともに、アゼヴェード・コウティーニョの死去によって空席となっていた外務・陸軍担当国務秘書官の地位にセバスティアン・ジョゼが抜擢されることになり、内務担当ペドロ・ダ・モタ、海軍・海外領担当コルテ・レアルとともに、ジョゼ一世の統治を支えることになった。ジョゼ一世期を通じて独裁的な権力を掌握するとともに、オエイラス伯（一七五九年）、ポンバル侯（一七七〇年）を授爵し栄達する彼は、後世「ポンバル改革」と称される一連の改革を進めていく［Maxwell 1995; Monteiro 2008］。

2　ポンバル改革の展開と海洋帝国の再編

（1）境界画定と「ブラジル」の形成

一七五〇年当時のポルトガル政府にとって最重要課題は、同年にスペインとの間に締結されたマドリード条約の実施であった。この条約によって、ポルトガルは、ラプラタ川河口のサクラメント植民地を放棄する代わりに、広大なアマゾン川水系の領有を認められ、それまでのトルデシリャス条約に基づく境界線を大きく越え、現在のブラジル連邦共和国の国境にほぼ近い範囲の領有が認められる。

この条約の締結に尽力したのは、ブラジル生まれの外交官アレシャンドレ・デ・グズマンであったが、ポンバルとは必ずしも良好な関係ではなく、またポンバル自身、サクラメント植民地の放棄に反対であったとされる。

新たな国務秘書官体制で臨むことになったアメリカ植民地における境界画定作業において、焦点となっていた地域が二つあった。一つは、南部の「七布教村」と呼ばれる地域である。この地域は、ウルグアイ川の東側で、一八世紀を通じて王権による植民活動が行われたリオグランデ地方［浜岡 2006］と、スペイン領（現アルゼンチン）のラプラタ川流域の中間に位置していたが、境界画定によってポルトガルの領有する所となった。しかしながら、現地で先住民の教化村を経営していたイエズス会はこれに反発し、先住民の中にも抵抗する者があらわれたため、ポルトガル側の境界画定作業の責任者となっていたリオデジャネイロのカピタニア総督ゴメス・フレイレ・デ・アンドラーデは、先住民グアラニー族の懐柔を図る一方で、スペイン側と共同で軍隊を派遣し、先住民の反抗を鎮圧した。いわゆる「グアラニー戦争」（一七五三～五六年）であるが［伊藤 2001］、イエズス会とポルトガル王権の対立を決定的なものにするとともに、ポンバルは、この事件を元にした反イエズス会パンフレット『簡潔なる報告』を出版する。これは、後に展開する全ヨーロッパ規模での反イエズス会キャンペーンの嚆矢となるものであった。

もう一つの焦点であるアマゾン川水系でも、同様の事態が生じていた。この地域は、サルヴァドールを首府とするブラジル植民地とは別に、ベレンを首府とするグランパライマラニャン植民地が設置されており、一七五一年には総督としてポンバルの弟である軍人フランシスコ・シャヴィエル・デ・

メンドンサ・フルタードが任命された。メンドンサ・フルタードは、就任後ただちに境界画定作業に従事するが、その過程で、現地で布教活動を行っていた修道会、とりわけイエズス会士と対立することになる。

一七世紀末以来、先住民に対する霊的権力のみならず世俗的権力も与えられた修道会は、それぞれ割り当てられた担当エリアの中で「教化村」を組織し、先住民を保護・監督していた。その一方で、ポルトガル人入植者たちは、先住民の労働力に依存していたため、かれらを保護していた修道会としばしば対立していた。

メンドンサ・フルタードは、着任以前に「グランパライマラニャン総督フランシスコ・シャヴィエル・デ・メンドンサ・フルタードへの公的かつ内密の訓令」（一七五一年五月三一日付、国王、海軍・海外領担当秘書官名）を受けていた。その内容は以下の四点にまとめられる［Couto 1995］。

①先住民に対する世俗的権力を修道会から奪うこと
②先住民に自由を回復し、奴隷化を禁止すること
③先住民の労働に対し、しかるべき対価を支払うこと
④先住民の「教化」をすすめること

この訓令を元に、メンドンサ・フルタードはアマゾン川水系の視察を実施し、本国政府も、一七五五年に一連の法令を発布して、アマゾン川流域における先住民の保護と「臣民化」を本格的

に開始した。「アメリカのインディオ女性と結婚する本国とアメリカの臣民が、決して不名誉なことではなく、むしろ土地取得において優遇される等を決定する勅令」（四月四日）、「インディオを虜囚にすることを禁じ、虜囚となったものには自由を回復し、財産や土地の十全な所有を認める勅令」（六月六日）、「ブラジルのインディオたちに十全な自由を付与し、修道士による彼らの統治を禁じた、一六六三年九月一二日付政令の遵守を勧める勅令」（六月七日）の三つであるが、このうち、四月四日の勅令においては、

余のアメリカの王領地に人が増えることはかくも有益であり、そのためには婚姻を通じてのインディオとの交流が大いに寄与するものであるということに鑑み、以下のことを宣告する。本王国（ポルトガル）およびアメリカの余の臣民は、アメリカのインディオ女性と結婚しても、いかなる不名誉にもならず、むしろ余の王としての配慮に値するものとなり、身を立てる土地においては、その身の位階にふさわしい地位や職業が与えられるものとする。……。そしてまた、インディオ女性と結婚した臣民、あるいはその子孫が、「カボクロ」やその他同様の侮辱的であるような名前で扱われることを禁じる［*Collecção Chronologica de Leis Extravagantes*, parte II,Tom. III, 1819: 420］。

というように、先住民女性との結婚を推奨し、差別を禁止することによって、この地域におけるポルトガル系植民者を増やし、先住民を取り込むことによって、支配を安定させようとする意図があっ

た。また、六月六日及び六月七日の勅令においては、先住民の奴隷化を禁じ、かれらを「自由人」として取り扱うことを通して、この地域へのヨーロッパ勢力進出以来先住民の布教村を形成していた修道会、とりわけイエズス会から先住民の監督権を奪い、ポルトガル国王の「臣民」化することを目的としていた。

さらに、一七五七年五月三日には、メンドンサ・フルタードの名入りで「パラ及びマラニャンのインディオ集落において遵守されるべき監督規定」（以後、「監督規定」と表記）が発布される。この「監督規定」は、一七五五年六月七日勅令の実行のため、先住民の各集落に「監督官（Director）」を置き、その監督官の業務内容や先住民に対する監督・指導を規定したもので、これまでの「マラニャン・グランパラ植民地布教規約」に取って替わるものであった。その第三項においては、

この植民地のインディオたちが、これまで、最悪の唾棄すべき異教崇拝の習慣を実行しながら、生まれた未開の奥地で暮らしていたのと同様な野蛮さのままでいて、われわれの聖なる宗教の称賛すべき秘蹟について知ることを奪われるのみならず、市民生活や耕作、通商という手段でしか手に入れることのできない世俗的な利益まで奪われていることは否定できない。そして、明白なことは、われわれの尊厳なる君主の父としての配慮は、今まで不幸で悲惨な民を、キリスト教徒化し、市民化（civilizar）することにのみ向けられているのだ［*Directório* 1758: 2］。

と、先住民をキリスト教化し、市民化するという目的を明記し、「贅沢することなくヨーロッパ風

に服を着ること」「怠惰という有害な悪癖を避け、土地を耕し、交易を行うこと」を先住民に指導するよう規定しているのだが、そうした市民化政策の前提となるものが、ポルトガル語の使用であった。

世界の洗練された諸国民は、（征服地においては君主の言語を使用するという）賢明にして確固としたしくみを遵守しているのに、この（ブラジルの）征服地では、逆のことが行われていて、最初の征服者たちがこの地においてただ配慮したのは言語の使用であったが、それは「共通の（geral）」と称するものであった。真に唾棄すべき悪魔的な発明であって、インディオたちから、かれらを市民化するすべての手段をうばい、今日まで維持されている粗野で野蛮な服従状態におくためのものであった。こうしたこの上ない害悪を取り除くため、監督官の主要な配慮の一つは、それぞれの担当する集落においてポルトガル語の使用を確立することであり、学校に通う少年・少女、そしてこの事柄について教育する能力のあるすべてのインディオたちが、自らの民族固有の言語、あるいは「共通の」と呼ばれる言語を使用することは、いかなる場合でも認めず、唯一ポルトガル語のみ使用することとである［*Directório* 1758: 3］。

「共通の」と称する言語とは、ポルトガル人や宣教師たちが先住民とのコミュニケーションの際に使用していた「リングア・ジェラール」である。リングア・ジェラールとは、先住民の言語であるトゥピー語をベースにした共通語のことであり、イエズス会士アンシエッタの編んだ文法書が有名であるが、当時のブラジルで布教や交易活動の際に広く使われていた。ポンバルは、このリングア・

ジェラールの使用を禁止し、ポルトガル語を学習させることによって、先住民の「ポルトガル化」を企図していた。そのための「学校」については、以下のように規定されている。

そして、上記のような決定は、市民性の基礎であることから、すべての集落に公共の学校が置かれるものとする。一つは、少年のための学校であり、そこでは、キリスト教の教義や、読み、書き、計算が、すべての文明化された国民の学校において実施されているのと同じ形式で教えられるものとする。もう一つは、少女のための学校であり、そこでは、キリスト教の教義について教わるほか、読み、書き、糸つむぎ、レース編み、裁縫、そしてこの性に適したその他の仕事すべてについて教えられるものとする［*Directório* 1758: 4］。

このように、先住民の「ポルトガル化」「市民化」について細かく規定していた「監督規定」ではあったが、人材難や資金面からうまくいかず、一七九六年にはこの規定そのものが廃止される。このように、先住民の臣民化政策は、限定的な効果にとどまったものの、アマゾン川の開発と植民の歴史において、新たな展開をもたらすものであり、後の「ブラジル統合」に向けての重要な布石でもあった［Andrade 1978; Domingues 2000; Franco 2024］。

境界画定作業の難航や、七年戦争（一七五六～一七六三年）によるスペインとの関係の悪化などもあって、マドリード条約の実行は棚上げされ、一七七七年のサン・イルデフォンソ条約によって最終的に境界画定が行われるのだが、植民地ブラジルの開発と発展は着実に進んでいた。

カピタニア総督ゴメス・フレイレ・デ・アンドラーデの下で、都市としてのリオデジャネイロの整備は進み、一七六三年には副王府がリオデジャネイロに移転し、ブラジル植民地の中心としてさらなる発展を遂げるとともに、後背地や南部の開発も進んでいく。それに連動して、奴隷交易も盛んになり、ヴァロンゴ波止場が整備されて、大量の奴隷がリオデジャネイロを通じてブラジルに流入していった。グランパライマラニャン植民地においても、各地に新しい要塞や集落が形成されるとともに、一七五五年には「グランパライマラニャン総合会社」が設立される。この会社は、リスボンのブルジョワジーの出資によって組織された株式会社で、この地域への交易の独占権を付与されるとともに、アフリカからの奴隷の輸入によってこの地域の開発を進めることを目的としていた［Carreira 1983］。会社自体はポンバルの失脚とともに解散に向かうものの、一七五五年から一七七七年の間に三万人規模の奴隷が導入され、プランテーションが形成されたのだが、とくに重要な作物が綿花であった。国際的な綿花の需要に伴って、一七八〇年代以降生産が拡大したことから、「綿は、白いにもかかわらず、（アフリカ系奴隷で）マラニャンを黒く染める」とも言われることになる。

（２）ポルトガル領インディアの再編

ゴアを首府とするポルトガル領インディア（「エスタード・ダ・インディア」）にも変化が訪れていた。一六四〇年の再独立以降、オランダ東インド会社の進出によって、コチン（インド）やマラッカ、スリランカなどの拠点を喪失し、一六世紀末から一七世紀初頭にかけて繁栄したマカオ・日本間交易からも撤退を余儀なくされる。さらに、再独立後の安全保障と、オランダへの対抗から、イギリスと同盟し、

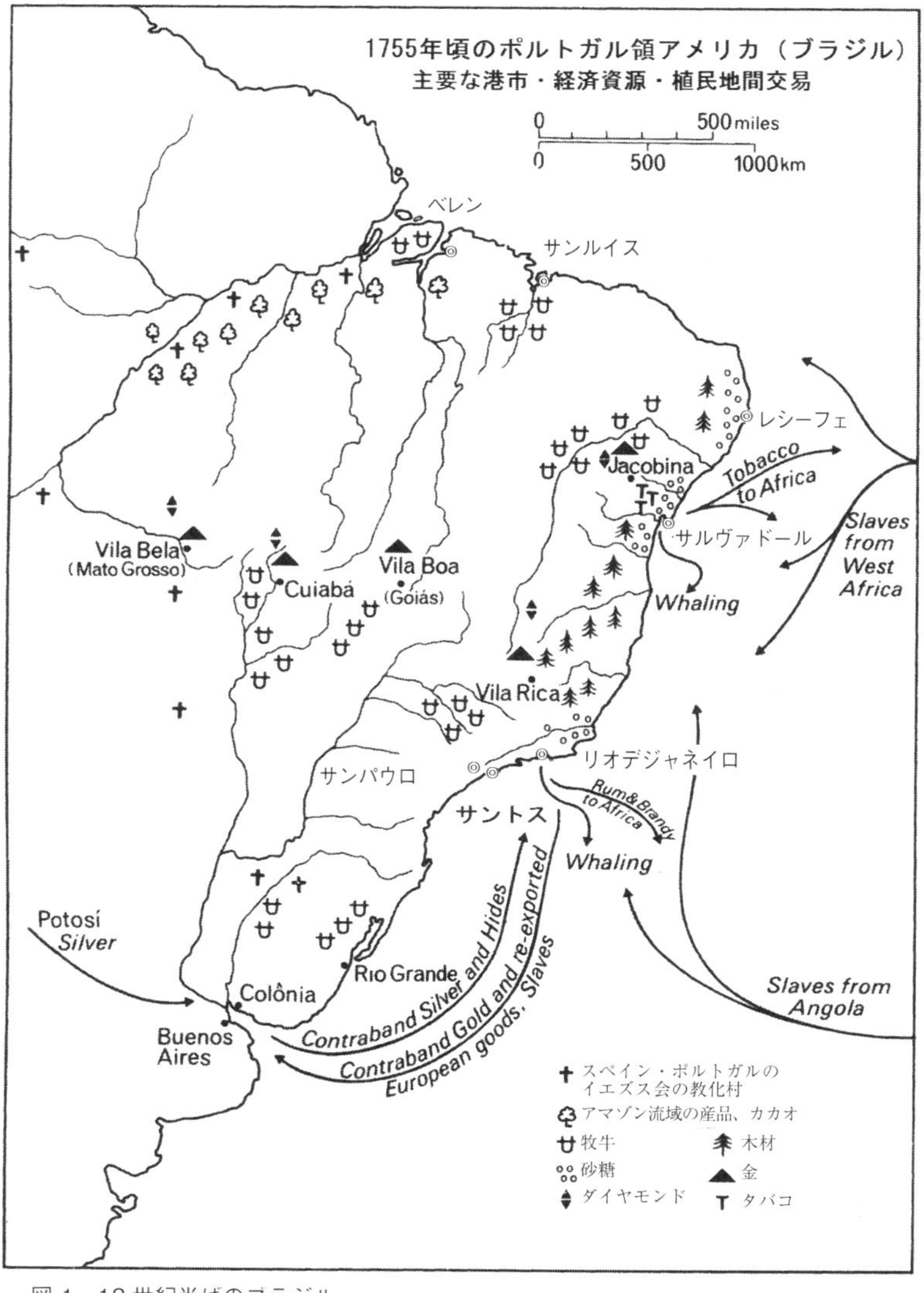

図１　18世紀半ばのブラジル
出所：［弘末 2018］所収の図より作成

ジョアン四世の王女カタリーナがイギリス国王チャールズ二世に嫁いだが（一六六二年）、婚資としてボンベイを譲渡した結果、インドにおけるイギリスのプレゼンスを高めることとなった。

他のヨーロッパ諸国のアジア進出による拠点の喪失のみならず、アジア世界の政治状況の変化もポルトガル領インディアにとって危機的な状況をもたらすものとなっていた。一七世紀には、サファヴィー朝イランのアッバース一世（位一五八七～一六二九年）によってペルシア湾の入り口に位置する交易拠点ホルムズから排除され、モンバサなどアフリカ東岸部の拠点もオマーンの台頭によって次々と失われ、アラビア海におけるプレゼンスは低下の一途をたどっていた。インド各地でも、ムガル帝国の弱体化とともに強力な地方政権が誕生していたのだが、とくに、デカン高原西部に成立したマラーター王国（一六七四～一八一八年）を中心とするヒンドゥー系諸侯の「マラーター同盟」（一八世紀中ごろ）が、ポルトガルの支配地域を脅かす存在となっていた。こうして、交易ネットワークの多くを失い、さらに一七三九年のバサイン陥落とともにいわゆる「北部州」を喪失するなど、アジアにおけるポルトガルの勢力範囲は縮小の一歩をたどっていた［Disney 2009］。

その一方で、ゴアにおいては、周辺地域を征服して領域としては拡大し（「新征服地」）、交易拠点をつなぐ帝国から、領域国家への再編過程にあった。こうした周辺勢力との闘争の過程で、副王ルイス・デ・マスカレーニャスが戦死すると、その後任にはポンバルと面識のあるエーガ伯爵マヌエル・サルダーニャ・デ・アルブケルケを副王に任命し（任一七五八～六五）、統治の立て直しにあたらせることになった［Saldanha 1984］。この時、総督府をゴアからパンジンに移すことによって、それまでの「旧ゴア（ゴア・ヴェーリャ）」の有していた首都的機能が徐々に移行していく。サルダーニャ・

図２　18 世紀後半のゴアを中心としたポルトガル領、横線部が「新征服地」
出所：[Lopes 1999] 所収の図より作成

デ・アルブケルケは、現地人の採用・登用を積極的に行うことによって軍隊を再編し、防衛体制を固め、インドにおける領域国家としての体制を構築していく。

こうした一連の改革・再編と並行して、ポルトガル領インドの現地人をポルトガルの支配体制に取り組む意図をもって発布されたものが、「東インディアにおける現地人差別禁止令」である。一七六一年四月二日付のこの法令の中では、アジアにおける現地人差別の原因をイエズス会の活動に帰した上で、

余は命ず、東インディアおよび余がポルトガル領アジアで有している支配地域で生まれた余の臣民のすべては、洗礼を受けたキリスト教徒であるならば、他の法的な無資格状態になることなく、本王国（ポルトガル）出身のものたちと同じ名誉や栄典、特典や特権を、いささかの区別もなく、享受するものとする。…（略）。同じく、いかなる身分や条件の、いかなる人間も、上述のインディア出身者、あるいはその子弟、子孫に対し、「ネグロ」や「メスティーソ」と呼んだり、あるいは同様のあざけりや憎悪に満ちたあだ名をつけたり、あるいはこれらを口実に、かれらの様々な位階や奉仕、功績に見合う名誉や尊厳、職業、地位、役職、権能に対し不適格としようとするものは、余の王家のフィダルゴの資格を有するものであれば、資格を失い、余の裁定により、さらなる罰が与えられるものとする。また、貴族であれば、貴族の身分を失い、平民の身分に下げられるものとし、……［Silva 1830］。

表１　ポルトガル異端審問所の審理件数と「世俗の手への引き渡し」件数

	リスボン			コインブラ			エヴォラ		
時期	審理件数	年平均	「引き渡し」	審理件数	年平均	「引き渡し」	審理件数	年平均	「引き渡し」
1536～1605年	3,376	48	256	2,248	56	193	2,439	39	203
1606～1674年	3,210	46	337	4,877	71	261	6,703	97	265
1675～1750年	2,844	37	209	3,079	40	93	1,281	17	28
1751～1761年	296	18	9	170	14	0	327	27	11
全体	9,726	42	811	10,374	51	547	11,050	48	507

	ゴア			全体		
時期	審理件数	年平均	「引き渡し」	審理件数	「引き渡し」	%
1536～1605年	1,831	41	103	10,194	755	7.4
1606～1674年	7,691	99	?	22,481	863	5.8
1675～1750年	3,347	51	59	10,551	389	3.7
1751～1761年	798	47	37	1,591	57	3.6
全体	13,667	66	?	44,817	?	?

注：「世俗の手への引き渡し」とは、異端としての処刑を意味する。
出所：Bethencourt 1996

と、キリスト教徒であるという限定付きではあるが、アジア出身者とその子孫に対し、ポルトガル本国人と同様な権利を認め、差別するものに対しては厳罰に処することを明記している。現地人とポルトガル本国出身者との差別・区別を禁じる政策と並行して、ポンバルはさらに、「宗教的寛容」政策を行う。

ジョアン三世の時代に、ポルトガルに異端審問所が導入され、リスボン、コインブラ、エヴォラに異端審問所が設置されたのだが、ゴアにおいても一五五〇年代に設置される。植民地に異端審問所が設置されるのはスペイン領アメリカも同様だが、スペイン領では、キリスト教に改宗した先住民は異端審問の対象になっていなかった。ところが、ポルトガル領インディアにおいては、現地人も異端審問の対象になっており、表に見られるように、本国のそれと同様に盛んに活動を行っていた。

例えば、一七世紀に実際にインドで異端審問所に逮捕・投獄された経験のあるフランス人シャル・ドゥロンはその体験談をヨーロッパで出版し、ポルトガル版「黒い伝説（スペイン・ポルトガルが植民地において先住民を虐待したという事実を、敵対するヨーロッパ諸国が宣伝したもの）」形成の一助となっていた。ポルトガル本国において異端審問所の改編が着手され、一七六一年を最後に公開処刑の儀式「アウト・ダ・フェ」が行われなくなるのと並行して、ゴアの異端審問所も改編の対象となった。一七七四年にはゴアの異端審問所の活動が停止され、およそ二世紀に渡った活動は終わりを告げることになった。

こうして、ゴアを中心とするポルトガル領インディアは、領域的な拡大とともに被支配者層をポルトガル国王の「臣民」として取り込み、植民地支配の安定を図るものであった。こうした政策の一方で、会社の設立計画や産業振興、ゴアを起点とした地域間交易、リスボン・ゴア間の「インド航路」を通じてのブラジルとの交易（タバコなど）の活性化など、大西洋世界とアジア世界をつなぐ位置を活かした経済的な立て直しも見られ、ポンバル期のポルトガル領インディアは「回復期」として位置づけることもできる［Lopes 1999］。

(3) リスボン大地震とポンバル改革

一七五五年一一月一日に発生したリスボン大地震に対し、国務秘書官のうちで唯一対応できたポンバルを中心に政府各機関・カトリック教会が連携を取り合って震災への対応や復興事業が進められる。瓦礫と化したリスボン中心部も、耐震性などに配慮し碁盤目状の街区で構成された「啓蒙の都市」として再建される [França 1983]。

その過程で国王からの信任を厚くしたポンバルは、一七五六年には内務担当国務秘書官に異動し、残りの国務秘書官も実弟のメンドンサ・フルタードやルイス・ダ・クーニャの甥で固めるなど、権力基盤を強化していた。そして、こうした権力基盤を背景に、後世「啓蒙専制的」と称される一連の改革を進めていく。「王室財務府」の設置（一七六一年）による歳入・歳出の管理の一元化、ドーロ川上流のワイン生産地域における限定呼称制度の設定とワイン会社の設立（一七五六年）や内陸部のコヴィリャンにおける「王立織物工場」の設立（一七六九年）のような産業振興政策、一七五九年のイエズス会追放と連動して開始され、一七七二年のコインブラ大学の改革までにいたる一連の教育改革など、改革は多方面にわたっていた。こうした改革と並行して、ポンバルは、それまで差別の対象とされてきたマイノリティーに対する区別や差別を禁止する法令を出している。

一五世紀のアフリカ西岸への進出の過程で、ポルトガルは、アフリカ系奴隷の獲得に乗り出し、キリスト騎士団長エンリケ親王（「航海王子」）の拠点であるポルトガル南部アルガルヴェの都市ラゴス、西アフリカとの交易が本格化した後は首都リスボンにアフリカ系奴隷が移送・取引される。さらに、海外進出に伴って拠点化したゴアやサルヴァドールなどの都市でも奴隷を使役する社会が形成され、大西洋やアジア海域世界、環シナ海世界などでは、地域間交易に参入する中で奴隷交易を行い、中には日本人奴隷も多く含まれ、グローバルな規模で奴隷交易を行っていた［ソウザ、岡 2017］。ポルトガル本国にも、一五世紀半ばから一八世紀にかけて、計三〇万～五〇万規模の奴隷が輸入されていた。

こうして世界各地で奴隷交易を行っていたポルトガルであるが、一八世紀ヨーロッパにおける啓蒙思想の浸透によって、イギリスやフランスでは奴隷制や奴隷交易への批判が生じてきた。こうした状況下で、ポンバルは、本国における奴隷制の廃止に向けた法令を発布する。

他の洗練された国々の法や慣習とは反対に、毎年、アメリカやアフリカ、アジアから、かくも異常な数の黒人奴隷が運ばれてきて、余の海外領土においては、土地や鉱山の開発にかなりの不足をもたらす一方で、この大陸（ヨーロッパ）ではただ奉公人の地位を占めるのみで、定職もないまま、安逸に身を任せ、その当然の結果として悪徳に陥るということである。…（中略）…。余は定める。この法令が交付された日より、アメリカ、アフリカ、およびアジアの港においては、アメリカとアフリカにおいては六ヶ月、アジアにおいては一年が過ぎた後、いかなる港においても、このポルトガル及びアルガルヴェの王国に向けて、いかなる黒人男性あるいは黒人女性も、積み込んだり本王国で荷下ろししたりすることは出来ないものとする［Collecção Chronologica de Leis Extravagantes, parte II, Tom. IV, 361-362］。

このように、一七六一年九月一九日勅令は、ポルトガル本国へのアフリカ系奴隷の輸送を禁じたの

表2　ポルトガルへの奴隷輸入数（概算）

年代	輸入総数	年平均
1440～1550年	200,000	2,000
1550～1600年	50,000	1,000
1601～1700年	49,500	500
1701～1763年	16,400～21,100	260～325
総数	300,000～500,000	

出所：Silvia 2013

だが、条文から見たとき、奴隷労働が必要な植民地に奴隷貿易を絞ることも目的であることが見て取れる。ポンバルは、本国における奴隷制の廃絶に向けて、さらに一歩踏み込んだ措置を取る。

　一七六一年九月一九日の勅令によって、本王国において黒人の奴隷化が永続化され続けているという大いなる害悪を防止した後も、アルガルヴェのすべて、そしてポルトガルのいくつかの地域では、かくも人間性と宗教の感情に欠けた人間がいて、あるものは自分よりも白いのに「黒人」という名の女奴隷、あるいは混血の女奴隷、あるいは本当に黒人の女奴隷を自らの家に囲っているものがいまだに存在しているという確かな情報を持っている。しかもそれは、民法に基づけば、奴隷の母親の腹から自由身分の子どもは生まれないという口実の下に、かの連続しかつ利益の上がる結びつきから生まれた哀れなものたちの自由を奪い、罪深い取引を行って、こうした奴隷化を永続化させているということである。

　…（中略）…

　その母親、あるいは祖母が奴隷であるもの、あるいは奴隷であったものについて、すべての男性奴隷そして女性奴隷は、奴隷の身分にあるものとするが、それはそのもの一代限りとする。しかしながら、その奴隷状態が曾祖母に由来するものは、その母そして祖母が奴隷の身分であったならば、解放され、自由であるものとする。また未来については、その母あるいは祖母が奴隷の身分であったならば、この法の恩恵により、全き自由をもって生まれたものとする。そして、上述のものすべては、余の父としての恵み深き措置によって自由の身となり、かつてローマ人の迷信が自らの慣習に打ち立てた「解放奴隷」という区別は、他のヨーロッパのすべての国々と同様、余の国においても、キリスト教的統一と市民社会にあって認められないものとなっていることから、かかる区別をすることなく、すべての職務、名誉と尊厳にたいして資格を有するものとする［Silva 1829: 639-640］。

このように、奴隷身分の母親から生まれた子供は自由身分になるという、いわゆる「子宮の自由」の原則によって奴隷の「再生産」を停止し、将来的にポルトガル本国における奴隷制の廃止を企図するものであった。一連の立法からは、ポルトガルにおいて、奴隷労働への依存を脱却し、ポルトガル人を「勤勉な」労働者に再生しようとする意図も見て取れる。

こうした奴隷と並んで、ポルトガル本国とその植民地において差別の対象となっていた存在が、一五世紀末のユダヤ教徒の追放令と強制改宗によって生じた「新キリスト教徒」と呼ばれる存在である。ルイス・ダ・クーニャの意見書にもあるように、異端審問所による迫害などによって、新キリスト教徒はヨーロッパ諸国や海外領、イスラーム世界へと流出する一方で、ロンドンやアムステルダムといった主要な商業都市にコミュニティーを形成し、国際的なネットワークを形成していた。

商工業の振興を図っていたポンバルは、異端審問所の再編や王立検閲委員会の設立によって、宗教的・文化的領域における王権の優位を確立する一方で、一七七三年、新キリスト教徒への差別を禁じる法令を公布する。

同じく余は命ず。新キリスト教徒・旧キリスト教徒という区別を、有害にも掻き立てることによって、ポルトガルの臣民を、連続し永続する不和の下に、おたがいが分かたれ、隔てられ、相争うために仕組まれ、かつもたらされた、勅令、布告、命令その他の措置のすべては、この法令の発行以後、決して存在しなかったかのように、廃止されるものとし、それらの記録は、もはや読まれること無きよう、封印され、廃棄され、しかるべき形式で削除されるものとする。…。

同じく余は命ず。いかなる身分、資格、地位であれ、この余の法令が出た暁には、これは全般的な規則、永久の布告となり、言葉にせよ書き物にせよ、上述のとおり不可とされた区別を使用するもの、あるいは、そうした区別から利益を得たり、会話や議論においてそうした区別に肩入れするものは、それが聖職者であれば、公の安寧を脅かす反乱者であるとして、国籍剥奪の上、ポルトガルから永久にポルトガルから永久に追放し、二度と入国できないものとする。それが世俗の貴族であれば、……［Silva 1829］。

このように、厳格な措置を取ることによって、およそ二百年以上続いた新キリスト教徒に対する差別と迫害は法的には停止されることになった。

こうして、ポンバルは、ポルトガル領アジアやアメリカにおいて、現地生まれのポルトガル系住民や先住民に対する差別を禁止したり、本国における奴隷制を撤廃するなど、海洋帝国における人種的・宗教的マイノリティーを「臣民」「国民」として取り込む企図を法制化してきた。その一方で、ポルトガル臣民・国民に分断をもたらす存在として表象し、攻撃対象としたものがイエズス会である。

ポルトガルの海外進出・海洋帝国の構築と連動して世界各地で司牧・布教活動を行い、帝国を支える宗教的インフラを提供しながら、本国においても政治・文化に多大な影響を及ぼしていたイエズス会が、ポルトガル国民に分裂をもたらすものとして、ポンバルの攻撃の対象となり、一七五九年には、ポルトガルとその全領土から追放されるだけでなく、逮捕や投獄、さらにはガブリエル・マラグリーダのように、異端者に対する公開処刑の儀式「アウト・ダ・フェ」の対象となるものも出るなど、激しい迫害の対象となった。さらにポンバルは、おびただしい反イエズス会文書を出版し、多国語に翻訳して全ヨーロッパ規模での反イエズス会プロパガンダ政策を展開するが、スペインやフランス、ナポリといったカトリック諸国がそれぞれの国の事情から反イエズス会へと傾く中で、一七七三年にはローマ教皇庁がイエズス会の解散を命じる勅書を発布し、イエズス会はカトリック世界での活動を停止することになる［Vogel 2017：疇谷 1994］。

ポンバルの反イエズス会政策は、後に「イエズス会神話」とも称されるイエズス会についてのネガティブなイメージを形成しその後の政治にも影響を与えたため、イエズス会やカトリック教会に近い勢力はポンバルについて否定的な評価を下し、二〇世紀までポンバルの評価が相反する原因ともなっている。

おわりに

以上のように、ブラジル・インドのそれぞれにおいて、領域拡大や首都機能の移転、さらには現地人や先住民の臣民化・国民化が試みられたが、こうした動きは本国における首都再建や一連の改革とも連動するものであり、ジョゼ一世／ポンバル期は、ポルトガル海洋帝国の全般的な再編が試みられた時代であったということが出来るだろう。

一七七七年のジョゼ一世死去、女王マリア一世の即位によって、ポンバルは失脚し、領地のポンバルに退去して一七八二年に死去する。マリア一世の治世は、ポンバル期に収監されていた政治犯の釈放や名誉回復など、ポンバルに対する反動としての側面も見られたが、王立科学アカデミーの設立など啓蒙改革的性格も有しており、一八世紀末には貿易収支の改善も見られるなど、比較的安定した時代であった［Labourdette 1985］。

しかし、ポルトガルとその海洋帝国に、「環大西洋革命」の大波が押し寄せようとしていた。一七七六年に本格的に始まった英領北米十三州の反乱は、ヨーロッパ啓蒙思想を建国の精神とする「アメリカ合州国」独立という事態を招き、やがて一七八九年のフランス革命の勃発へとつながっていく。ポルトガルの植民地帝国においても、ゴアにおける「ピントの陰謀（一七八七年）」や、ブラジルにおける「ミナスの陰謀（一七八九年）」「バイーアの陰謀（一七九八年）」事件など、植民地支配に対する現地人の反発、それに対するポルトガル政府の厳しい対応に、この時期の植民地支配の危うさがよく表れている。

ヨーロッパ情勢がフランスを軸に急展開する中で、精神に失調をきたしたマリア一世に代わって王太子ジョアンが摂政として統治を担い（一七九二年）、英仏の間で中立を保ちながらポルトガルと植民地帝国の維持を図るが、一八〇七年のフランス軍のポルトガル侵攻によって、マリア一世、摂政太子ジョアンらブラガンサ王家、政府首脳など一万名を超えるポルトガル政府関係者がイギリス海軍の護衛の下、大西洋を渡ってリオデジャネイロに到着し、王宮を構え、政府各機関を設置して首都機能を充実させる。ナポレオン没落後の一八一五年には、リオデジャネイロを首都とする「ポルトガル・ブラジル・アルガルヴェ連合王国」が成立した。しかし、一八二〇年のポルトガル本国の立憲革命を機に、ブラジルの独立（一八二二年）という形でポルトガルの大西洋帝国は解体に向かう。

その後、帝国として独立したブラジルは、ポルトガル領アメリカから引き継いだ領域を維持し、二一世紀の今日では二億人を超える人口を有する「ポルトガル語を話す」大国として国際社会における存在感を増している。一七世紀〜一八世紀のアジアにおいてポルトガルのプレゼンスが低下する中、ポルトガル領として残ったゴア、ダマン、ディウは、一九六一年にインドに接収されるまで植民地として維持され、少数ではあるが、ポルトガル語を話す住民も存在している。

ブラジルの統一と維持や、インドにおける植民地の生存に、ポンバルの一連の政策がどれだけ寄与したのか、この小論では詳しく論じることは出来なかったが、今後の課題としたい。

参考文献

伊藤秋仁・住田育法・冨野幹雄（共著）『ブラジル国家の形成――その歴史・民族・政治』、晃洋書房、二〇一五年。

伊藤慈子『幻の帝国――南米イエズス会士の夢と挫折』同成社、二〇〇一年。

金七紀男「ドン・ルイス・ダ・クーニャのブラジル遷都計画――啓蒙主義者による『ブラジル・ポルトガル帝国』構想」『ブラジル「発見」五〇〇年――その歴史と文化』ラテンアメリカ・モノグラフ・シリーズ（No. 13）、上智大学イベロアメリカ研究所、二〇〇二年、三－一一頁。

――『ポルトガル史（増補版）』彩流社、二〇〇三年。

――『ブラジル史』東洋書房、二〇〇九年。

ソウザ、ルシオ・デ、岡美穂子『大航海時代の日本人奴隷――アジア・新大陸・ヨーロッパ』中公叢書、二〇一七年。

浜岡究『「ブラジルの発見」とその時代――大航海時代・ポルトガルの野望の行方』現代書館、二〇〇六年。

弘末雅士（編）『越境者の世界史――奴隷・移住者・混血者』春風社、二〇一三年。

――（編）『海と陸の織りなす世界史――港市と内陸社会』春風社、二〇一八年。

ボリス・ファウスト（鈴木茂訳）『ブラジル史』明石書店、二〇〇八年。

丸山浩明『アマゾン五〇〇年――植民と開発をめぐる相剋』岩波新書、二〇二三年。

疇谷憲洋「18世紀ポルトガルにおける大学改革のイデオロギーについて」『史学研究』二一八、一九九七年。

――「ポンバル研究序論」『大分県立芸術文化短期大学研究紀要』五四号、二〇一七年。

Alden, Dauril. *Royal Government in Colonial Brazil*, University of California Press, 1968.

Andrade, António Alberto Banha de. *A Reforma Pombalina dos Estudos Secundários no Brasil*, Edição Saraiva, 1978.

Bethencourt, Francisco, *História das Inquisições, Portugal, Espanha e Itália*, Temas e Debates, 1996.

Boxer, C.R., *A Idade de Ouro do Brasil, 1695-1750, Dores Crescimento de uma Sociedade Colonial*, Editora Nova Fronteira (3ª Edição), 2000.

Carreira, António, *As Companhias Pombalinas*, Editorial Presença, 1983.

Carvalho, Gabriela, Marquês de Pombal- uma Rotunda, uma Praça, um Lugar de Memória(s), *Camões, Revista de Letras de Culturais Lusofónas*, número 15・16, jan-jun, 2003, pp. 187-196.

Collecção Chronologica de Leis Extravagantes, Posteriores à Nova Compilação das Ordenações do Reino, Publicadas em 1603, parte.II, Tom.III, IV, Coimbra, 1819.

Couto, Jorge, O Poder Temporal nas Aldeias de Índios do Estado do Grão-Pará e Maranhão no Período Pombalino, Foco do Conflito entre os Jesuítas e a Coroa (1751-1759), Silva, Maria Beatriz Nizza da (Coord.), *Cultura Portuguesa na Terra de Santa Cruz*, Editorial Estampa, 1995, pp. 53-66.

______, O Brasil Pombalino, *Camões, Revista de Letras de Culturais Lusofónas*, número 15･16, jan-jun, 2003, pp. 53-74.

Cunha, D. Luís da, *Instruções Políticos*, Comissão Nacional para as Comemorações dos Descobrimentos Portugueses, 2001.

Directório, que se deve observar nas Povoações do Índios do Pará, e Maranháo, Lisboa, 1758.

Disney, A.R., *A History of Portugal and the Portuguese Empire, From Beginnings to 1807*, Volume 2: The Portuguese Empire, Cambridge University Press, 2009.

Domingues, Angela, *Quando os índios eram vassalos, Colonização e relções de poder no Norte do Brasil na segunda metade do século XVIII*, Comissão Nacional para as Comemorações dos Descobrimentos

Portuguesses, 2000.
França, José-Augusto, *Lisboa Pombalina e o Iluminismo*, Bertrand, 1983.
Franco, José Eduardo, et Oliveira, Luiz Eduardo, *O Marquês de Pombal e a Unificação do Brasil*, Temas e Debates, 2024.
Labourdette, Jean-François, *Le Portugal de 1780 à 1802*, SEDES, 1985.
Levenson, Jay A.(éd), *The Age of the Baroque in Portugal*, National Gallery of Art, Yale University Press, 1993.
Lopes, Maria de Jesus dos Mártires, *Goa Setecentista, Tradição e Modernidade*, Universidade Católica Portuguesa, 1999 (2.ª edição).
Macedo, Jorge Borges de, *A Situação Económica no Tempo de Pombal, Alguns Aspectos*, (3.ª edição), Gradiva, 1989.
Maxwell, Kenneth, *Pombal, Paradox of the Enlightenment*, Cambridge University Press, 1995.
Melo, Sebastião José de Carvalho e, *Escritos Económicos de Londres (1741-1742)*, Biblioteca Nacional, 1986.
Meneses, Avelino de Freitas de (Coord.), *Portugal da Paz da Restauração ao Ouro do Brasil*, Serrão, J. et Marques, A.H. de (dirs), Nova História de Portugal, vol. VII, 2001.
Monteiro, Nuno G., *D. José, na Sombra de Pombal*, Círculo de Leitores, 2008.
Paquette, Gabriel, Imperial Portugal in the Age of Atlantic Revolutions; The Luso-Brazilian World, c.1770-1850, Cambridge University Press, 2013.
Saldanha.António de Sousa e Vasconcelos Simão de, *As Cartas de Manuel de Saldanha, 1.º Conde de Ega e 47.º Vice-Rei da Índia a Sebastião José de Carvalho e Melo e seus irmãos (1758-1765)*, Gabinete Português de

Estudos Humanísticos, Lisboa, 1984.

Silva, António Delgado da, *Collecção da Legislação Portugueza, Legislação de 1763 a 1774*, Lisboa, 1829.

______, *Collecção da Legislação Portugueza, Legislação de 1750 a 1762*, Lisboa, 1830.

Silva, Maria B.N. da (coordenação de), *O Império Luso-Brasileiro, 1750-1822*, Editorial Estampa, 1986.

Silva, Luiz Geraldo, *Esperança da Liberdade. Interpretações Populares da Abolição Ilustrada (1773-1774)*, Revista de História, 144, 2001, pp. 107-149.

Subtil, José, *O Terramoto Político (1755-1759), Memória e Poder*, Universidade Autónoma, 2007.

Torgal, Luís Reis, Acerca do Significado do Pombalismo, in *O Marquês de Pombal e o seu Tempo (Tomo I)*, Revista de História da Ideias, IV, Instituto de História e Teoria da Ideias, Coimbra, 1982.

Vogel, Christine, *Guerra aos Jesuítas, A Propaganda Antijesuítica do Marquês de Pombal e na Europa*, Círculo de Leitores, 2017.

第5章　大西洋奴隷貿易とラテンアメリカ

――一九世紀ブラジルを中心に

布留川　正博

はじめに

一六世紀初めから一九世紀半ばまでの大西洋奴隷貿易の全貌に関しては、Ｄ・エルティスやＤ・リチャードソンらが中心になって収集した三万六〇〇〇件以上の奴隷船の航海データ［Transatlantic Slave Trade Database 2、以下ＴＳＴＤ2と略す］に基づく推計によって明らかになった。アフリカ沿岸の島々やヨーロッパの旧世界を含めて、南北アメリカ（新世界）に生きて上陸した奴隷数は、一〇七〇万人と推計された（表1）。他方、セネガル、ガンビア、シエラレオネ、風上海岸（現在のコートジボアール）、黄金海岸（現在のガーナ）、ベニン湾岸（現在のベニン）、ビアフラ湾岸からコン

表１　各地域に生きて上陸した奴隷数
（単位：1,000 人　1501 － 1867 年）

英領北アメリカ	387
スペイン領アメリカ	1,140
英領西インド	2,246
仏領西インド	1,094
オランダ領西インド	445
ブラジル	4,810
旧世界	164
その他	416
計	10,702

出所：D. Eltis & D. Richardson 2008: 48-51

表２　アフリカ各地からの奴隷輸出数
（単位：1,000 人　1501 － 1867 年）

セネガンビア	756
シエラ・レオネ	389
風上海岸	337
黄金海岸	1,209
ベニン湾	1,999
ビアフラ湾	1,595
西中央アフリカ	5,695
南東アフリカ	543
計	12,521

出所：D. Eltis & D. Richardson 2008: 46-47

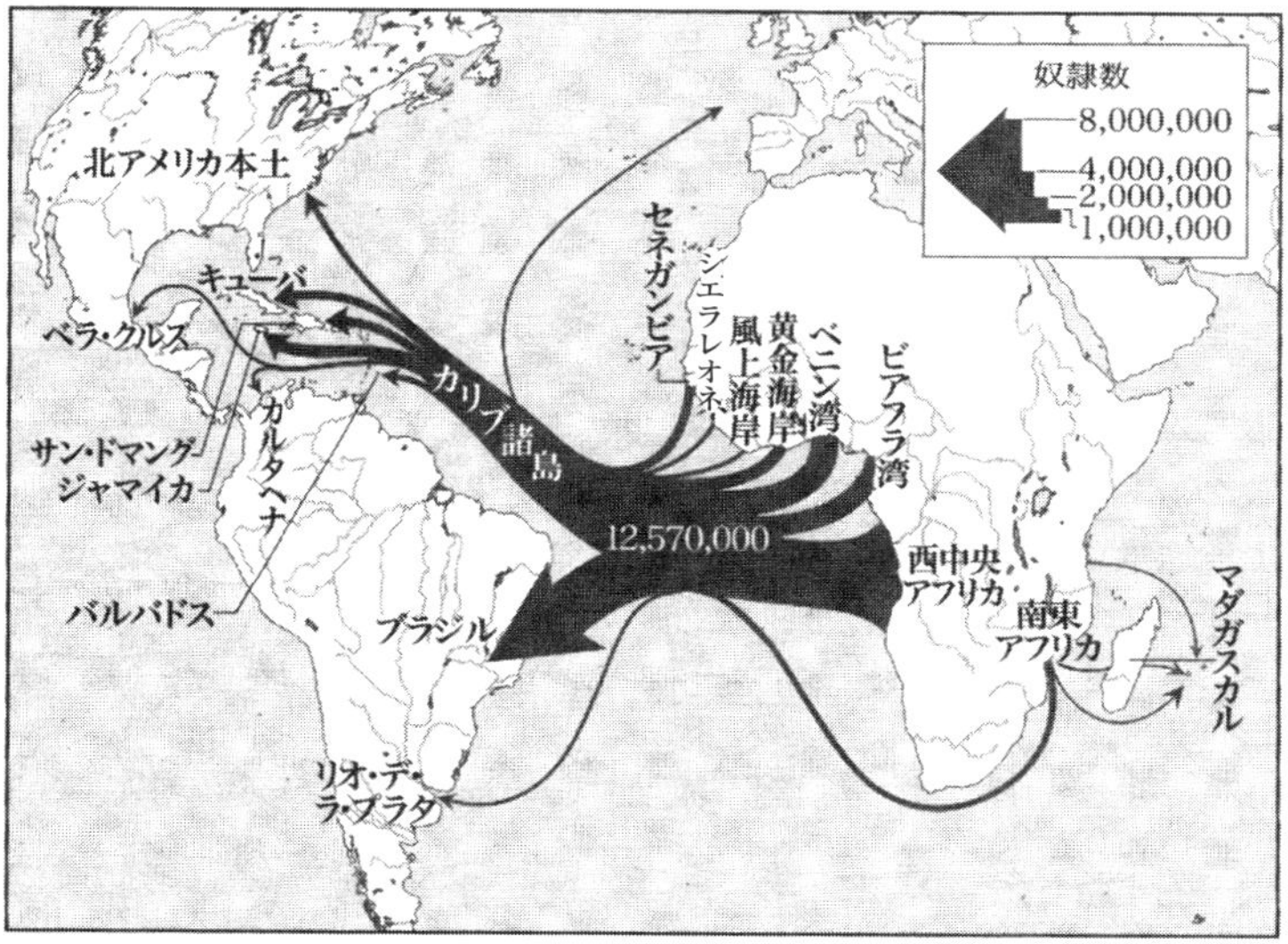

図１　大西洋奴隷貿易の出発地域と経路（1501 － 1867 年）
出所：エルティス , D ／ D, リチャードソン 2012: 18-19

ゴ、アンゴラに至るアフリカ沿岸、および南東アフリカから積み出された奴隷数は一二五二万人にのぼっている（表2）。単純計算で中間航路（大西洋上）の奴隷船で死亡した奴隷の比率は一五％ということになる。奴隷の死亡率は、中間航路の長さや奴隷船の構造などによって左右されたことは言うまでもない（図1）。

そのなかでもスペイン領アメリカとポルトガル領ブラジルへの奴隷輸入総数は、五九五万人にのぼっており、全体の五五・六％を占めている。本章では、何故にいわゆるラテンアメリカの諸地域に多くの奴隷が運ばれたのか、また、彼ら彼女らは各地域でいかなる役割を果したのか、を明らかにしたい。とくに、一九世紀のブラジルは大西洋をめぐる国際情勢が変化するなかで最大の奴隷輸入国（地域）になるのであるが、その要因についてポルトガル、イギリス、米国を含む諸外国との関係のなかで明らかにしたい。

１　大西洋奴隷貿易の先駆者、ポルトガル

一四一五年、ポルトガルはアフリカ北端のセウタを占拠し、これ以降アフリカ沿岸部を南下し、各地に貿易拠点を創設していった。その結果、一四八八年にはバルトロメウ・ディアスが喜望峰に到達し、その一〇年後にはヴァスコ・ダ・ガマがインドのカリカットに到達したことはよく知られている。大航海時代の始まりを告げるこうした事跡は、ヨーロッパ・キリスト教世界のイスラーム世界に対する対抗意識を歴史的前提としている。

七世紀にイスラーム教が誕生し、その教えが政治的・軍事的支配とともに東西に拡張し、八世紀にはジブラルタル海峡（地中海の最西端にある海峡）を越えてイベリア半島（現在のポルトガル、スペイン）をも飲み込んでいった。キリスト教勢力はこれに対抗して数百年にわたるレコンキスタ（国土再征服運動）を繰り広げていったのである。この間キリスト教勢力とイスラーム勢力は常に戦闘状態であったわけではなく、両者のあいだには交流も生まれたのだ。キリスト教勢力はイスラーム世界から科学や哲学、実利的な技術を学び、自分のものとし、また多くの珍しい物品を得てきたのである。一二世紀にはヨーロッパのあちこちで膨大な種類の書物をアラビア語からラテン語に翻訳する「大翻訳時代」を迎えていたのである。

キリスト教勢力は、イスラームに対抗して自分たちの勢力を拡大したいと強く望んでいた。また、これまでイスラーム商人を介して入手していた西アフリカのギニアの金や東洋の香料などを直接手に入れたいと強く意識するようになっていた。スペインよりも早くレコンキスタを完遂したポルトガルはアフリカを南下し、東回りでインディアス（インドおよびそれ以東のアジア地域を含む）に到達したいと考えていた。

ポルトガルは一五世紀、アフリカの大西洋岸に貿易拠点をつくっていった。金や象牙とともに奴隷も重要な取引商品となった。アズララの『ギネー発見征服史』によると、一四四一年、アンタン・ゴンサルヴェスがサハラ砂漠西端にあるモーリタニア北部のリオ・デ・オロに上陸し、ベルベル系のアゼネゲ族（北アフリカの先住民族）一二人を捕えて、ポルトガル南部のラゴスに連れ帰ったという［アズララ 1967：176-181］。このうち三人は現地では地位が高く、「自分たちを当地に戻してもらえるなら、自分たち一人につき五、六人の黒人奴隷と交換できる」と言った。これを信じて、三人を現地に連れ戻すとひとりには逃げられたが、残りのふたりと交換に一〇人の黒人奴隷が獲得できた。これが記録に残されている最初の奴隷貿易であろう。

またカダモストの『西アフリカ航海の記録』（一四五五年頃）によると、セネガル王国の王は、周辺地域との戦闘で捕えた者を奴隷として土地の耕作などに使役し、残りの奴隷をアラブ人やキリスト教徒に売却している、と描写している［カダモスト 1967：529］。このキリスト教徒は、ポルトガル商人のことであろう。

こうして一五世紀半ばからポルトガル商人によって奴隷貿易が開始されるのであるが、ポルトガル王室はこの貿易を王室の管理下におこうとした。一四八六年にはギネー商務院の下部組織としてリスボン奴隷局を創設した。この組織は、奴隷貿易の許可証を発行し、リスボンに運び込まれた奴隷を受け取り、検査、査定を行い、オークションを開き、また、関税（四分の一税）を徴収する任務を果たした。リスボンに連行された奴隷の正確な数は分からないもののその人数は徐々に増えていったと思われる。一六世紀前半にリスボンに輸入された奴隷数は、毎年約二〇〇〇人であった［布留川 1988：81］。同時期にリスボンには西アフリカのいわゆる黄金海岸から金が輸入されているのであるが、これによる王室収入と奴隷貿易によるそれとは同程度であった。その後、奴隷貿易による収入が金のそれを上回るようになっていく。

奴隷を送り出すアフリカの地域も拡大していった。セネガル、ガンビア、シエラレオネ、風上海岸、黄金海岸、奴隷海岸、それにコンゴなどに広がっていった。それぞれの地域で奴隷がいかに獲得されたのであろうか。アフリカの個々の社会の中に奴隷が存在していたことは確かである。一八世紀に奴隷貿易で栄えた黄金海岸のアシャンティ王国にはいくつかの種類の奴隷が存在した。自身の債務を払うことができなくて奴隷になる債務奴隷、周囲との戦争で捕えた者を奴隷にしたり、周辺地域との和平の担保のために奴隷を差しだしたり、その他誘拐したり、犯罪者を奴隷にしたりした。王国内部で奴隷を保有するだけでなく、ヨーロッパの商人にその一部を売却した。ヨーロッパ人が奴隷狩りをすることもあったが、これは例外的であった［布留川 1988：73-78］。

2　アシエント奴隷貿易

スペインでレコンキスタが完遂されるのは一四九二年のことである。この年の一月、最後まで残った南部イスラーム王朝のグラナダ王国がスペイン（カスティーリャ）によって征服されたのである。スペイン王室の最大の政治的課題が解決されて、コロンブスの西回り航海のプランが現実味を帯びてきた。彼は王室と契約を交わし、この年の八月三日、三隻の船でパロス港を出帆するのである。カナリア諸島を経由して、一〇月一二日に現在のバハマ諸島のウォトリング島（サンサルバドル島と命名、現地ではグァナハニ島と呼ばれていた）に到達する。さらに、イスパニョーラ島やキューバ島などを探検し、翌年三月に帰還する。コロンブスは、スペイン王室に現地で体験したことをつぶさに報告した。そのなかで重要であったのは、現地には先住民（インディオ）が存在したこと、キューバで金を発見したことであった。

第二回の航海はすぐさま組織され一四九三年九月、一七隻の船に千数百人を乗せてカリブ海諸島に向かった。聖職者も参加したが、黄金を求めて乗船した者が多かった。イスパニョーラ島やキューバ島では砂金が見つかり、スペイン人は先住民を駆りだして砂金の採掘に精を出した。また、サトウキビもこのときに持ちこまれた。その他、先住民には家内労働や食糧生産、荷物の運搬などスペイン人の必要とする労働力が求められた。

しかし、先住民の中にはスペイン人のこうした強制に対して反発する者も現れた。早くも一四九四年末にイスパニョーラ島で先住民の叛乱が勃発し、一〇人のスペイン人が殺されている。これに対してスペイン人は武力的報復を加え、多数の先住民が殺され、また、捕虜にされた。このうち五五〇人は一四九五年にスペインに奴隷として送られている。これ以降、先住民奴隷がスペインに輸出されることになる［池本他 1995：58］。

イスパニョーラ島を中心とするカリブ海諸島の植民地建設に先住民の労働力は一定の役割を果たしたとはいえ、それに十分にこたえられなかった。なぜなら、スペイン人の植民者たちが増えるにしたがって、先住民人口が劇的に減少してしまったのである。イスパニョーラ島ではコロンブス以前には約一〇〇万人の人口をかぞえたが、一五〇八年には早くも六万人に、一五五四年には三万人に減少したのである［メジャフェ 1979：26］。こうした人口激減は他の島々でも起こったが、さらに、スペイン人が一五二〇年代以降南北アメリカ大陸に広大な植民地を築く過程でより大規模な形で起こったのである（図2）。直接的な原因は、ヨーロッパからもたらされた伝染病に免疫をもたない先住民が罹患し、死に至ったことにあるが、その背景にスペイン人による植民地支配が強化され、先住民たちの生きる意欲が弱体化したことがある。

こうして、先住民に代わる労働力を探さなければならなかった。さまざまな試みがなされたが、最終的にはアフリカから黒人奴隷を導入することが解決策になった。スペイン領アメリカ植民地の拡大の経緯をみると、一五二一年、一四世紀以降メキシコ高原に栄えたアステカ王国を倒してヌエバ・エスパーニャ副王領にし、さらに南下して一五三三年、インカ帝国を滅ぼしてペルー副王領にした。当地の階層構造を温存して、スペイン人のコンキスタドーレス（征服者）が支配者として統治するとい

図２　スペイン領アメリカとブラジル
出所：布留川 2019：39

う体制を構築したのだ。スペイン領アメリカ全体のなかでもっとも重要な富は銀であった。ヌエバ・エスパーニャ副王領では現在のメキシコ市の北にあるグアナフアトやさらに北のサカテカス、ペルー副王領ではポトシ（現在のボリビアの南西部）から豊富な銀が産出された。スペインからの植民者の多くは、カリブ海諸島から大陸に渡り、南北アメリカの広大な植民地で統治者・管理者となり、富を蓄えていった。したがって、アフリカにはあまり関心を払わなかった。

そこで黒人奴隷をスペイン領アメリカに導入する事業は、他国の商人に任せるしかなかった。ここで登場するのがアシエントという制度である。これは元々、スペイン王室の公益事業を遂行するために王室と民間人のあいだで取り交わされた請負契約のことであった。税金の徴収や兵士の補充、物品や労働力を供給する事業などであった。しかし一六世紀初め、アシエントは植民地形成に伴う労働力の不足を解消するため、黒人奴隷を導入するための請負契約を意味するようになった。

最初のアシエント許可状は一五一三年にスペイン王室から発行されているが、一六世紀中に膨大な許可状が発行された。ちなみに一五三二年、アシエントの権限が王室から、新世界との貿易を管轄するインディアス商務院に移されている。アシエント契約を結んだ人物は、王室と特別の関係にあった商人や事業家、インディアス商務院の関係者、征服・植民活動に貢献した人物などさまざまであったが、彼らが奴隷貿易を行ったわけではなく、直接的に奴隷を供給したのは最初のうちはポルトガルの商人であった。

一六世紀末から一七世紀前半にかけてポルトガル人が直接アシエント契約を結ぶようになり、供給する奴隷数も増加していった。一七世紀後半以降になると、ポルトガルに続いて奴隷貿易に参画したオランダ、やや遅れてフランスやイギリスがアシエント契約を取り交わした。オランダ西インド会社、フランスギニア会社、イギリス南海会社が続々と奴隷を供給するようになった。南海会社は、「南海泡沫事件」（一七二〇年に起こった投機ブームによる株価の急騰と暴落によって経済の混乱を招いた）で有名であるが、一七一三年から四三年まで毎年四八〇〇単位の奴隷をスペイン領の各地に輸出する許可を得た。ここで単位とは、成人男性奴隷の労働力を一単位として、子どもであれば〇・五、女性であれば〇・八などと計算された。したがって、四八〇〇単位は人数にすると六四〇〇人くらいの奴隷になったと推算される。南海会社が奴隷数の上限値に達したことはなかったものの毎年四〇〇〇人前後の奴隷をスペイン領の各地に運んでおり、歴代のアシエント業者に比べてまずまずの奴隷を供給したことになる［布留川 2019：48-52］。

スペイン領アメリカの各地で黒人奴隷は、どのような作業にあたっていたのか。鉱山労働の現場、たとえばポトシ銀山では採掘作業はもっぱら先住民が使役されたのであるが、土木作業や運搬作業などでは黒人奴隷が使われた。アシエンダ（大農場）における穀物、食肉、ワインなどの生産現場では先住民とともに黒人奴隷も使役された。砂糖、カカオ、タバコ、綿花、コカなどのプランテーションの作業には黒人奴隷は必須の労働力であった。また、スペイン人の家庭やキリスト教の施設内には多くの家内奴隷が存在した。

3　一九世紀ブラジルへの奴隷輸入とイギリスの禁圧政策

次に、ブラジルの奴隷輸入について述べたい。

ブラジルの歴史区分として人口に膾炙しているのは、一六世紀後半から一七世紀にかけての「砂糖の時代」、一八世紀の「金の時代」、一九世紀の「コーヒーの時代」である。もちろん、砂糖の時代にはタバコが生産され、金の時代には砂糖が持続的に生産され、コーヒーの時代には砂糖とともに綿が生産され、一九世紀終わりにはゴムが重要な輸出品となっていた。いずれにしてもこうした輸出用の生産物はすべて奴隷制に依存していたことである。ブラジルは、一六世紀後半から一九世紀前半までの約三〇〇年間に四八〇万人の黒人奴隷を輸入したのである。これは大西洋奴隷貿易全体の四五％に当たる。また、一八一一～六七年の時期にブラジルは一七〇万人の奴隷を輸入し、これはこの時期に輸入された奴隷総数の六四％に当たる［布留川 2020：139］。つまり、ブラジルはカリブ海諸島を含む南北アメリカのどの地域や国よりも多くの奴隷を輸入し、奴隷制を基盤にして社会が構成され、また経済の支柱にもなってきた、ということだ。

ところで一九世紀は、奴隷貿易廃止と奴隷制廃止に向けた力強い推進力が国際的に強化されていった世紀である。まず一八〇七年、イギリスは奴隷貿易を廃止し、翌年米国もそれに続いた。これ以降イギリスは、他の国々に対して奴隷貿易を廃止するように外交的・軍事的圧力を強めていった。ナポレオン戦争後の国際関係の処理のために開かれたウィーン会議では、イギリスの主導で奴隷貿易終結のための宣言が採択され、これを受けて一八一七年、ポルトガルはイギリスとのあいだで、赤道以北の奴隷貿易を禁じる条約を結んだ。しかし、一八一七年末のリオデジャネイロ駐在のイギリス代理大使の報告にあるように、奴隷貿易は減少するどころかむしろ活発になっていったのである。

一八二二年に摂政皇太子であったペドロは、ブラジルの独立運動の先頭に担ぎ出され、「余は残る（フィコ）」という有名な宣言をし、ブラジル帝国の初代皇帝ペドロ一世となった。ブラジル独立に際して、イギリスはこれを承認する代わりに奴隷貿易を赤道以北・以南で全面的に廃止することを迫った。ブラジル側はこれに執拗に抵抗したが、一八二六年に英伯両国は奴隷貿易完全廃止の条約を締結した。これには付帯事項があり、移行期間を設けてブラジル政府が批准してから三年後に完全に廃止すると決められた。批准されたのは、一八二七年一〇月である。しかし、この条約によって奴隷貿易活動は逆に活発になった。その理由は、プランターたちの駆け込み需要が急増し、ブラジルにおける奴隷価格が上昇し、一獲千金をもくろむ冒険的な奴隷商人が増えたからである。ちなみに、奴隷価格は、一八二五年に二〇〇～二五〇ミルレイス（二一〇～二六〇USドル）であったが、一八三〇年には七〇〇～八〇〇ミルレイスまで上昇した［布留川 2020：142］。

しかし結局のところ、一八三〇年にブラジルの奴隷貿易は全面的に廃止された。ペドロ一世が退位し、自由主義的な摂政政府が樹立された。翌年、ブラジルに連行された奴隷はすべて解放される、という法律が議会で可決され、奴隷輸入に関係したすべての人物を犯罪者と規定し、彼らに九年の禁固刑と奴隷一人当たり二〇〇ミルレイスの罰金を課した。こうして一八三〇年代前半にはブラジルへ輸入された奴隷数は激減した。

けれども、このような自由主義政策は長続きしなかった。奴隷制プランテーションを所有する地主勢力の支配体制に変化はなかったからである。一八三〇年代後半以降、プランター勢力が巻き返しをはかり、自由主義勢力は覆された。一八三七年に制定された「バルバセーナ法」では、一八三一年法を骨抜きにし、奴隷の輸入だけを禁止した。すなわち、奴隷貿易の禁止は海上だけに限定され、奴隷がいったんブラジルの土を踏めば売買の対象とされる、と改められた。まさにこの時期、ブラジルにおけるコーヒー生産とその輸出が飛躍的に増大し、奴隷に対する需要が高まったのである。ちなみに、リオデジャネイロにおける奴隷価格は、一八三一年の前半にそれ以前の三五〇ドルからその半額に低下したが、一八三〇年代後半には五〇〇ドルに上昇している。

ここでこの時期に奴隷貿易で利益をあげ、上流階級の仲間入りを果たした人物をふたり紹介しておこう。

ベルナルディーノ・デ・サーは、おそらくポルトガルで生まれ、リオデジャネイロで小売商を営んでいたが、一八三〇年頃には自分の奴隷船で奴隷を輸入していた。三〇年代半ばに赤道以南のアフリカ沿岸に貿易拠点を開設し、イギリス製の綿織物と交換に奴隷を獲得した。彼の船は、イギリス海軍の拿捕から逃れるためポルトガル国旗を掲揚していたという。彼は急速に財力を蓄え、リオデジャネイロにおいて経済的・政治的影響力の強い人物として知られるようになった。彼はリオデジャネイロのサン・ペドロ劇場の会長であり、さらに、ポルトガルの女王マリア二世（マリア・ダ・グロリア）から男爵の称号を授けられ、名実ともにブラジルの名士の仲間入りを果たした［布留川 2020：144］。

ピント・ダ・フォンセカは、商社の下級事務員として働いていたが、一八三七年に兄弟や友人とともに奴隷貿易業に参画した。一八四五年、彼は四〇〇〇～五〇〇〇人の奴隷を獲得するために一二隻の奴隷船をアフリカに派遣した。彼は、リオデジャネイロにいる約五〇人の奴隷商人の頭目である、と記されている。彼もまた、ブラジルの帝国薔薇騎士団よりナイトの称号が授与された［布留川 2020：144］。

彼らのほかにも大小さまざまな奴隷貿易業者がこの時期に大西洋の両岸で積極的な活動を展開していた。こうした冒険的商人は、一方では国内のコーヒープランテーションを中心とする奴隷制の拡大を基礎に、他方ではイギリスの外交的・軍事的圧力による奴隷貿易に対する取り締まり強化を国際的背景として、両者の対立と均衡をうまく利用して利鞘を稼ぐ投機的事業家であった。

しかし、イギリスはブラジルにおけるこうした動きを座視するわけにはいかず、一八三九年に「パーマストン法」を議会で可決し、ポルトガル船籍として登録されている奴隷船あるいはその国旗を掲げている奴隷船を拿捕する権限をイギリス海軍に与えた。この法律によって一時的にブラジルの奴隷輸入は減少したが、一八四四年になると一転奴隷輸入量が急増した。これに対してイギリス

表３　アフリカからブラジル各地域向けに積み出された奴隷数
（1801 ― 60 年）（単位：人）

年	アマゾニア	ペルナンブーコ	バイーア	南東部*	計
1801－10	35,674	57,628	112,272	157,259	362,833
1811－20	23,822	83,336	126,371	246,297	479,826
1821－30	13,399	58,620	104,577	377,153	553,749
1831－40	2,534	42,670	39,896	329,837	414,937
1841－50	2,443	24,345	72,240	382,387	481,415
1851－60	0	1,642	1,146	7,228	10,016
計	77,872	268,241	456,502	1,500,161	2,302,776

＊ミナスジェライス、リオデジャネイロ、サンパウロ
出所：Eltis D.&D. Richardson: 16-17

議会は一八四五年、「アバディーン法」を制定し、奴隷貿易を営むすべてのブラジル船舶をイギリス海軍が拿捕できることを再確認し、その関係者を公開法廷にかけると明記した。しかし、一八四〇年代後半にはイギリスの監視網をかいくぐって、依然として多数の奴隷が輸入された。

ここでどれほどの奴隷船がイギリス海軍によって拿捕されたのかについて簡単に触れておきたい。奴隷船はブラジル艦隊やポルトガル艦隊などによっても拿捕されたが、これは少数でイギリス海軍が拿捕した奴隷船は全体の九五％にのぼっている［布留川 2020：109］。拿捕された奴隷船は主としてシエラレオネのフリータウンに連行され、そこで「合同法廷」にかけられた。この法廷は、イギリスと他の関係諸国とのあいだで取り交わされた奴隷貿易禁止条約の中に含まれていた制度で、有罪の判決を受けた奴隷船の数は六〇〇隻以上にのぼり、約八万人の奴隷が解放されたという［Bethell 1966：79］。こうした解放アフリカ人のかなりの部分はシエラレオネに留まり定住したと考えられている。けれども、拿捕された奴隷船は全体からみると氷山の一角で、たとえば、一八四四年に奴隷を運んで上陸した

奴隷船一二〇隻のうち、フリータウンに連行されたのはわずか七隻であった（約六％）。

しかし結局、一八五〇年、五一年にイギリスは決定的な軍事的戦術を行使し、ブラジルの奴隷貿易を実質的に全面禁止に追い込んだ。すなわち、イギリスの巡洋艦がブラジルの領海内に入り、非合法活動をしているすべての奴隷船を拿捕する強い意志を表明した。これに応じてブラジル政府も「ケイレス法」を制定し、奴隷貿易活動を海賊行為と規定し、リオデジャネイロその他の港湾都市にあった奴隷貿易のための荷揚げ場や事務所などを強制的に閉鎖し、奴隷貿易業者を逮捕し、国外退去処分とした。その後数年間は断続的に非合法奴隷貿易が試みられたが、大規模な奴隷輸入はなくなった。こうして、約三〇〇年間にわたって続いてきたブラジルの奴隷貿易は終焉を迎えた。

最後にブラジルに上陸した奴隷数の時期的な変化をまとめてみると（表3）、一八〇〇年代、一〇年代、二〇年代にかけて輸入奴隷数は増加傾向にあった。砂糖や綿花、コーヒーなどのプランテーションの労働力需要が高まったためである。三〇年代にやや減少しているのは、すでに触れたように、その前半に奴隷貿易禁止の圧力が強まったからである。四〇年代に奴隷数は増加に転じたが、五〇年代には急速に減少した。上述のように、イギリスのブラジル沿岸での臨検体制が強化されることによって奴隷貿易が一八五一年に全面的に禁止されたからである。

4　奴隷制プランテーションの拡大

奴隷貿易によってブラジルに連行されたアフリカ人は、むろん植民地時代初めから根付いてきた奴隷制の中にしっかりとビルトイン（包摂）されてきたわけであるから、奴隷貿易活動の活殺を決めていたのは奴隷制の盛衰にあったことはいうまでもない。一九世紀のブラジルは、「コーヒーの時代」であったと一般にいわれ、基本的にはそのとおりであったが、ブラジル全体を見渡すと事実はそれほど単純であったわけではない。コーヒー以外の生産物の中には砂糖、綿花、皮革、タバコなどがブラジル各地で奴隷労働によって生産され、輸出されていた。以下に一九世紀前半における奴隷制プランテーションの概況をみておくことにする。

一八世紀末までにミナスジェライスを中心とする金、ダイヤモンドの鉱山産業は衰退の一途を辿っていた。金生産に限定すると、世紀末の生産高は最盛期に比べると三分の一以下に減少した。それでも一八〇一年の金輸出額は、ブラジル全体の輸出額の一五％を占めていたが、その後の一〇年のあいだに、輸出品目のなかではとるに足りないものになっていった。

他方、砂糖生産の中心地は、ブラジルのバイーアとペルナンブーコであった。すでに触れたように、一七九一年に勃発したハイチ革命によって世界最大の生産を誇っていた当地の砂糖生産は壊滅状態になり、その穴を埋めたのがキューバとブラジルであった。ブラジル全体の砂糖生産量は、一八二〇年代に年間約四万トンになり、次の三〇年代、四〇年代には順に約七万トン、約一〇万トンに増加した。その中心地のひとつバイーアでは一七九〇年から一八二〇年までの三〇年間にエンジェーニョ（砂糖プランテーション）の数は倍になり、その数は五〇〇を超えていた。バイーアだけで年間約二万トンの砂糖を輸出し、これはブラジルの全輸出量の半分を占めた。他方、ペルナンブーコの砂糖生産も一九世紀前半に増加し、一九世紀半ば以降バイーアの生産量を追い越した。

ブラジルのリオデジャネイロ、ミナスジェライス、サンパウロでも砂糖生産は一八二〇年代まで主流であり、リオデジャネイロではグアナバラ湾周辺および内陸部カンポスの低地地域を中心に一八二〇年代までにその生産量は年間一万トンに達した。サンパウロでもサントス湾周辺やサンパウロ市近郊を中心に一八二〇年代に砂糖生産量は五千トンから一万トンになっていた。

コーヒーは一八世紀の初めからブラジルの各地で生産されていたが、これは国内市場向けで、世界市場向けの商品として本格的な生産が開始されるのは一九世紀に入ってからである。これもハイチ革命の影響で当地のコーヒー生産が半減し、逆に北米やヨーロッパのコーヒー需要が急速に高まったのである。リオデジャネイロのコーヒー生産は、一八二〇年代に劇的な成長を遂げた。しかし、この時期の最大の輸出額を誇っていたのは、砂糖であって、コーヒーではなかった。一八二〇年代のブラジルの輸出額構成をみると、砂糖が三〇・一%、綿花が二〇・六%、コーヒーが一八・四%、皮革が一三・六%であった［布留川 2020：156］。

一八三一年になって初めてブラジルのコーヒー輸出額は砂糖のそれを追い越し、第一位になった。と同時に、一七九一年のハイチの生産量を追い越し、一八三〇年代半ばにはキューバとプエルトリコを合わせたものの二倍の生産量をあげ、ここに至って世界最大のコーヒー生産国となった。「ブラジルはコーヒーであり、コーヒーとは黒人のことだ」という言葉がある。コーヒーがブラジルの基幹産業となり、それを支えていたのが黒人奴隷であったということだ。一八三〇年代のブラジルの輸出額構成は、コーヒーが四三・八%、砂糖が二四・〇%、綿花が一〇・八%、皮革が七・九%、であった［布留川 2020：157-158］。ちなみに、この時期のブラジルの世界コーヒー生産に占める比率は約三割であった。この比率は、一八四〇年代には約四割に、五〇年代には五割を超えた。

一九世紀前半におけるブラジルのコーヒー生産の中心地は、リオデジャネイロ、ミナスジェライス、サンパウロであった。

リオデジャネイロのコーヒー生産の中心地は、リオデジャネイロ市から北西方向の内陸盆地であったヴァソーラスである。一九世紀初めの典型的なコーヒープランテーション（ファゼンダ）は、四万本の成木を三〇人くらいの奴隷が世話をするというものであったが、世紀半ばになると七〇～一〇〇人の奴隷を抱えるプランターが多くなった。ヴァソーラスで最大のファゼンダでは三〇〇～四〇〇人の奴隷が四〇万～五〇万本の成木の世話をしていた。リオデジャネイロは一八七〇年代までブラジル最大のコーヒー生産量を誇り、一八六〇年代には二五万人の奴隷を抱え、そのうち一〇万人がファゼンダで働いていた。

コーヒーの木は植え付けて三、四年目からコーヒー豆を収穫することができたが、生産性が高かったのは最初の一五年間であった。土壌の疲弊による生産性の低下を防ぐため、プランターは絶えず新しい土地を求めて移動した。こうしてコーヒーのフロンティアは、ヴァソーラスから西あるいは北へと広がっていった。未耕地を開拓し、整地し、そこに新木を植えつける作業も奴隷が行った。鉄道が敷設される以前、すなわち一八五〇年代まではラバを使ってコーヒーを港まで運ぶ仕事も奴隷の仕事であった。

ミナスジェライスでは前述のとおり、金やダイヤモンドの採掘が一八世紀末までに衰退し、それにとって代わったのが、最初は砂糖、次いでコーヒーであった。一八一〇年代までにここで鉱山労働に従事していた奴隷数は八千人まで減少したが、ミナスジェライスはブラジル最大の奴隷を抱え、一八二〇年代には奴隷数は一八万人以上であった。砂糖、コーヒー、綿花、牧畜業などで奴隷が使役されるようになった。一八五〇年代になって初めてコーヒーがこのミナスジェライスの主要な輸出商品となった。しかし、コーヒー産業に使役されていた奴隷は、約一万三千人にすぎなかった。

サンパウロでは一九世紀初め主要な生産物は砂糖であったが、一八四〇年代になってコーヒー生産額が砂糖のそれを上回った。この時期に砂糖プランテーションには二万人の奴隷、コーヒープランテーションには二万五千人の奴隷が使役されていた。このサンパウロのコーヒー生産量はブラジル全体の四分の一を占め、リオデジャネイロに次いで第二位であった。サンパウロのコーヒー生産量がリオデジャネイロを追い越すのは一八八〇年代になってからである。

キューバとプエルトリコを除く西インド諸島では総じて一九世紀前半に奴隷人口が減少したのと対照的に、ブラジルではこの時期に奴隷人口が増加した。一八一七～一八年にブラジルの奴隷人口は一九三万人であったが、一八五〇年には二五〇万人に増加している。これは前述のように、砂糖やコーヒーなどのプランテーションが拡大し、その労働力として大量の奴隷が輸入されたことによる。とくにミナスジェライス、リオデジャネイロ、サンパウロ三地域の奴隷制プランテーションが拡大を遂げたことが大きい。

5　外国の協力者

一九世紀前半におけるブラジルの奴隷貿易に関与したのは、ポルトガルやブラジルだけではない。イギリスの製造業者や商人、米国の造船業者や商人がこれに直接・間接に関与した。

一八〇七年の奴隷貿易廃止以前、イギリスはヨーロッパ諸国のなかでもっとも活発な奴隷貿易活動を展開していた。したがって、彼らは奴隷貿易業のノウハウを熟知していた。一八三〇年代、四〇年代にはキューバのハバナ市、ブラジルのリオデジャネイロ市、サルヴァドール市、レシーフェ市にイギリス人の在外商館がおかれ、奴隷貿易業者にアフリカ沿岸での奴隷取引に用いる各種の商品を売り捌いた。このなかでもっとも重要であったのがイギリス産綿織物である。イギリス商人はまた、コーヒーを米国やヨーロッパ諸国に輸出する業務を行い、さらに奴隷貿易に関わる保険業も営んでいた。

イギリス商人が一八〇七年以降、いつ、どのようにして、こうした非合法の奴隷貿易に参画するようになったのかは明らかではないが、遅くとも一八一六年までにはイギリス資本が在外商館を通じてこの貿易に参画したことは確かである。この商人たちは、イギリスの製造業者とポルトガル、ブラジルの奴隷貿易業者の連接点にいた。イギリスのブラジル駐在大使であったジョージ・ゴードンは、イギリス資本がブラジルの奴隷貿易に直接投資されており、ブラジル人はイギリス政府の公式の姿勢には反発しているものの、イギリス商人のこうした協力には感謝している、と報告している［Conrad 1986: 129］。

実際、一九世紀前半におけるラテンアメリカ市場とりわけブラジル市場は、イギリス綿工業にとって死活的な重要性をもっていた。たとえば一八二九年のイギリス綿布の輸出市場をみると、ラテンアメリカ全体で全輸出額の三三・八％を占め、なかでもブラジルはその半分の一一・五％を占めた。この時点でブラジルは国別レベルでイギリス綿布にとって世界最大の輸出市場であった。また、一八三五年のブラジルの対英輸入品目のなかで綿製品は全輸入額の五八・八％を占めていた。ブラジルに輸入されたイギリス綿製品のうち、どれくらいが奴隷貿易に使われたかは不明であるが、かなりの比重を占めていたのは明らかである。

いずれにしても、奴隷貿易の取引にイギリス製品が大量に使われたことは明白である。D・エルティスは、一八二一～四三年の期間にリオデジャネイロに輸入された奴隷貿易商品のうち八割以上がイギリス製品であった、と述べている［Eltis 1979 : 219］。イギリスとブラジルのこうした利害関係が、一八一〇年以降イギリスがブラジルの奴隷貿易に対して公式には強硬な姿勢で挑みながらも、長期にわたって決定的な手段をとらなかった理由のひとつであった。「イギリスは黄金の卵を産む鵞鳥を殺すことはできなかったのである」とエリック・ウィリアムズも述べている［ウィリアムズ 1978 : 41］。図式化すれば、ブラジルに対してイギリス綿製品の輸出を拡大し、ブラジル産の砂糖や綿花、コーヒーなどの輸出をイギリス船が担い、それらの生産に不可欠な奴隷の輸入を完全に阻止することなどできなかったのである。

他方、米国はイギリスに続いて一八〇八年に奴隷貿易を廃止し、一八二〇年には奴隷貿易活動に厳しい罰則を規定したにもかかわらず、アメリカ人が他国の奴隷貿易に関与することを阻止することができなかった。アメリカの奴隷商人は一八三〇年代末までキューバ向けの奴隷貿易活動に参加していた。ブラジルについては早くも一八一〇年、アメリカ人は奴隷貿易活動に直接参画するというよりも、奴隷船を供給することで間接的に関与していた。とくにバイーアではほとんどの奴隷船をアメリカから輸入していた。

しかし、一八三九年にイギリス議会でパーマストン法が可決されて以降、イギリス海軍の奴隷船拿捕に対する力が強化された。これから逃れるためにブラジルの奴隷貿易業者は先を争うように星条旗を掲げた米国製の奴隷船を買い求めた。当時の米国は、国際関係においてイギリスに抵抗していた唯一の勢力であった。イギリス海軍は星条旗を掲げた船に容易に手出しができなかったのである。こうして星条旗はブラジル奴隷貿易業者にとって救いの神となった。一八五〇年初め、アメリカのブラジル駐在大使であったデイヴィッド・トッドは、過去数年間にブラジルに運ばれてきた奴隷の約半数は星条旗を掲げた船によって運ばれた、と報告している［Conrad 1986：144］。

アメリカ政府も基本的には大西洋奴隷貿易を禁圧する立場をとっていたけれども、イギリス政府の立場とは異なり、対外政策上の主要な立脚点ではなかった。アメリカの艦隊は一八四三～六一年の期間に三四隻の奴隷船を拿捕しているが、一八四〇～四八年の期間に六二五隻の奴隷船を拿捕したイギリス海軍とは比べるべくもない。アメリカ政府はいかなる国であっても自国の船が拘留されることに強い拒否反応を示した。アメリカの艦隊がアフリカの沿岸に派遣されていたが、その主な目的は奴隷貿易を制圧するというよりも、自国籍の船をイギリス海軍が検閲するのを牽制することにあった。つまり、アメリカ艦隊の存在は、ブラジルの奴隷貿易業者にとって妨害物になったというよりイギリス海軍から身を守る防波堤となったのである。

リオデジャネイロ市駐在アメリカ大使であったヘンリー・ワイズは一八四四年、当地の奴隷貿易活動を米国市民が胸糞が悪くなるほどあけすけに行っており、奴隷商人はもはや自身の活動を隠そうともしていない、と報告している［Bethell 1966：144］。翌年にもこの人物は、「わが市民と星条旗の助けがなければ、この事業は成功裏に遂行しえないだろう」と述べている。実際、ピルグリムやヤンキーといった名前の奴隷船がエスペランサやマリアダグロリアといった名前のそれと並んで、ブラジルやアフリカの港で錨を揚げ降ろししていた。

ここでＴＳＴＤ２から一八四〇年に実行された奴隷貿易活動の具体例を示しておこう（航海識別番号二一〇九）。奴隷船の名称は、ピルグリム号で星条旗を掲げていた。船のトン数は、一八〇トンで標準的な大きさであった。一八四〇年四月一五日にリオデジャネイロ港を出帆し、アンゴラ北部のカビンダに向かい、ここで奴隷六七三人を積み込み、同年七月一八日にリオデジャネイロ港に戻ってきた。生きて上陸した奴隷数は、五五八人で中間航路での死亡率は一七・一％であった。船のオーナーの名前は明記されていないが、船長はＪ・Ｍ・ヒルと記され、アメリカ人の可能性が高い。

Ｊ・Ｍ・クラップは、ブラジルの奴隷貿易に深く関与した米国市民の代表例である［Bethell 1966:148］。彼はもともとニューヨークの船員であったが、のちに船長として奴隷貿易に参画した。彼は一八四四年、初めてアフリカの沿岸に赴き、その後すぐにジェンキンズ商会、マクスウェル社、ライト商会など、ブラジルの貿易とりわけ奴隷貿易にコミットしていた会社の社友となった。彼はまた、前述のフォンセカなどブラジルの名うての奴隷貿易業者と用船契約を結び、自身もアフリカに向けて出帆していた。一八四五年にパンサー号を指揮していたとき、米国当局に捕まり、チャールストンに送られ、裁判にかけられた。しかし、他の奴隷貿易業者と同じく赦免され、ブラジルに舞い戻ったという。

このように一八四〇年代にブラジルで奴隷船として使われた船の大部分は米国製であった。なかでもボルティモアの造船業者は、「風に乗って飛ぶように走ることができる」クリッパー船をブラジルに輸出した。ブラジルの奴隷貿易業者は、この船を買ってからも所有登記を遅らせ、用船契約をしているように見せかけた。また、その船にアメリカ人の船長や乗組員を乗せて、カムフラージュを強めた。

こうして一九世紀ブラジルの奴隷貿易には、イギリス人の船主、商人、金融業者、製造業者、また、アメリカ人の造船業者、商人、船長、乗組員などが直接、間接を問わず深く関与していた。

おわりに――国内奴隷貿易

一八五一年にブラジルの奴隷貿易は実質的に廃止されたけれども、ブラジルの各種の奴隷制プランテーションは衰退をするどころかまだ拡大期にあったのである。ただし、一九世紀後半の奴隷人口は急速に減少していった。すでに触れたとおり、一八五〇年の奴隷人口は約二五〇万人であったが、一八六四年には一七五・五万人に、一八七二年には一五一万人に、さらに奴隷制廃止前年にあたる一八八七年には七二万人に減少している。奴隷人口の減少は、奴隷自身の死亡によるものと奴隷身分から解放された者が増加したことによる。

新たに奴隷が入ってこないという状況に対して、プランターとくにコーヒーのプランターは手をこまねいているわけにはいかなかった。彼らは、ますます減少する奴隷をブラジル国内で再配分しはじめるとともに、外国から移民を導入しようとした。前者はとくに一九世紀の第３四半期に盛んになった奴隷の国内移動であり、後者は次の第４四半期に増加したヨーロッパからの労働力移動であった。

勢力のあるプランター、とくにコーヒープランターにとって国内奴隷貿易は、奴隷貿易廃止後の労働力問題に対する暫定的ではあるが主要な解決策であった。いくつかの断片的データをあげておこう。一八五二年にブラジルの各地からリオデジャネイロに到着した九七八人の奴隷のうち六五四人（六七％）が男性であった。同様に一八七九年にリオデジャネイロに入港した八九一九人の奴隷のうち五五〇九人（六二％）が男性であった。また、一八六〇年代、七〇年代にサンパウロのカンピーナスで売却された奴隷の八五％が一〇歳から三九歳までの奴隷であった。このことは、プランテーションにおける過酷な条件のもとでの肉体労働を改めて想起させるものである。

国内奴隷貿易の規模については、Ｒ・Ｅ・コンラドが推算している［Conrad 1986: 179］。彼によれば、一八五一年から八五年までに時期に三〇万人から四〇万人に奴隷が移動させられた、としている。もし、三五年間に三〇万人が移動させられたとすると、年平均で毎年八五〇〇人の奴隷が取り引きされたことになる。一九世紀前半にブラジルに輸入された奴隷数は年平均四万人であったことと比べるべくもないが、これがブラジル全域への奴隷輸入数であったのに対して、国内奴隷貿易がリオデジャネイロ、ミナスジェライス、サンパウロのコーヒー地帯に重点的に向けられていたことを考慮すれば、これは相当の重みをもっていたことになろう。この点で、国内奴隷貿易は大西洋奴隷貿易の代替であったばかりでなく、その継続であった。

一九世紀の第3四半期のブラジルの経済の基盤には奴隷制があった。しかし、ブラジルが変化しつつあったことは確かである。鉄道ができ、蒸気機関車が走っていた。都市は膨らみ、近代的な様相を見せはじめていた。多くの奴隷が自由の身となりはじめ、奴隷制はあちこちで綻びはじめていた。奴隷制廃止を求める声は、各地で高揚してきた。国内奴隷貿易は、大西洋奴隷貿易の継続であると同時にそれからの断絶であった。外部から新たな奴隷が入ってこない以上、従来のやり方で奴隷制を維持することはもはや不可能であった。

参考文献

アズララ（長南実訳）「ギネー発見征服史」『西アフリカ航海の記録』大航海時代叢書第Ⅰ期1、岩波書店、一九六七年。

池本幸三・布留川正博・下山晃『近代世界と奴隷制――大西洋システムの中で』人文書院、一九九五年。

ウィリアムズ、エリック（川北稔訳）『コロンブスからカストロまで――カリブ海域史、1492―1969』Ⅱ、岩波現代選書、一九七八年。

エルティス、D／D・リチャードソン（増井志津代訳）『環大西洋奴隷貿易歴史地図』東洋書林、二〇一二年。

カダモスト（河島英昭訳）「航海の記録」『西アフリカ航海の記録』大航海時代叢書第Ⅰ期2、岩波書店、一九六七年。

布留川正博「一五、六世紀ポルトガル王国における黒人奴隷制――近代奴隷制の歴史的原像」（1）『経済学論叢』同

志社大学、第四〇巻第二号、一九八八年一一月。
――――『奴隷船の世界史』岩波新書、二〇一九年。
――――『イギリスにおける奴隷貿易と奴隷制の廃止――環大西洋世界のなかで』有斐閣、二〇二〇年。
メジャフェ、R（清水透訳）『ラテンアメリカと奴隷制』岩波現代選書、一九七九年。
Bethell, L., “The Mixed Commissions for the Suppression of the Transatlantic Slave Trade in the Nineteenth Century,” *Journal of African History*, Vol. 7, No. 1, 1966.
Conrad, R. E., World of Sorrow: *The African Slave Trade to Brazil*, Louisiana State U. P., 1986.
Eltis, D., “The British Contribution to the Nineteenth-Century Transatlantic Slave Trade,” *The Economic History Review*, Second Series, Vol. 32, No. 2, 1979.
Eltis, D. & D. Richardson, eds., *Extending the Frontiers: Essays on the New Transatlantic Slave Trade Database*, Yale U. P., 2008.

〔インターネット資料〕
Transatlantic Slave Trade Database 2, TSTD2と略す。
https://www.slavevoyages.org〔最終閲覧日：二〇二四年一一月四日〕

第6章　一九世紀前半のメキシコ銀をめぐるグローバルヒストリー

――『東航紀聞』に見られるメキシコへの日本人漂流民の記録を手掛かりに

牛島　万

はじめに

一九世紀メキシコの歴史は外国の介入や脅威にさらされてきたという側面がある。したがって、国防の強化が一大争点として考えられていた。加えて、メキシコ中央政府の中央集権化に反対する地方の台頭という内政上の問題もかかえていた。メキシコは一〇年にわたる独立戦争を経て、一八二一年にスペインから独立した。一五二一年にエルナン・コルテスによるアステカの都テノチティトラン（現在のメキシコ市）陥落からちょうど三〇〇年が経過していた。独立当初は軍人イトゥルビデによって帝政が始まったが、早くも一八二三年のクーデターで連邦共和制となった。連邦制とは簡単に言えば、地方の分権化を進めることがその目的にあった。ただし、地方の分権化は自治権の拡大の要求にとどまればよいが、分離独立に発展する可能性があった。現に現在の米国テキサス州は当時メキシコの領土であった。メキシコ北部のコアウイラ・イ・テハス州はコアウイラが主、テハスが副とする連合州であった。テハスとは一八三六年に独立を達成したテキサスのことである。当時メキシコ領テキサスは人口過疎のために辺境部の安全保障を考えた末に米国人の入植をメキシコ政府は奨励し、オースティンが三〇〇世帯の家族を連れて入植したのが米国移民の始まりであった。オースティンもそうであるが、米国南部の移民の多くは綿花プランテーションを経営する農園主だった。そのために広大な土地が必要で、また奴隷も導入された。最初入植者たちはメキシコ政府に従順だったが、わずか一〇年にして、一八二三年に一二〇〇人だった米国移民が一八三五年までに二万五〇〇〇～三万人に増加し、奴隷も三〇〇〇～四〇〇〇人になった。そのうえでメキシコ人が全体の二割程度であった。米国人入植者の中にはメキシコの法や規律を遵守しようとしないものが増えていた。そこで、メキシコ政府は一八二九年にテキサスにおける奴隷制廃止、翌年、アメリカ人の入植を禁止する法令を出してこれに対処した。しかし、これらは何の解決策にもならなかった。その後も米国不法移民がメキシコ領に侵入し続け、一八三五年にはテキサスの分離独立を宣言する。翌年には、アラモ事件が惹起した。現在テキサス州のサンアントニオにあるアラモ砦に一八〇人ないしは一八九人が独立を求めて籠城した。その大半が米国人であったが、メキシコ人も八～九人ほど立て籠もっていた。そこで、メキシコ大統領および軍総司令官のアントニオ・ロペス・デ・サンタ・アナが、メキシコ市から六〇〇〇人の兵隊を率いてアラモを包囲した。一三日間の猶予を与えたが、彼らは投降を拒否し武装化を続けたために、一八三六年の三月六日早朝、サンタ・アナは彼らを一掃するための攻撃を命じた。この虐殺に一時間もかからなかったと言われている。しかし、この一ヶ月半後の四月二一日、現在ヒューストンの郊外にあるサンハシントで、逆にサンタ・アナ軍が敗れて、テキサスのヒューストン軍が勝利した。この時にサンタ・アナは独立を承認することを強要された。こうしてテキサスはメキシコから分離独立し、テキサス共和国として九年間歩むことになる。その後、テキサス共和国は一八四五年に米国連邦に併合され、現在の米国テキサス州に至っている［牛島 2017］。

テキサスの分離独立以降、米墨戦争（一八四六〜四八年）が勃発する一八四六年までの一〇年間に、一八三八年にはフランス艦隊がベラクルス港を封鎖し、フランス軍との紛争が起こった。このとき同時進行でメキシコ各地において反政府的な蜂起や叛乱が頻繁に起こった。ユカタン州は一八四〇年に分離独立を宣言している（一八四八年に復帰）。実際には独立しなかったが、北部メキシコ諸州も独立を示唆しテキサス共和国に武器の供与や軍事介入を求めた。リオグランデ共和国は一八四〇年一月から一一月までの一年足らずで終わった「独立」共和国である。また一八四一年にはテキサス共和国のラマー大統領がヌエボメヒコ（現米国ニューメキシコ州）のサンタフェ遠征を行っている。その報復として、一八四二年には二度にわたってテキサス遠征がサンタ・アナによって命じられたが、いずれも失敗に終わっている。一八四二年にメキシコ領カリフォルニアのモンテレーがトマス・ジョンズ提督率いる米艦隊に一時的に封鎖されている。これをみてもわかるように、米墨戦争前夜のメキシコ史は外国の脅威や侵略と、国内における中央に対する地方の反乱という双方の問題を同時にかかえていたのである［牛島 2022］。
しかしながら、米墨辺境にあるカリフォルニア、またテキサスやその隣接する北部メキシコでは海からの外国による侵略や脅威に対するメキシコ政府の防衛は手薄であった。なかでも、テキサス同様の過疎地域であった、カリフォルニアをはじめ太平洋沿岸の地域は中央政府の監督の目がほとんど行き届かなかった。米国人、イギリス人、フランス人商人などが太平洋沿岸のアカプルコ、サンブラス、マサトラン、グアイマスなどに往来していた。これらの港では中央政府の制約をうけつつも、それに対抗する形で一定の通商の自由化と密輸がなされた。そしてアジアのマニラやマカオ（澳門）などに向けて通商が行われた。このことは、米墨戦争前夜において、メキシコのカリフォルニアをはじめ太平洋沿岸諸州に外国船が寄港していたことを意味している。また、米国とイギリスは米墨戦争以前からカリフォルニアの占領を画策していたという史実もある。メキシコの太平洋岸の地域では外国人の定住が見られた。このような一九世紀メキシコの米墨戦争前夜に、日本人が太平洋上で漂流していたところを救助され、メキシコに連れてこられたのである。

１　栄寿丸の日本人漂流と帰還

以下は、一人の日本人帰国者の善助（のちの井上善助）による調書に基づく『東航紀聞』の要約内容である。筆者は原典と合わせて池田晧（一九九一）や荒川秀俊（二〇〇二）による解説を参照した。ただし、部分的により詳細な説明がなされている、初太郎についての記録である『亜墨新話』

（一八四四）、太吉についての記録である『墨是可新話』（一八四七）およびその解説書である河野太郎（一九七〇）と入江湑（一九六九）などもすべて参照した。以下の要約について、原則、同記録の原文の表記に誤りがあれば指摘し、また語の解説が必要な場合は随時文中で加えることにする。

一八四一年（天保一二年）八月、栄寿丸（永住丸）は兵庫を出航し、酒、砂糖、綿、線香、塩などを積んで奥州に向かっていたが、犬吠埼を東に回ろうとしたら北西風が吹き起こり、どうにか態勢を立て直そうとしたが、暴風雨は一層激しくなるばかりであった。船は今にも転覆沈没しようとしていたので、ついに帆柱を切り捨てた。その後風はやわらぎ、碇を引き上げ陸地に近づこうとするが、帆柱がないためにそれができなかった。その後は流されるままに月日が過ぎていき、穏やかな日には魚を釣った。そしてそれを酒と砂糖で煮て食べたが、美味であった。また船底に蠣が付着していたのも取って食べた。砂糖と水が命拾いの原因であったと考えられる。ある日の夜明け頃、帆柱のない五百石積ばかりの漂流船が接近してくるのを発見した。どこの船かと尋ねたところ、奥州岩城の船で十月一五日に流されたと答えた。そしてその船は早くも遠ざかっていったのである（同船は陸奥国の観吉丸で、フィリピン諸島へ漂着。マニラ、香港、マカオを経て一八四三年（天保一四年）六月、乍浦で初太郎らと会っている）。八月二三日に兵庫を出航してから五ヶ月余り、一八四二年（天保一三年）二月八日早朝、はるかむこうに船舶が見えた。彼らも不審に思い、帆柱に上り望遠鏡でこちらの様子を窺っていた。どうやら外国船であった。やがてその船員たちは栄寿丸に乗り込み、船中をさぐって、綿、塩、酒、砂糖などを自分たちの船に積み込み、すべてが持っていかれた。栄寿丸の乗組員に対し、彼らの船に乗り込むようにと手招きした。善助、弥市、伊之助、万蔵の四人は最後までそれを拒んでいた。しかしみんな溺れ死んでしまうという手真似をして笑い罵られ、ついに全員が乗り込んだ。乗組員は二七ないし二八人、マニラ船であると教えられた。それはのちに密輸船であることがわかる。最初の一〇日は日に三食、米に塩牛であったが、それ以降は日に二食となった。

三月二〇日、陸地に着いたが、船員たちが買ってきた生の牛肉の臭気が堪え難く、永寿丸の一員はお互いに顔を見合わせていたが、葱《ねぎ》を入れて塩煮にした牛肉が夕食に出されて食べると、大変美味であった。同日の夜、善助、弥市、初太郎、太吉、伊之助、儀三郎、惣助の七人は船から降りるように手招きされた。真夜中によくわからない土地に降りろと命じられ拒んでいたら、罵声をあげ、善助を鞭で打ってきた。しかたがないのでこれに応じて下船すると、彼らをおいてさっさと外国船はどこかに行ってしまった。下船が許されなかったのは、七太郎、万蔵、岩松、要蔵、勘次郎、三平（三兵衛）の六人であった。弥市は、壮年で力仕事に長けていた者だけが選ばれたと理解した。翌朝、海岸の砂地に残っていた人の足跡をたどって、丘を越えると人里を発見した。そこで住民に声をかけて、二軒あったうちの一軒に善助、弥市、初太郎の三人、太吉、伊之助、儀三郎、惣助の四人は隣家の世話になった。パン、牛、豚、羊、鶏の塩焼きを食わせてもらった。なかでも「マンテンカ」（正しくは manteca〔マンテカ〕で、ラードのことである）はすこぶるおいしかった。椰子《やし》の実、芭蕉の実（食用バナナのことであろう）、スイカも与えられた。朝夕には牛乳に砂糖をまぜたものが出された。この家の主人は「フヒチ」といって、イギリス人でカリフォルニアに移住してきてこの家の婿になったという（トマス・リッチーかウィリアム・フィッチャーのいずれかではないかと言われている〔日墨交流史 1990〕）。

柵をめぐらせて、彼は牛や豚などの家畜を育てている。奴隷も五〇人ほど使用している。家畜を増殖させるだけでなく、乾牛（焼いて食べる乾燥肉、ジャーキ）、ケショ（チーズ）、ハボン（石鹸）、牛の油（獣脂、ろうそくをつくるために用いられた）、小麦、トウモロコシ、砂糖などをマサトランへ運搬していた。弥市曰く、フヒチの裕福ぶりはサンホセの村人すべてを合わせても及ばなかった。

フヒチは世界地図を取り出し、ナガサキ、ゴトーといったので、相槌を打ったところ、ハポン（日本）では斬首されるという身ぶりをした。ここサンルカスでの滞在はわずか三日で終わった。彼らは用意された一五〇石積ばかりの船に乗せられ、翌日、「サミセンテ」（サンビデンテの間違いと思われる）に到着した。そこから一人ずつ馬に乗せられ、「サンホッセ」（サンホセのことであろう）の町に到着した。すでに日本人たちが来ることは役人に伝達していたようだ。このとき村人は一同を見物しにやってきた。サンホセの村の入り口の役人に帽子を脱いで挨拶をするようにと手真似をしたので、彼らはそれに従った。ところで、サンホセでマニラ船にそのまま連れて行かれた七太郎、万蔵に再会。どうやら三日前にここに到着したようだ。サンホセには八〇軒ばかりの家があった。善助は船頭であるのでとくにもてなされた。食事は牛、豚、羊、鶏、鴨、山羊、ボレゴ（子羊）などで、米は食べない。たまにはおかゆのようなものが出た。朝と夜七時にパン、牛乳、茶、コーヒーを飲む。サンホセに来て四〇日後、善助だけをコマンダンテ（司令官および行政官）は連れていった。道中、田園はなく、トウモロコシ、サツマイモ、サトウキビ畑が広がっていた。それを見ながら善助は祖国を思い出し自然と涙が出た。昼間は猛暑のため木陰やどこかの家屋で休まなければならなかった。六日後にラパスに着いた。

ラパスではコマンダンテの「フランシスコー」（フランシスコ・パディージャのことであろう）宅に寓居した。スペイン語を学習させられ、「ルイス」（ルイス・カスティージョ・ネグレテのことであろう）という官吏にも語学の手ほどきを受けた。外国語を学習する際に紙墨を用いない。白墨で黒板に書いては消す。日本の文字はどうかと聞かれたので、いろはを書いて説明したところ、マカオからの中国茶の紙に書いてある漢字をみせて意味を聞いてきたこともあった。ラパスの海には魚が豊富だったが、この国の人は肉を主食とし、魚はほとんど食べない。以前助けてくれたあのマニラ船がラパスで暴風雨によって破船したので、彼らはラパスの浜に上陸していた。みんなとは顔見知りであった。彼らから仲間の要蔵、岩松、勘次郎、三平は「グアマス」（グァイマスのことであろう）にいることを聞き出した。

善助のコマンダンテはグアダラハラ（メキシコ中部のハリスコ州の州都）に母、兄、そして娘が二人いる（妻は亡くなったそうだ）。そこで善助を入り婿に考えており、だから大事にしてくれていることが次第にわかってきた。メキシコ軍艦がラパスの海を巡回しており、ルイスにともなって軍艦で餐応を受けた。軍艦は犯罪者がいればメキシコ（メキシコ市のこと）へ護送し、刑罰に処するという。だから人々は軍艦を恐れていた。

帰国への思いが馳せる。ラパスは諸国の船が入国する港ではない。コマンダンテに帰国のことを嘆願したが、彼には善助にこの国にとどまってほしいという考えがあった。日本まで万里の海路であるばかりではなく、メキシコは世界一銀の多い国だから諸国の船が競って入港している。幸いにもこの豊かな国にやってきたのだから、帰国を思いとどまるようにとなだめた。しかし善助は父母が存命であるがゆえに父母を慕う気持ちがやむことはなかった。アントニオ・ベロンという船の運搬業に携わるラパスの者に相談すると、彼曰く、マサトランの港は諸国の船が入港しているので日本へ帰ることも容易であるようだ。渋るコマンダンテをついに納得させて、ベロンの船でマサトランへ渡る許可を得た。コマンダンテはこれが最後の別れとなるかもしれないと落涙したので、善助も涙をとめることができなかった。別離の形見として、銅板の世界地図二冊、銀製の肩懸、これらが道中でとりあげられないように書付けまで添えてくれた。またコマンダンテ自らの髪を切り形見とするように渡された。ラパスを出航する日、コマンダンテの指輪を善助の指にはめて最後の別れを惜しんだ。ラパスの男や女や子供までもが波止場まで見送りに来ていた。手を握り、抱擁し、ついに善助をのせた船は出港した。

ラパスに善助が滞在したのは一八四二年五月下旬から一〇月中旬までの一五〇日であった。ベロン所有の小型船は、帆柱は二本、長さは六間半、大砲一門（どんな小型の外国船も大砲を備えていた）を有していた。三日後、サミセンテ（サンビデンテのことであろう）に上陸し、サンホセの村長ミゲリ・チョーサ（ミゲル・チョーサのことであろう）の家に泊まった。ここには他の漂流した仲間が住んでいた。伊之助、儀三郎、惣助の三人は人里離れた山の中で家畜の作業中でしばらくここにはいなかったが、初太郎はチョーサ宅に寓居していた。また弥市、太吉、七太郎、万蔵は近所のそれぞれの家に寄寓していた。ここで山中の伊之助、儀三郎、惣助を除いて、残りの者と一同に再会できた。これらの四人も連れて行ってほしいとベロンに懇願したが、ベロンはそれを受け入れず、善助と初太郎だけを「マサタラン」（正しくはマサトラン）に連れて行った。こうして二日後、マサトランに向けて一行は出航した。

マサトランの港に着くと、ラパスで懇意だったルイスがすでにマサトランにいたので再会した。ルイスとベロンに連れられてコマンダンテ宅に向かい、そこで善助らを紹介し、宴会が催された。その日は問屋の家で寝泊まりした。この家にはサラサ（木綿更紗）、毛織、竿銀があった。マサトランには家屋が一五〇〇軒ほどある。港口には諸外国の船が数十艇停泊していた。街では、パン、果物、畜肉、酒、絹、綿、帽子、靴、陶器などが売られていた。イギリス、フランス、スペイン、ポルトガル、マニラなどの外国人が往来していた。

奇遇にも近日出帆予定のマカオ行きの便船があると聞き、ルイスが交渉してくれて乗船する段取りをつけてくれた。サンホセの残りの四人も便乗させてくれないかと懇願したが、まもなく出航するこの船には間に合わないから来春の便で送遣すると約束してくれた。そこで、残りの四人あての手紙に、「マサトランへ渡ったが、折から急にマカオ行きの便があり、善助と初太郎はこの船でひとまず帰る。来春便船があると聞いているから、みんなはあとから渡って来いよ」と書いた手紙を送った。ラパスのコマンダンテあてに謝辞を告げると同時に、残りの四人の者も送り返し給えと、ベロンに直してもらったスペイン語で手紙を書いた。

マカオへの便船の船賃は一五〇銀ペソで、ラパスのコマンダンテ（五〇ペソ）、マサトランのコマンダンテ（五〇ペソ）、その夫人（一〇ペソ）、その他問屋からもルイスとの関係から餞別をもらったため、船賃のほかに五〇～六〇ペソほど余りがあった。それを中国までもっていたが、マカオから乍浦《チャプー》（浙江省杭州、清と日本との貿易の中心的な港湾となったが、同時に中国側の沿岸貿易の拠点ともなっ

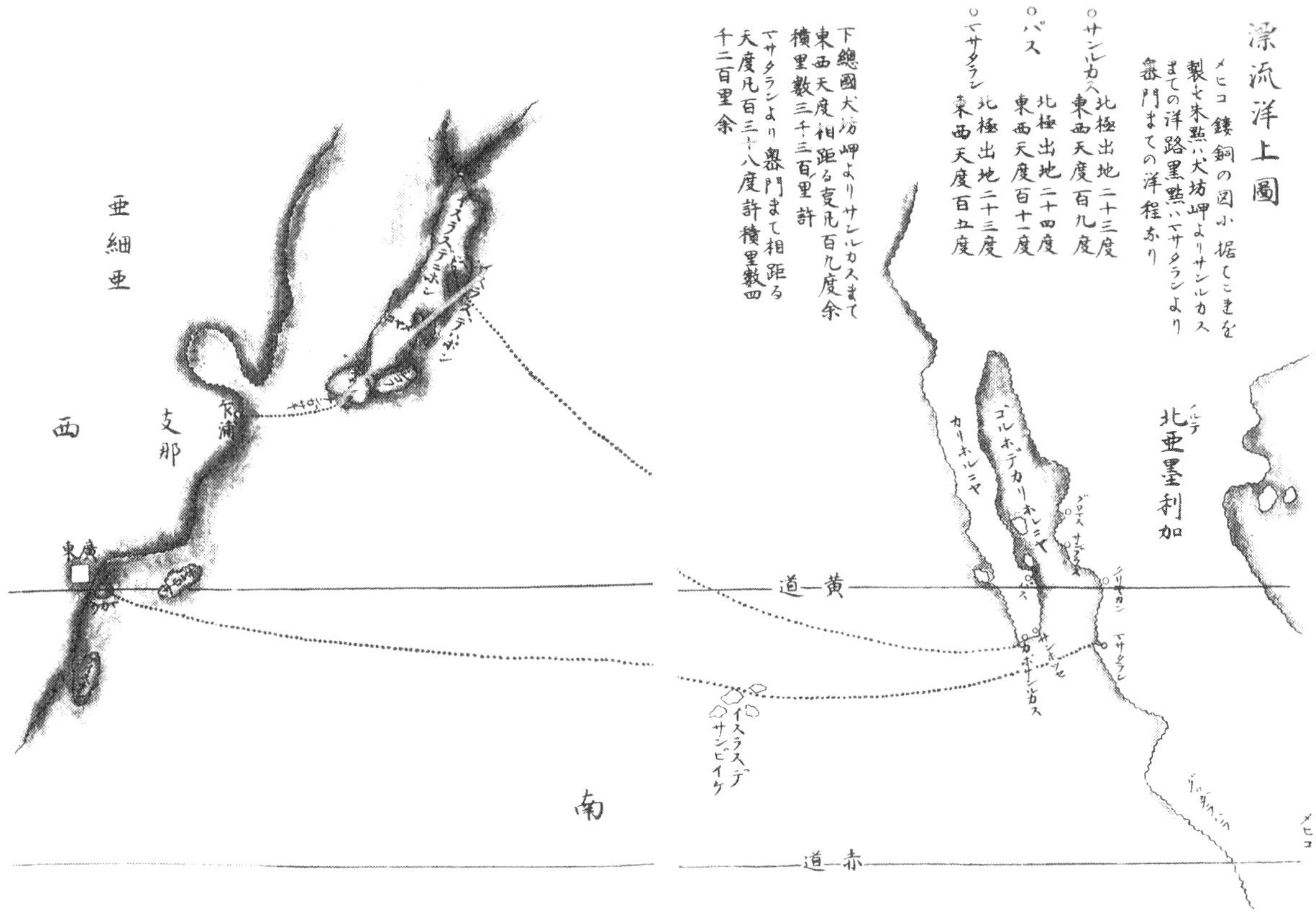

図1　永寿丸乗組員の漂流の軌跡（『東航紀聞』より）　出所：池田 1991：109

ており、例えば砂糖のように、乍浦の近辺では生産されていなかった物資も、大量に日本の長崎へと輸出されていた）までに使い果たしてしまった。ルイスや問屋主人も波止場にきて、最後の別れを惜しんだ。マカオ行きの便船は米国船で長さ一六間、幅六間、二本の帆柱で二〇余りの白麻の帆を懸け、大砲は四門あった。船員は九人、善助と初太郎を合わせて一一人。北アメリカの出身（この場合はメキシコ管区内のカリフォルニアを含む北アメリカの意味で使われていると思われる）が多かったにもかかわらず、スペイン語は一〜二人しか通じなかった。ファンという名のフランス人がいて、彼はスペイン語を解することができた。しかし文字は読めず、善助がラパスから持ってきた外国書一、二冊があったので、ファンがそれを読んで聞かせてほしいと言ってきたので、善助がこれを読んで聞かせた。マサトランを出て二〇日くらいでサンルイチ（サンドイッチ諸島、現在のハワイ諸島）に停泊した。水、鮭のような塩魚などを積み込んだ。最近南米からもこの島に来往があるという。船内では豆、塩魚、パンの粗食であった。また船賃を払ったのだから本来乗客のはずであったが、実際は船員と同じように使役を強要された（北アメリカ人［米国人］は本来厚情至誠であると思っていたが、同じ北アメリカ人でも船長は狡賢く、薄情であった。この国は無辺広漠の大国だから風俗不良の地もあるのだろうと述べている）。太平洋を七〇日ばかりで一八四三年（天保一四年）一月下旬、船の修理のために陸地に近い島に三〇日ばかり停泊し、二月下旬、マカオに着船した。

ところがこの島に停泊した翌日に、初太郎だけを小舟に乗せて、マカオに無理やり上陸させ、そのまま置き去りにした。ここで初太郎と善助は離れ離れになった。そこで、初太郎は日本への帰還を請うと、ある人の誘導に従ってあとをついていった。七五〇メートルほど街中を通り抜けるとある一軒家にたどり着いた。すると、そこには一八四一年（天保一二年）一〇月一六日に鹿島灘で台風に遭遇し遭難した加賀（石川県）の松徳丸の乗組員であった彌三兵衛（弥三兵衛）と惣七（宗七）がいたのである。

他方、善助は二月下旬にマカオに上陸、九〇日滞在し（サミュエル・ウェルズ・ウィリアムズの世話になったと思われる）、船で舟山を経て、寧波《ニンポ》に到着。そこで、頭を黒布で巻き、船夫の服に着替えさせられ、ある家屋に連れて行かれる。そこには官吏が二、三人ほど座っており、聴取があった。二泊後、さらに小吏に付き添われて乍浦へ移動。連れられて行った場所に小吏が三、四人ほどいたが、ここには善助以外にも日本人が集められていた。その数は九人ほどであった。ルソンに漂流した奥州、観吉丸の甚助、長次良（長次郎）、喜平（喜兵衛）、重吉、出羽国の與三蔵（与三蔵）、次良吉（次郎吉）、そして先の松徳丸の彌三兵衛、惣七、そして奇遇にもそこに初太郎がいたのである［荒川 2002：330-336］。だが惣七はまもなく病死した。一八四三年（天保一四年）一二月に善助と初太郎らは長崎に帰還した。一年ほど長崎で拘束され、それぞれが紀州と阿波に戻ることを許されるのはその翌年のことであった。

弥市は一八四四年（弘化元年）にマカオに送られてきた。太吉、伊之助、儀三郎はルソンを経てマカオに送還された。弥市、太吉、伊之助は一八四五年（弘化二年）に帰国したが、儀三郎はマカオに残留する道を選択した。残りの七太郎、万蔵、惣助、三平は、一八四六年（弘化三年）に彼らの主人であるマチャードが死亡しており、その後の足取りがつかめない。七太郎はマサトランで現地の女性と結婚した可能性が高く、メキシコで骨を埋める覚悟で生活をしていたのではないかとみられる。要蔵、岩松、勘次郎については、メキシコのグアイマスからチリのバルパライソへ移動、そこで結婚し定住した可能性が高い［佐野 1989：114］。

2　『東航紀聞』の中で述べられている銀に関する情報

『東航紀聞』の善助の記録にあるように、一九世紀前半のメキシコの銀が中国への主要な輸出品であったことがわかる。そしてメキシコは銀の国として繁栄していることが読み取れるが、その詳細な当時の状況と、それが世界史的に何を意味しているのかについては残念ながら善助の記録だけではわからない。一年弱ほどのメキシコ滞在であったのでそこまで洞察力が働かなかったかもしれない。ただし、『東航紀聞』巻の五で、銀について詳しくふれているので少し見ておこう。

メキシコには金銭、銀銭、銅銭のいずれもあるが、最も普及して通常の商取引で使用されているのは銀銭であったという。実際にメキシコでの銀の産出量が最も多い。図1にあるように、銀銭には重量に応じて四等区分あり、「ペソ」、「ペセタ」（ペソの半分）、「リャル」（レアルはペソの八分の一）、「メリョ」（メディオはペソの一六分の一）であった。ただし、これから述べる『東航紀聞』の記述については弥市の見解が加えられており、先の順に、「オンペソ」（un peso 一ペソのこと）、「クァテロヤリ」（cuatro reales 四レアル）、「ドレヤリ」（dos reales 二レアル）、「オンレヤリ」（un real 一レアル）で、さらにオンレヤリの半分の「メリウ」（medio メディオ）、さらに銅銭は「ラコ」（おそらくトラコ tlacoのことであろう）という一種類である。銅四銭をもって「メリウ」一つ、六四銭をもって「ペソ」一つに換わる（図2）。「銀倶に純質のみなれとも、間贋物も交れる事もありと云う」。金の価値は銀の一六倍であると記されている［池田 1991：312-317］。

マサタラン（正しくはマサトラン）の近山に鑛坑あり。銀を出す事極て夥し。其鑛坑は見さりしかとも、マサタランにて寄寓せしベニト マチヤド（原文ママ）の家は官司の命をうけて、鑛山の諸用を賄へり。故をもて詳に聞事を得たり。其鑛山はマサタランより里程三日路ありといふ。坑深き事當時八町許に至れりといふ。鑿《のみ》夫數百人あり。穿《うが》ち鑿にしたかひ、柱を建て、左右と上とに版を張り、閤道の如くにし、もてゆくとなり。其

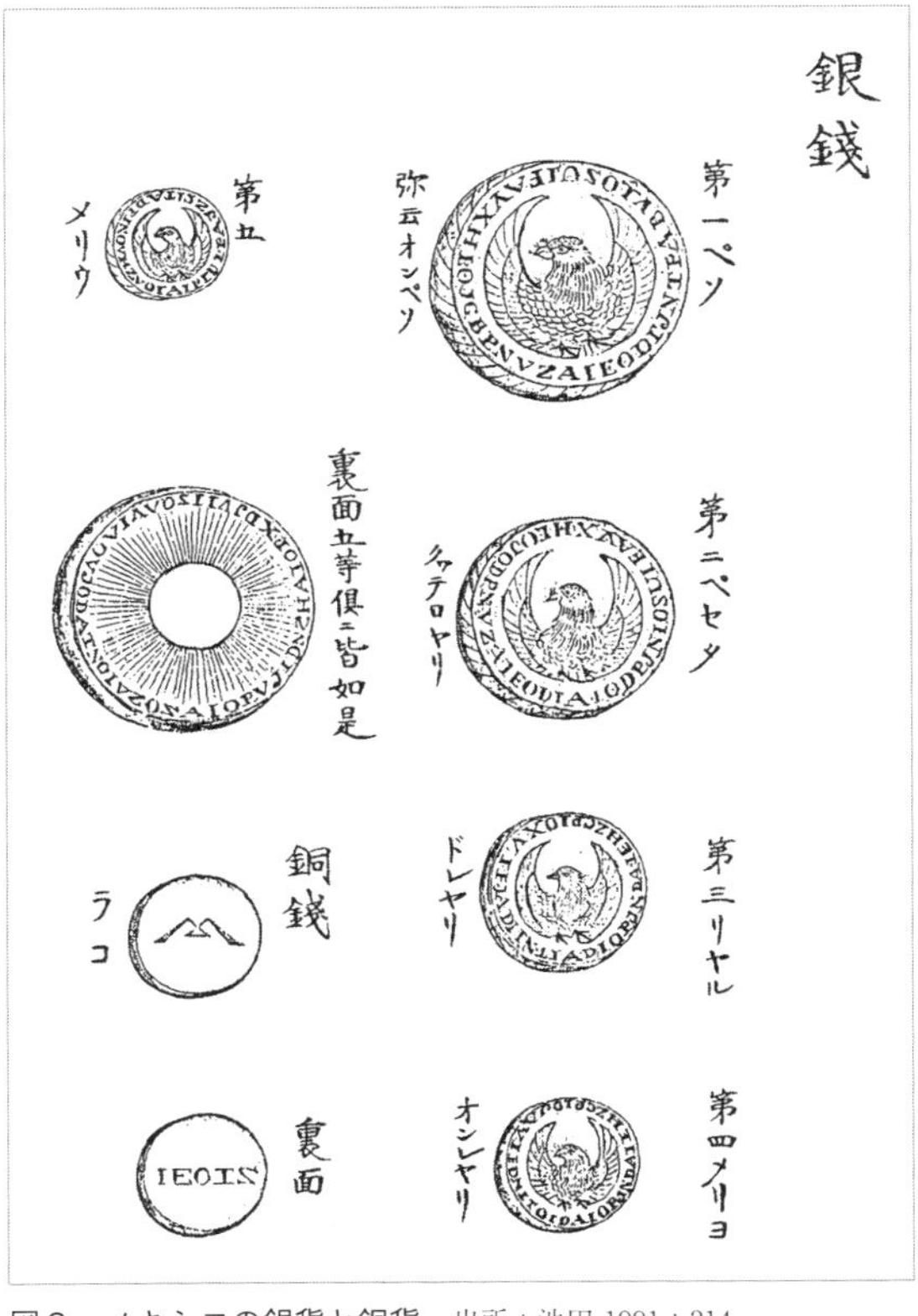

図2　メキシコの銀貨と銅貨　出所：池田 1991：314

鑿取し鑛《あらがね》は即ち鑛山にて鎔煉し、竿銀に造るといふ。其警衛にテネンティ（正しくはテニエンテ、中尉）一人、ソンダト（正しくはソルダード、兵士）一四五人、一月代りに在番せり。（中略）鑛山にて造れる竿銀は、皆マサタランに出し、コマンダンテの檢見《あらため》をうけてこれを外番へ積出すなり［『東航紀聞』其の五：荒川 2002（2）：405-406］。

佐野芳和は、善助らが乗船していた栄寿丸の乗組員でメキシコに残留した者たちの痕跡をたどり、その末裔を追い求めて、一九八〇年代にマサトランやバハカリフォルニアへ訪問し現地を取材した。佐野は、マサトランから歩いて三日ほど離れた鉱山とはエル・ロサリオのことであろうと言い当てている。無論、関連の史料を紐解くと、マサトランから七〇～八〇キロほど太平洋側に沿って南下したところにあるエル・ロサリオ鉱山が記録に残っている。より産出量の多いサカテカス鉱山はマサトランから五四五キロ離れた内陸部にあるからである。また、銀は銀貨ではなく、銀塊（竿銀）の形で船積みして海外へ輸出していたことも『東航紀聞』の記述からわかる。この理由のひとつは、中国ではメキシコ共和国の下で鋳造されていたいわゆるメキシコ銀《ペソ》に対する信用が低かったことが関係しているかもしれない。もう一つは、メキシコ国内の情勢が関係していると考えられるが、詳細は第４節で言及することになる。

3　一六世紀にはじまるスペイン領アメリカを中心とするグローバルヒストリー

メキシコ銀をめぐるグローバルヒストリーを考察するまえに、まずは一六世紀から一九世紀に至るグローバルヒストリーについて概観しておく必要があるだろう。

銀をめぐるグローバルヒストリーは一六世紀のスペインの中南米植民地の時代に端を発する。ボリビアのポトシ銀山やメキシコなどからの大量の銀が先住民を酷使して略奪的にスペインのセビーリャに運ばれてきた。そのため一五三〇年代以降次第に穀物をはじめとする物価高騰が起こったが、これが価格革命の始まりであった。価格革命の背景には新大陸からの銀の流入だけでなく、人口の増加、生産量と輸出量の関係、植民地経営を成立させるためのスペイン（カスティーリャ）王室による多額の債務返済の重負担など、当時の時代背景のすべてがこの要因と関係している。人口増と穀物などの物価高騰の背景には、人口規模に見合うだけの食料を生産することができなかったことが考えられる。加えて、新大陸の市場向けの輸出品はスペイン国内だけでは調達できず、外国からの食料や製品がその穴埋めに集められてきた。このようにスペインの海外植民地経営は表向きスペイン王室の独占で成り立っていたが、実際には当初からスペイン以外の欧州各国の関与が見られたのである。

なかでも、早くから中継貿易にかかわっていたオランダは、やがてヨーロッパ経済の中心として台頭してくる。現在のベルギーとフランス北東部にまたがるフランドル地方では、一一世紀以降、イングランド産の羊毛を原料とする毛織物産業が栄えており、そのためフランドル地方のブルージュ（現在のベルギー北西部ブルッへ）は一四世紀にその繁栄を極めた。また、北海からバルト海を商業圏とするハンザ同盟の商館がおかれ、ハンザ商人がこの地の毛織物工業を発展させた。ところが、その後の百年戦争（一三三七～一四五三年）でイングランドとフランスはフランドルをめぐって抗争を始めたために、この通商関係は中断され、ブルージュは衰退していった。同戦争終結の百年後、スペイン領アメリカからの銀の奔流と人口増加によって起こった価格革命は同時代に商業革命をもたらした。商業革命とは、大航海時代により海洋貿易航路が開拓されたために、ヨーロッパ経済の中心が地中海沿岸の北イタリア諸都市を中心とした東方貿易から、ポルトガルとスペインを中心とした大西洋岸の海洋貿易へ移行したというヨーロッパの商業および通商の変革のことである。中継貿易を通じて、中央ヨーロッパに繁栄がもたらされた。こうしてフランドル地方の北端にあるアントウェルペン（アントワープ）がポルトガル領インディアの香料やスペイン領アメリカからの銀の中継貿易港として繁栄し、商取引所（一五三一年）やポルトガルやイングランドの商館が開設され、諸外国の商人が集まる国際都市へと発展していった。すでに一五世紀にイングランドの毛織物の流入により、アントウェルペンは繁栄していた。これを購入したドイツのケルン商人はライン川を利用し、南ドイツやイタリアへ運んだ。これによって、彼らはイタリア・南ドイツ経由で香料を入手できるようになったのである。しかし、一六世紀になると、アントウェルペンは海運業の隆盛を極め、リスボン経由でアジアの香辛料や新大陸の銀などが集積されたのである。

他方、一六世紀後半にはスペイン領のヌエバ・エスパーニャ（現在のメキシコ）のアカプルコ（太平洋岸ゲレロ州）とマニラ（フィリピン）の間でガレオン船による交易が始まった。ガレオン船とは三本または四本マストの大型帆船で、フィリピンとヌエバ・エスパーニャ間、さらに陸路を経てベラクルス（メキシコ湾に面した最大の港）からキューバのハバナを経由してスペインのセビーリャを結ぶ太平洋および大西洋をまたにかける遠洋航路で使われていた。ヌエバ・エスパーニャからフィリピン諸島への航路（マニラ・ガレオン貿易）は、スペイン王カルロス一世の援助を受けたマゼラン艦隊が一五二一年に開拓していたといわれるが、実際にガレオン貿易が始まるのは、レガスピ（フィリピン初代総督）の命令を受けたフェリッペ・デ・サルセドとアンドレ・デ・ウルガネタ修道士がマニラからアカプルコへの帰路を一五六五年に発見することができて以降のことであった。一九世紀初頭の一八一五年までのおよそ二五〇年間、マニラ・ガレオン貿易は続けられた。その回数は六六二回で、一六三船（ガレオン以外のナオ、カラヴェラなどのすべての船を含む）が使われた。その八六％が目的地まで無事に到達できていた。台風の季節を避けて季節風を利用して北へ向かうとなると、その最適な時期は七月とされる。ただし、実際にそれが八月や九月になることはあった（一五九六年に土佐に漂流したサンフェリペ号は同年七月にマニラを出航したが、一六〇九年に千葉房総半島の御宿沖で座礁、沈没したサンフランシスコ号は同年九月、支倉常長やソテロが乗ったサンフアン・バウティスタ号は現石巻市の月の浦を九月に、それぞれ出航している）。フィリピン諸島を出て、東シナ海を北上し日本の海岸に沿って流れる黒潮にのって、千葉の房総半島沖あたりで東へ方向をかえて北太平洋海流にのり、カリフォルニアの海岸が見えるまであとはひたすら潮と風の流れに身をまかせて海原を進んでいけばよかった。カリフォルニアにつくと、海岸に沿って南に向かい、アカプルコ港に到着するというルートを確立した。帰路の日数は四ヶ月から六ヶ月ほどかかったとされるが、多くの旅行者によって、世界で最も長く、退屈で、最も危険な旅だったと評されている。出発が遅れると船は旅の途中で嵐に遭遇する可能性があり、また、壊血病や餓死に加えて、旅の途中で破損した船の修理や、座礁や沈没を経験することもあった［ACCUMAR］。ガレオン船で運ばれる品物は非常に重要かつ貴重なもので、海賊や私掠船に遭遇することが多かったために、最終的に武装護衛艦をつけることになった。

マニラ・ガレオン船はメキシコのサカテカスやボリビアのポトシの銀をアジアへ運ぶことで巨富を築いていた。アジアでは銀が非常に高額で売れた。銀（銀貨、銀塊）はマニラと通商をしている中国やモルッカ諸島、タイ、インド、台湾、鎖国前の日本などとの取引において必要なもので、金との交換のうえでも重要であった。

銀以外では、牛や馬、トウモロコシ、カカオ、砂糖、タバコ、アボカド、トマト、かぼちゃ、パパイヤ、落花生、ピーマン、バニラ、皮革などがアカプルコからマニラへ運ばれた。さらに染料、皮革、ワインやオリーブ油、あるいは家庭用品、大工道具、武器、織物などもあった。

逆に、マニラからアカプルコへ運ばれたものとして、インドの象牙や鉱石、中国の絹、翡翠《ひすい》、陶磁器、ティモールの香料、日本の漆器や家具、モルッカのクローブやナツメグ、セイロンのシナモン、ボルネオ島の樟脳（香料、防虫剤、塗り薬）、インド南西部マラバル海岸のショウガ、タペストリー、素焼きの甕《かめ》などがアカプルコでは三倍以上の値段で売れたという。このような国際取引においては現金による売買が慣例であり、銀が共通の通貨となっていた。そのために、アジアでは信頼できる貨幣としての銀の輸入が必須であった［ACCUMAR］。

ふたたびヨーロッパに目を向けよう。スペインに到達するスペイン領アメリカからの銀が一五九〇年代にピークをむかえ、一七世紀後半になると急激に減少していった（一五〇三～一六六〇年にかけて、一万六〇〇〇トンの銀がスペインのセビーリャに流入してきた。これはヨーロッパの銀保有量の約三倍に相当した）。[エリオット 1982：201：祝田 2016：25]。スペインに入ってきた銀はアントウェルペンにも流れていた。それと同じ時期にネーデルラントの独立運動が勃発する。

一五五八年、ハプスブルク朝スペインのフェリペ二世に反旗を翻すプロテスタントの反乱が勃発、一五七六年にはアントウェルペンがスペイン軍によって陥落したが、完全に鎮圧できなかった。やがて一六世紀末までに北部七州がネーデルラント共和国として独立宣言し、その首都アムステルダムが中継貿易や金融の中心にかわった。一方、スペイン国王フェリペ二世はオランダに対し禁輸を解除したため、スペイン領アメリカや、当時はフェリペ二世がポルトガル王を兼ねていたことから（一五八〇～一六四〇年までスペインはポルトガル王位を継承）、ブラジルにもアクセスが可能となったのである。そしてアメリカの銀を手に入れて東インド貿易に参入できたのである［安村 2022：55-56］。一六〇二年にはオランダ東インド会社が設立され、香辛料をめぐってポルトガルと戦争になる。オランダはジャワ島のバタヴィアに拠点を置き、一六二三年のアンボイナ事件で競合するイギリス勢力を排除して、現在のインドネシアとマレーシアのマラッカ州の植民地化に乗り出した。その他、台湾南部（一六二四～六二年）、セイロン（一六五八～一七九六年）などに支配領域を広げた。

またオランダは、北西航路の開拓の途中で、現在のアメリカのニューヨーク州を流れるハドソン川およびロングアイランド島周辺を調査した。その過程で一六一四年にニューネーデルラント植民地を建設した。しかし、オランダの勢力を阻止しようと、イングランドはオランダに圧力をかけ、ついに英蘭戦争（イギリス＝オランダ戦争）が一七世紀後半に三回にわたって行われた。ニューネーデルラントは一六六四年にイングランドに占領され、一時奪回したものの、一六七四年に完全にその領有権を喪失した。そのかわりにイギリス領スリナムがオランダに譲渡されている（オランダ領ギアナは一九七五年独立、現在国名はスリナム）。

カリブ海にも一七世紀になってオランダは進出したが、同時期に進出していたイギリスやフランスとの抗争に敗れる場合も少なくなかった。そのなかで長くオランダが領有を維持してきたのがシント・マールテン島（一六三一年に領有したが、三三年にスペイン領、一六四八年以来、フランスとオランダで分割統治。現在は南半分のみ、オランダ王国構成国）、キュラソー（一六三四年領有、現在オランダ王国構成国）、アルバ（一六三六年領有、現在オランダ王国構成国）、ボネール島（一六三六年領有、現在オランダ特別自治体）、シント・ユースタティウス島（一六三六年領有、一七七九年以降、フランスやイギリスにより支配、一八一六年、パリ条約でオランダ領。現在、オランダ特別自治体）、サバ島（一六四〇年領有、現在オランダ特別自治体）である。ガイアナは一八一四年にオランダからイギリスへ領有権が変わった。またブラジル北東部の砂糖産業に関心があったため、オランダはレシーフェ（ブラジル北東部、現ペルナンブーコ州の州都）を一六三〇年から一六五四年まで支配した。

一六五一年には、イングランドが航海法を制定し中継貿易を禁止したため、オランダの中継貿易はきわめて厳しい状況におかれた。オランダは一七世紀前半に海上覇権を握ったものの、中継貿易が国の経済基盤を成しており、自国の産業化や工業化についてはイギリスに後れを取っていた。また土地や資源がオランダには少なく、海外との取引に求めざるをえなかった［秋田 2023：97-99］。オランダは、同世紀後半の英蘭戦争でイギリスに対して優位であったが、一八世紀にはイギリスとフランスの覇権争いが主流となり、オランダは衰退した。英蘭戦争以降、オランダの商人はロンドンのイングランド銀行（一六九四年設立）を中心に投資をしていた。つまり、アムステルダムからロンドンへの商業や工業の中心地の移行に、利子率の高いイギリスの国債を購入するアムステルダム商人が参与していたのである。換言すれば、オランダに集まってきた各国の資金がアムステルダムからロンドンに流れる構図（ネットワーク）が一七世紀にすでに確立されていたのである［秋田 2023：101-102］。また、鎖国日本との数少ない貿易国であったオランダは、日本が一六六八年に銀の輸出を禁じたために、取引に必要な銀を手にすることが困難な状況にあった。それだけにオランダ手持ちの銀がアジア貿易のために流れた。オランダの場合、アジアで得ていた銀が一六五二年の場合七〇％以上を占めており、そのうち三分の一が日本銀であった［祝田 2016：87］。中国の生糸を日本へ運び、日本銀を得て、これでインド綿布を購入し、インド綿布をもってスマトラやジャワの胡椒や香料を入手していたからである。さらにオランダ商人が独占していた香辛料のヨーロッパでの需要が少なくなり、それにかわって一八世紀はインド産の綿織物や中国の茶がもてはやされるようになったことが、オランダにとってさらに痛手となった。加えて、一七世紀後半から一八世紀前半にかけて、ヨーロッパの人口は停滞期にあったため、穀物の需要が減り、オランダ経済を支える主力であったバルト海貿易にも影響を与えていたことが考えられる。

一八世紀はイギリスとフランスの抗争のなかで、イギリスの覇権が確立されていく。その要因についてはいくつか考えられる。第一に、オランダと違ってイギリスは自国で綿織物工業を大成させて産業革命に成功したことが考えられる。そしてインド綿布を押さえてイギリス製の綿織物をインド市場にもたらした。それはアメリカ（新大陸）やアフリカにもかなり輸出された。これらの市場の一部は同時に綿花の原産地でもあった。インドをはじめとして、アジアやアメリカでは綿花栽培がなされた。またイギリス市場で消費が高まってきていた紅茶と砂糖をアジアとアメリカ大陸（主としてカリブ海の西インド諸島）で調達する、いわゆる大西洋、太平洋をまたにかける世界三角貿易システムを確立することができた。そしてこれはイギリス本国の工業化による大量生産と、奴隷制に支えられていたことは言うまでもない。そして銀の流れは依然アジアに向かっていた。

他方、スペインはイギリスに対抗して、スペイン王室の直接の監督下にあったガレオン貿易の自由化を一八世紀後半に図った。これと同時に、アカプルコだけをガレオン貿易の唯一の港とせずに、貿易の特権を他の港にも与えた。これによって、中米および南米のカヤオ（ペルー）、サンティアゴ（チリ）、ブエノスアイレス（アルゼンチン）などの主要港へのアクセスが実現した。また一七六五年には、スペイン王室はスペイン南部のカディスからマニラへの直接貿易を自由化し、一七八五年にはフィリピン会社の設立を認めたのである［Kuntz Ficker 2020: 686］。

4　一九世紀メキシコ銀を中心とするスペイン領アメリカとアジアのグローバルヒストリー

銀本位制であった一七世紀から一九世紀のアジアにおいて、新大陸の銀貨は国際経済に多大な影響を与えた。新大陸の銀は中国、東南アジア、インドなどに運ばれた。一七一九年から一八三三年のあいだにアジアへ運ばれた銀は六二四三トンと見積もられているが、その六五％が米国の独立革命（一七六五年）以降のもので、三六％はナポレオンのスペイン支配（一八〇八年）以降のものである［Irigoin 2009: 210］。このことは一八世紀から一九世紀前半にかけてアジアへはそれまでの最大の銀量が流れていたことを意味している。一般にボリビアのポトシ銀山は一七世紀以降下降の一途をたどっていた産出量が一八世紀後半わずかに上昇したことがわかっている［近藤 2011：180］。しかし、一七九〇～一七九六年のポトシ銀山の産出量は一万一一八八トンであったが、同時期のヌエバ・エスパーニャの銀は五万八一八八トンであったように、一八～一九世紀にはメキシコの銀量がスペイン領アメリカで最大であったことがわかる［Irigoin 2009: 221］（表1）。ここでもうひとつ重要なことは、一八三三年に東インド会社の貿易独占が解かれ、貿易の自由化がなされたことであった。つまり、アジアへ銀を運んでいたマニラ・ガレオン船と東インド会社の銀貿易独占の時代が終わったことになる。すでに一七八〇年代以降、米国商人は中国（清）との貿易を始めていた。他方、ナポレオンのスペイン支配のあと、一八一〇年にはメキシコでは独立戦争がはじまり、概ね独立の機運がスペイン領アメリカ全域で高まっていた。メキシコの場合は一八二一年にスペインから独立し、一八二三年以降は連邦共和制になった。しかし、この共和制の下で、それまでスペイン植民地での王室の監督下で統一の基準でなされていた銀貨の鋳造体制が崩れ、各地でそれぞれ異なる基準（銀の含有量、実質価値）で鋳造がなされ始めた（表２）。そして、このことが中国への銀貨の輸出に影響を与えたのかどうかが問われなければならない。

しかしながら、それは国際収支、中国からの視差、メキシコからの視座の大まかにいって三つの異なる視点によって見方が異なってくる。先の二つに関しては日本人の専門家をふくめて重要な先行研究があるので、それに全面的に依拠する形でここでは整理しておこう。

中国の銀輸入に大きな波が生まれるのは一八一〇年代末から二〇年代にかけてであり、二〇年代後半は急減していく。一八六〇年代以降は再び銀輸入が高まり、世界的には金本位制への移行期にあったが、中国では銀の価値が再び上がり、輸入が急増した（それは一九三五年の国民政府の貨幣システムの一元化まで続いたが、あくまでも銀の役割は国際貿易と一部の国内通商に限定されていたのであって、国内の多くの売買は銅銭が中心であった）。このように、一八二〇年前後で銀の流入（輸入額）がピークに達し、二〇年代においてその急激な減少と増大のサイクルの波がおこり、二〇年代後半に急減した。そして一八五〇年代まで中国国内の銀不足が続いた（図３）。

貿易収支の観点からいえば、一八二〇年代といえば、アヘン貿易が高まってくる時期と重なることから、従来、銀の流出はアヘンの輸入増の結果が招いたものであるという見解がある［郭 2016］。これに反論する見解として、イリゴインによると、中国のアヘン輸入は一八世紀後半から始まっていた

表1　年間銀貨鋳造量（1791-1796）

鉱山	（単位：1000ペソ）	（単位：トン）
メキシコ	24,000	581.88
リマ	6,000	145.47
ポトシ	4,600	111.88
ボゴタ（コロンビア）	1,200	29.09
チリ	1,000	24.24
ポパヤン（コロンビア）	1,000	24.24
グアテマラ	200	4.84
計	38,000	921.64

出所：［Irigoin 2009: 221］から作成

表2　メキシコ国内の銀貨鋳造量（単位：1000ペソ）

鉱山	1824-29年	1830-39年	1840-49年	1850-56年
メキシコ市	2,347	1,018	1,838	3,182
チワワ	——	1,900	420	300
ドゥランゴ	970	900	685	590
グアダラハラ	684	593	939	546
グアナファト	965	2,585	4,580	6,102
サンルイスポトシ	1,475	1,158	1,450	1,700
サカテカス	4,574	5,287	5,744	3,601

出所：［Irigoin 2009: 223］から作成

が、急増するのは一八三〇年代からであり、その前の二〇年代に起こっている銀輸入の大きな波現象をすべてアヘンの輸入だけをもって説明することはできないと述べる（図3）。では彼女はその原因をどのように考えているのか。イリゴインは、メキシコ共和国になって鋳造された、いわゆるメキシコ銀《ペソ》（メキシコドル）が、それまで中国でもっとも信頼がおかれてきたカルロス銀（スペイン領アメリカ時代の銀正貨で八レアル銀貨［Peso de a ocho］。最も広範に利用された）にくらべてその純度や重度に問題があったために、中国側がメキシコ銀を受け入れようとはしなかった結果であると述べる。しかもカルロス銀の新たな鋳造は終了していた。したがって、この混乱が一八二〇年代後半の銀輸入の急落の原因であると考えられた。

他方、これに対する反論として、当時の中国の内政や経済を分析した研究があるが、主として、一八三〇年代の清国の不況との関係と、銀貨の普及をめぐる地域差と銅銭の存在を考慮すべきであるという二点が主張された。たとえば、銀貨が比較的に普及していた福建や広東においては、外国銀および銀塊が通貨全体の四二～四六％を占めており、貿易や納税に使われたことがわかる。しかしながら、実際に地域内の売買で最も使われていたのは銅銭で商取引の半分以上を占めていたのである。これが江蘇や浙江ではさらに多く七八～九四％であった［岸本 2019：115］。

話をメキシコにもどそう。善助の記録でもわかるが、銀貿易のときに、メキシコ船による輸送は資料の制約（密輸を含め資料上にデータが上がってこないという問題など）を差し引いても、ほかの関連史料を調べる限り、ほぼ皆無であると思われる。近海の輸送船はあったにせよ、遠洋貿易におけるメキシコ船の出現は一九世紀後半を待たなければならない。太平洋航路については、大半が米国船とイギ

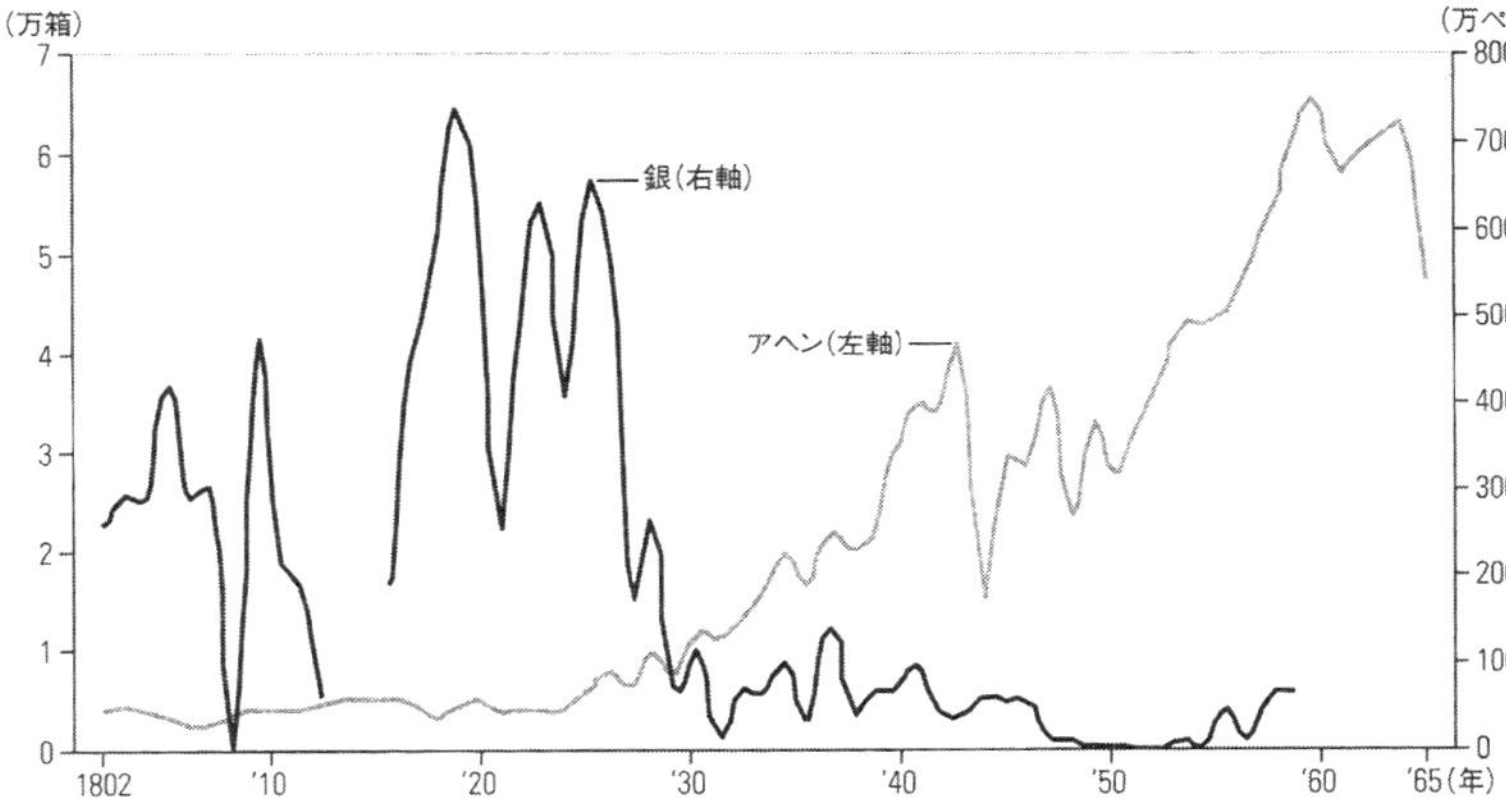

図３　中国によるアヘンと銀の輸入
出所：イリゴイン 2019：84

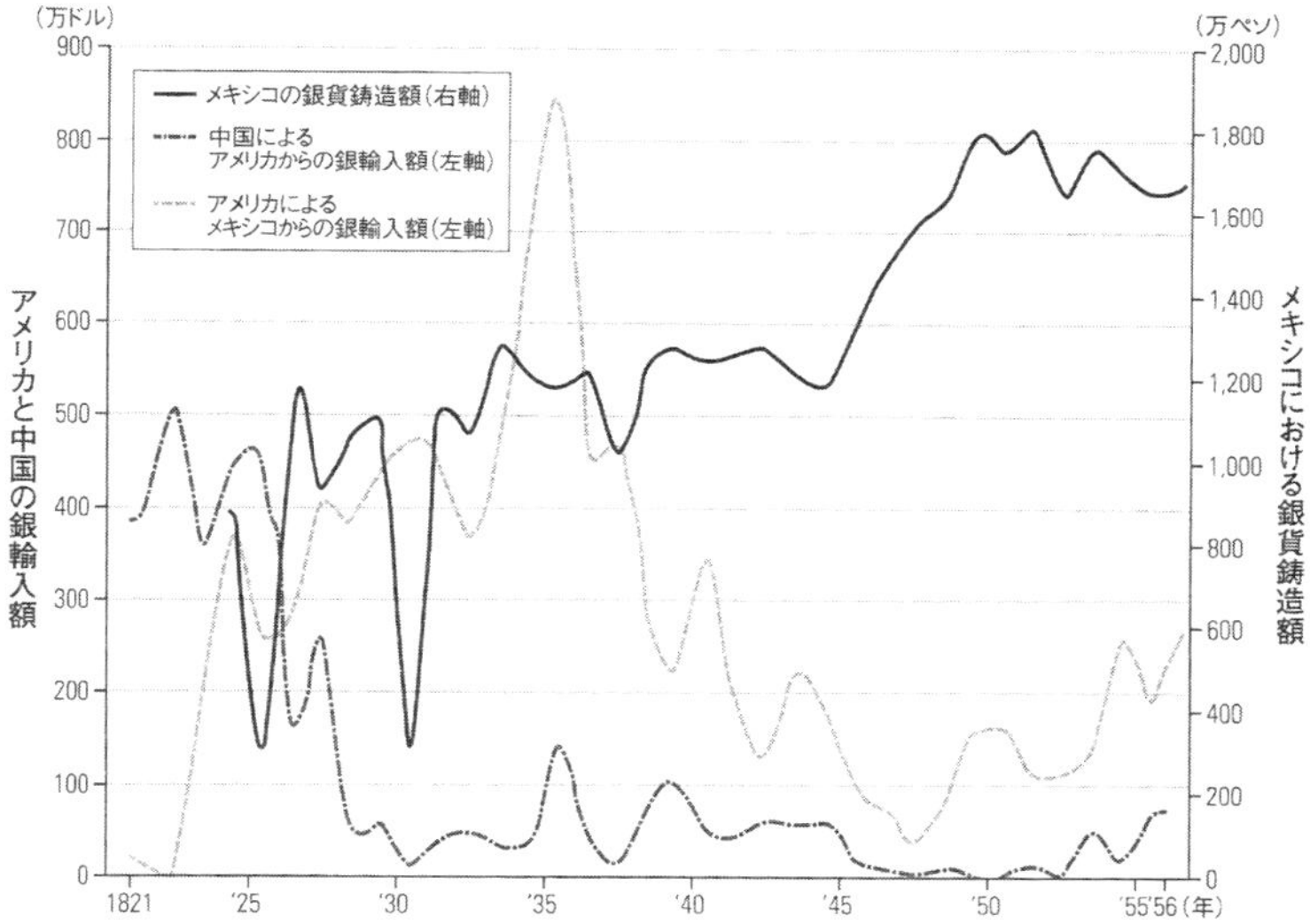

図４　メキシコ銀貨鋳造、中国によるアメリカからの銀輸入、アメリカによるメキシコからの銀輸入
出所：イリゴイン 2019：69

リス船であった。その他、マニラ、ポルトガル、エクアドル、ペルーなどの商船がメキシコ太平洋岸やハワイの港に寄港していた。マニラ・ガレオン貿易はフェルナンド七世によって一八一五年に終了されるまで続いたが、実際は一七八八年以降、年に一往復してきた定期便が二、三年に一回の割合に減少していた。また一八〇九年以降は、通商量も急減した。一七九六年から一八〇八年までにマニラからメキシコへの輸入額は年平均九八万四〇〇〇ペソであったが、一八〇九年から一八二〇年においては年平均九万ペソに急減した［Kuntz Ficker 2020: 687］。無論、同時期のメキシコ独立戦争の混乱がその背景の一部にあることをふまえておく必要があるが、同時に密貿易も多く（密貿易は独立後も続くのだが）、統計上それが算出されていないということも想定しておかなければならない。先に述べた遠洋航海用の船舶が不足していたという実情が起因し、一七八〇年代頃から米国商人はメキシコから輸入した品物を中国へ輸出するという中継貿易を担うようになっていた。この中に銀（銀貨と銀塊）が主要品として挙げられる。中国との最大の貿易相手国はイギリスであることには違いがなかったが、とりわけ銀に限ると、一七九〇代以降、米国が中国に対する最大の輸出国になっていた。銀輸出のなかでも銀貨が主流で、輸出全体の少なくとも九五％を占めていた。一八〇七年から一八三三年までに中国に流入した銀の九七％は米国が輸出したメキシコ銀で、その後三〇～四〇年間、途中低迷はあったものの、その地位は不動であり続けた［イリゴイン 2019：68：Irigoin 2009: 210］。

米国船は一七八〇年代頃からアジア貿易に進出していたことに加えて、スペイン領アメリカとの貿易もすでに始まっていた。米国商人は早くもカリブ海や南米へ進出し、主要な港には米国船がイギリス船と並んで増えていた。これは一九世紀はじめのスペイン帝国の状況が大変関係している。スペインは、イギリスとの対立を背景にアメリカ独立戦争を支援しており、その後はナポレオン戦争でフランスと対立すると、スペイン王室は米国商人に植民地貿易を仲介する許可を与えた。これは「中立」貿易として知られる制度である。これによって、ニューイングランド、ニューヨーク、フィラデルフィアの商人の海運と商取引を促進することになった。その結果、米国は、ヨーロッパ大陸、中南米、中国へと大幅に通商を拡大し、それまでの最大の貿易量に達したのである。東海岸のフィラデルフィア、ニューヨーク、ボストン、プロビデンス（ロードアイランド州）などの北東部の商人が主力となり、従来、ここからカリブ海やスペイン領アメリカへの貿易がなされていた。実際、一八〇三〜一八〇五年にかけて南米に駐在した英国領事の考察によれば、米国商人は、スペイン植民地向けのヨーロッパやアジアの繊維や工業製品の貿易においてイギリス商人よりも有利であるとみられていた。ブエノスアイレス、ハバナ（キューバ）、ベラクルス（メキシコ）、バルパライソ（チリ）、カヤオ、サンブラス（メキシコ）など、大西洋と太平洋の沿岸にある南米のあらゆる港で、米国の船舶の数は英国の船舶を上回っていた。このように、米国とスペイン領アメリカ間の貿易が活性化したことにより、一七八〇年代以降、米国は世界最大の銀貨輸出国であるメキシコやその他の中南米地域との貿易に参入することができた。外国から輸入した製品の中南米への再輸出も米国商人によってさかんに行われ、カリブ海へ向かう船の四隻のうち一隻は再輸出用の外国からの製品が満載されていた。プロビデンスからの船にはワイン（スペイン、フランス）、織物（ドイツ、フランス）、索具と帆布（スカンディナヴィア）、綿布（インド）、絹、南京木綿、絹織物、磁器（中国）などが積まれていた。そして彼らは西インド諸島、キューバ、中南米から銀を入手した。銀以外では、砂糖、コーヒー、皮革、塩、ラム酒、葉巻、綿花、マホガニー、藍、牛肉、銅などを購入した。こうして、中南米の銀は米国商人を介して、中国、インド、東南アジアに運ばれたのである［Irigoin 2009: 216］。

中国の銀輸入量が減った理由としてメキシコ側の供給量が減少したのではないかという見解もあるが、イリゴインによると、メキシコ独立戦争期でメキシコにおける銀貨の鋳造は混乱していたが、一八三〇年代初めの銀貨鋳造額三〇〇万ペソの激減からわずか一、二年で一一〇〇万ペソまでに戻り、一八三八年の菓子戦争（メキシコとフランスの戦争）の時期に、これに触発されて高まった太平洋岸のサカテカスやマサトランでの反政府派の軍人による反乱によって一時的に少し下がったものの［Lerma Garay 2020］、その後は一定しており、米墨戦争以降の四〇年代後半はおよそ一八〇〇万ペソにまで上昇している。中国の希望する輸入を満たすだけの十分な生産量は確保できていた。実際にはその数倍の規模を保っていたとも考えられる（図４）。

では、中国への銀流入が一八二〇年代急に増え、やがて急激に減っていった理由について考えられることは何か。まず、中国では、ロンドンで発行された手形が、米国と中国との商取引においても一八二〇年代以降つかわれるようになっていたものの、外国との商取引において現金取引が基本であることから、銀貨が国際通商の際の最も信頼できる通貨であったことが大前提にある［Irigoin 2009: 213］。そのうえで、先に述べたように中国市場におけるカルロス銀に対する絶対的な信頼とその固執によって、やがてカルロス銀にプレミアムが付与された。それは一八三〇年代に、一四〜一五％に達していた［イリゴイン 2019 : 86］。イリゴインによると、二〇年代中盤以降、カルロス銀とメキシコ銀が混在するなかで、カルロス銀に対する需要が急に高まったこと、および銀貨の品質の不均等による混乱が銀量の急激な変化の背景にあると考えられる。

したがって、アヘンの大量流入はその後の一八三〇年代のことであり、従来言われてきた、アヘン輸入と銀流出の因果関係によって二〇年代中盤以降の銀不足を説明することは時期的に合致しないために無理がある。むしろ一八二〇年代末の中国による銀の輸入減の代償として、アヘンが大量に中国へ輸出されたと見るべきであるとイリゴインは論じている。換言すれば、銀は利益の面で副次的になり、アヘンが銀にかわって利益率の高い商品となって中国に輸出されるようになった。これによって、イギリスは中国に流出する銀量を減らすことに成功したのである［フリン 2010：55］。加えて、中国でカルロス銀以外の洋銀は一四～一六％の減価を受けていたが、なかでも銀塊の価値が最小であった。ところが、インドではその価値は高く、イギリス東インド会社をはじめ、イギリスや米国は銀塊をインドに輸出したのである［イリゴイン 2019：76-93］。

他方、米国国内では手形は広まらず、銀貨が主流であった。一七九五年から一八〇六年にかけて米国銀貨が一二〇万ドル相当ほど鋳造されたが、そのほとんどがカリブ海諸国に輸出された。一八〇六年にジェファーソン大統領が米国銀貨の鋳造を禁止してからは、米国内でスペインおよびスペイン領アメリカで鋳造された銀貨（米国ではカルロス銀とメキシコ銀の価値の差異はなかった。ここでは、すべてをメキシコ銀とする）が米国の正貨として扱われていた。米国では、メキシコ銀が法定通貨として米国ドルと同等の価値とされ、一八五七年まで流通し続けたのである。ところで、図4にあるように、アメリカによるメキシコからの銀輸入額が一八三五年あたりで急増した理由も議論の的になっている。その額は、同年の中国によるアメリカからの銀輸入額の五・六倍強である。過去八年間の米国の輸入額の二倍であった。かつメキシコの銀貨鋳造額は一八三三年から三五年にかけて減少しているが、三二年から四六年において一一五〇～一三〇〇万ペソの範囲内にあり、大きな変動は見られない。そう考えると、前述のことは米国内の要因によるものであると考えるのが妥当であろう。一八三四年貨幣法で米国の銀の価値が減じられた。さらに三七年貨幣法で、金銀比価がそれまでの一五対一から一六対一に変更された。しかし実際にはメキシコ銀は米国南部では正貨として用いられており、西漸運動による領土拡張主義の時代、西部では不動の人気の銀貨であった。一八四七年にイギリスから大量の正金が流入したことにより、金銀比価がふたたび変更され、良質の銀は国外へ流出した。一八五三年貨幣法により、銀貨は五ドルまでが法定通貨となり、五七年にはメキシコ銀は完全に法定通貨から除外されたのである。これと並行して、米国の対中国貿易においても、一八三四年までに銀貨ではなく、銀行手形が主流となった [Irigoin 2009: 226-32]。

米国がメキシコ銀の中国への最大の再輸出国になった背景として、カンツ・フィッカーは、ナポレオン戦争と東インド会社の独占の時代の終焉が背景にあると考えているが、他方で、彼女は自由化が始まった一八三三年以降において、中南米の銀が米国の独占ではなく、イギリスをはじめ、さまざまな国がこれに参与し、銀以外の商取引（再輸出もふくめて）があったことを強調する。紅茶、緑茶、香料、絹織物、綿製品、陶器、家具などがメキシコへ輸入された。ちなみにアヘンもメキシコへ流入していた [Kuntz Ficker 2020: 689]。

イギリスはメキシコ銀を中国向けに輸出するために太平洋航路を使うが、それ以上に中南米のペルーやチリ、そして南米の最南端ホーン岬かマゼラン海峡を渡って太平洋から大西洋に出て、ブラジルのリオデジャネイロなどを経由してジブラルタル（スペイン南部にあるイギリス領）に寄港する場合もあるが、最終的にロンドンやリヴァプールに輸出品を運ぶことが多かった。イギリスはまさにアジア、南北アメリカ、ヨーロッパ、またヨーロッパからアフリカ、インド洋を経てインド、中国、東南アジアの地球を一周する交易ルートを一国でいち早く確立し、世界の海上を制覇していたと考えられる。しかもこの通商にはイギリス海軍が深くかかわっていたことがわかっている。イギリス海軍は、銀の輸送の請負と同国商船の保護を担ったのである［Mayo 2006: 165, 286］。

最後に、メキシコ銀をめぐるグローバルヒストリーを成立させているメキシコ国内の状況について若干ふれておかなければならない。本章の冒頭で述べたように、独立後のメキシコは中央集権派と連邦主義派の対立が長らく続いていた。とくに一八三〇年代は国内の動乱が激しく、これが外国との貿易の減少に少なからず関係していると考えられる［Fowler 2007; Lerm Garay 2020］。加えて、絶えず財政赤字が続き、国内外からの多額の債務が重くのしかかっていた。メキシコ政府はその打開策として重税を行った［Walker 1991; Costeloe 2003］。一八二九年には、銀や金に特化した税金や、イギリスの輸入品に対して一五〇％の関税が課されている［Mayo 2006: 108］。それは外国との商取引に大きな障壁となっていた。加えて、メキシコの港に到着してから四八時間以内にすべての貨物を陸地に降ろさなければならず、いったん荷物をほどくと、メキシコ国内の他の港へ運搬するために元の貨物を一切積み戻すことができないという規則があった。とはいえ、別の目的地までの陸路のインフラも不完全で、沿岸航路を運ぶにもメキシコの船舶がほとんど皆無の状況であった［Mayo 2006: 82］。このような問題を解決するためには、メキシコ中央政府に訴えて交渉しても無駄な労力と時間が費やされるだけであった。そこで管轄地域の地方役人、あるいは外国船であれば同国の領事もこれに加わり、協議のうえで問題を解消する。当然のことながら、双方において癒着が生じ、賄賂や不正が日常的に発生していたことであろう。メキシコ中央政府の権力と監視の目が太平洋岸の遠方の地方にまでそれほど及んでいないことを理由にこのような談合が成立していた。従って、密輸という選択が先の障壁を乗り越える最も手っ取り早い問題解決の手段として採用されたのである。そのなかでも善助らが到着したマサトランは銀の輸出においてはまだ問題が少なかった、いわゆる理想の「良港」という定評を受けていたのである［Mayo 2006: 83］。

おわりに

栄寿丸の乗組員の中には二年ほどで日本へ帰着できた者とその機会を失った、もしくは故意にその選択をしなかった者に分かれる。善助とともに戻っていた阿波の初太郎の兄の七太郎はメキシコで留まる選択をした。このように家族を分断することも漂流の結果であると言わねばならない。とかく疑問視されるのは、どうして善助らはメキシコで歓待され比較的優遇されていたのかということであろう。『東航紀聞』を通じてそれとなくわれわれに教えてくれているのが、メキシコの西部の太平洋沿岸部には早くから外国人が入植しており、メキシコ市近郊のハリスコ州のグアダラハラのように人口は多くなかったことである。したがって、彼らはメキシコの土地に経済的利益をもたらす存在で、かつ婿養子としてとかく白羽の矢が立っていた。「フヒチ」の存在もその一例であろう。おそらく日本人漂流民の善助らも同様であったと見られる。善助の記録を綴った『東航紀聞』でもコマンダンテの「フランシスコー」はグアダラハラに残してきた娘の婿養子として善助を考えていたようである。実は、初太郎も同じ状況で、佐野（一九八九）の現地調査より出された結論は、初太郎は実際に結婚式を挙げた可能性が高いことを示唆している。おそらく自分を養子のように可愛がってくれていたミゲル・チョーサの娘であろうと考えられる。だから佐野によると初太郎の場合は、チョーサの娘と結婚したあとに、それを撤回して日本への帰国を選択したという後ろめたい思いがあったことも十分考えられるという。もう一つ考えられることは、極めて偶発的であったという見解である。善助を養子のように大事にしたのはフランシスコ・パディージャで中央から派遣されていた役人であった。すでに一六世紀以来アジアから奴隷ないしは強制労働の環境におかれていたアジア人およびその末裔がメキシコにもいたと考えられる。一九世紀前半のメキシコにおいて、法律上、奴隷身分の撤廃はなされていたが、強制労働がなかったとは言えない。善助がそのような状況におかれなかったのはパディージャが善助に興味をもっていたからであり、パディージャの庇護のもと、善助はルイス・カスティージョ・ネグレテからスペイン語や教養を教わる機会も得ることができた。これもすべて偶然が生み出したことであって、同じ栄寿丸の乗組員の中にはこれとは真逆の環境におかれていて、自らの意思に反して、日本への帰国の機会を失った者もいたのでないだろうか。現にパディージャは栄寿丸の船頭であった善助だけを引き取ったのである。どうして善助が選ばれたのであろうか。わずか一年弱のメキシコ滞在であったが、スペイン語の語彙も相当覚えており、年齢が二〇代であるというのもあるのだろうが、吸収力の高い好奇心旺盛な青年であったと推察する。もともと聡明だったのかも知れない。

善助をメキシコに引き留めることはできなかったが、パディージャが述べていたように、メキシコは銀で富む国であった。善助らの帰国はこの銀に助けられたとみて間違いない。なぜなら、銀をアジアに向けて輸出する船舶がメキシコから定期的に出航していたからである。無論、パディージャをはじめ、メキシコ人やその他の人（日本人漂流民を含めて）の手助けがあったことを忘れてはならない。

イギリスをはじめ一九世紀の前半には世界は金本位制へ移行しつつあるなか、世界的に銀の価値が低下し始めていたが、アジア、とりわけ中国では銀本位制が続けられ、中国にメキシコ銀がその後も輸出され続けた。しかし、実際にそれを主として運搬していたのは米国船であり、米国は自国においても一九世紀半ばまでメキシコ銀が法定通貨として広く流通していた。メキシコも一九〇五年に金本位制に移行するが、それまでの一九世紀末まで、中国、米国、メキシコは、いわゆるメキシコ銀をめぐる環太平洋上におけるグローバル経済圏を別に形成し、これがイギリスを中心とする一九世紀グローバル経済をより潤すものとなっていたとみて間違いない。

引用・参考文献

（一次史料）

『亜墨新話：阿波初太郎漂流奇談』一八四四年（京都外国語大学付属図書館蔵）

『北亜墨利加図巻』出直之、一八四四年（京都外国語大学付属図書館蔵）

『永寿丸乗組員、玄之助・太吉・弥市の漂流記』（写本）一八四五年（京都外国語大学付属図書館蔵）

『海外異聞』靄湖漁叟、一八五四年（京都外国語大学付属図書館蔵）

『千石積栄寿丸沖船頭善助口書』（写本）一八四五年（京都外国語大学付属図書館蔵）
『東航紀聞』岩崎俊章編、一八五一年（国立国会図書館蔵）
『漂流聞書』（写本）一八五四年（京都外国語大学付属図書館蔵）
『漂流人善助聞書』（写本）一八四五年（京都外国語大学付属図書館蔵）
『墨是可新話』田中基文・賀来佐之編、一八四七年（肥前島原松平文庫蔵）

（二次史料）


秋田茂『イギリス帝国盛衰史――グローバルヒストリーから読み解く』幻冬舎新書、二〇二三年。

荒川秀俊編『異国漂流記集』翻刻歴史史料叢書2、クレス出版、二〇〇二年。

――『異国漂流記続集』翻刻歴史史料叢書6、クレス出版、二〇〇二年。

池田晧編『南海紀聞・東航紀聞・彦蔵漂流記』雄松堂、一九九一年。

――『日本庶民生活史料集成　第五巻　漂流』三一書房、一九六八年。

入江湑『墨是可新話――島原松平文庫に眠るメキシコ漂流秘書』現代出版社、一九六九年。

イリゴイン、アレハンドラ「道光年間の中国におけるトロイの木馬――そして太平天国反乱期の銀とアヘンの流れに関する解釈」豊岡康史・大橋厚子編『銀の流通と中国・東南アジア』山川出版社、二〇一九年、六三－一〇八頁。

祝田秀全『銀の世界史』ちくま新書、二〇一六年。

牛島万「善助の見た一九世紀米墨戦争前夜のメキシコ」『国際協調教育研究』第5号、二〇二四年三月、四七－五七頁。

――『米墨戦争とメキシコの開戦決定過程――アメリカ膨張主義とメキシコ軍閥間抗争』彩流社、二〇二二年。

――――『米墨戦争前夜のアラモ砦事件とテキサス分離独立――アメリカ膨張主義の序章とメキシコ』明石書店、二〇一七年。

――――「メキシコから見た米国のマニフェスト・デスティニーと米墨戦争」住田育法・牛島万編『南北アメリカ研究の課題と展望――米国の普遍的価値観とマイノリティをめぐる論点』明石書店、二〇二三年。

エリオット、J・H（藤田一成訳）『スペイン帝国の興亡 一四六九―一七一六』岩波書店、一九八二年。

郭衛東（李振渓訳）「一八―一九世紀の中国と西洋の間における貿易品の展開とその影響」『駒沢史学』八七号、二〇一六年一二月、一三八―一五〇頁。

河野太郎『初太郎漂流記』徳島県教育会出版部、一九七〇年。

岸本美緒「十九世紀前半における外国銀と中国国内経済」豊岡康史・大橋厚子編『銀の流通と中国・東南アジア』山川出版社、二〇一九年、一〇九―一五〇頁。

近藤仁之『ラテンアメリカ銀と近世資本主義』行路社、二〇一一年。

佐野芳和『新世界へ：鎖国日本からはみ出た栄寿丸の十三人』法政大学出版局、一九八九年
京都外国語大学付属図書館編『黒潮が結んだメキシコとの絆』日墨交流四〇〇周年記念稀覯書展示会、二〇〇九年。

スティーヴンソン、ブレンダ（所康弘訳）『奴隷制の歴史』ちくま学芸文庫、二〇二三年。

西村雄志「二〇世紀初頭における香港の銀本位制」籠谷直人・脇村孝平編『帝国とアジア・ネットワーク――長期の一九世紀』世界思想社、二〇〇九年、二八二―三〇五頁。

日墨協会・日墨交流史編集委員会編『日墨交流史』ＰＭＣ出版、一九九〇年。

肥後本芳雄「アメリカの広東貿易の開始とアストリア砦――太平洋北西部沿岸の領有権をめぐる帝国抗争」田中きく代ほか編『海のグローバル・サーキュレーション――海民がつなぐ近代世界』関西学院出版会、二〇二三年。

フリン、デニス（秋田茂・西村雄志編）『グローバル化と銀』山川出版社、二〇一〇年。
堀元美『帆船時代のアメリカ』上下、朝日ソノラマ、一九九六年。
安村直己「南北アメリカ大陸から見た世界史」安村直己編『岩波講座世界歴史　南北アメリカ大陸〜一七世紀』岩波書店、二〇二二年。
Costeloe, Michael P., *Bonds and Bondholders, British Investors and Mexico's Foreign Debt, 1824-1888*, London, Praeger, 2003.
Fowler, Will, *Santa Anna of Mexico*, Lincoln, University of Nebraska Press, 2007.
Irigoin, Alejandra, "The End of a Silver Era: The Consequences of the Breakdown of the Spanish Peso Standard in China and the United States, 1780-1850s," *Journal of World History*, vol.20, no.2, 2009, pp. 207-243.
Kuntz Ficker, Sandra, "El comercio de México con Oriente, 1821-1870. Un primer acercamiento desde las importaciones," *Historia Mexicana*, LXX: 2, 2020, pp. 685-739.
Lerma Garay, Jesús Antonio, *Historia de Mazatlán en cuatro tomos*, Amazon, 2020.
Mayo, John, *Commerce and Contraband on Mexico's West Coast in the Era of Barron, Forbes & Co., 1821-1859*, NY, Peter Lang, 2006.
Walker, David W., *Parntesco, Negocios y Política, La Familia Martínez del Río en México, 1823-1867*, México, Alianza Editorial, 1991.

［インターネット資料］
"El Galeón de Manila: la globalización que trajeron las Españas," Asociación Canaria de Coleccionistas Marítimos

(ACCUMAR) https://accumar.org/el-galeon-de-manila-la-globalizacion-que-trajeron-las-espanas/［最終閲覧日：二〇二五年二月一九日］

第２部　潮と風の歴史の周辺

コラム① ヨーロッパ西域の民族移動のターミナル

住田 育法
疇谷 憲洋

1 シルクロードの西のはて

シルクロードの東の終着点が平城京の奈良だとすると、西の終着点はローマのはるか西の大西洋に面するポルトガルとなる。

民族移動を先史時代からふりかえると、イベリア半島には数一〇万年前から、原人、ネアンデルタール人などさまざまな人類が移り住んできた。その後古代に入ると、ピレネーを越えてヨーロッパ大陸や大西洋岸からケルト人、地中海からフェニキア人やギリシャ人が到来し、青銅器や鉄器、集落跡などさまざまな痕跡を残した。紀元前三世紀から西地中海の覇権をかけて、ローマとカルタゴが戦う、いわゆるポエニ戦争の時期になると、カルタゴが進出していたイベリア半島も戦場になる。ポエニ戦争に勝利したローマは、地中海側からイベリア半島を征服していく。イベリア半島南東部は比較的早くローマの支配下に入るが、今日のポルトガルの西部、スペインのガリシア州にあたる北部はなかなか支配下に入らなかった。

紀元前二世紀前半から現在のポルトガルにローマ軍が進入してきた。このときローマ人に抵抗したルシタニア人の頭領ウィリアートス（ポルトガル語で Viriato ヴィリアート）が最古のポルトガル人として記録に残っている。

イベリア半島を支配したローマ人はイベリア半島をいくつかの属州に分けて支配する。この時、半島西部は属州ルシタニアと属州ガラエキアとして統治された。このローマの支配によって、一世紀にはイベリア半島の土着言語はバスク語を除いてほぼ死語となり、ラテン語化が進んだ。ローマ人は広大な領土を支配するため、地中海世界を中心とするローマ帝国に街道を張りめぐらした。西部の二つの属州も南北に走るローマ街道が連結していたが、やがてこの街道が、のちのポルトガル形成の背骨の役割をはたすことになる。

この街道沿いに栄えたローマ人の町のひとつが、ポルトガルの大学都市コインブラの近くにある古代ローマの遺跡、コニンブリガである。その博物館にはローマ時代のガラスの破片や硬貨などが発掘され展示されている。日本の奈良には草原や砂漠、海を移動するさまざまなヒトの手を経て、はるか西域のモノが運ばれた。一方、ローマの西のイベリア半島にはヒトそのものが移動した。この半島は、アフリカとヨーロッパの大陸、地中海と大西洋の海のはざまに位置し、さまざまな民族移動の交差点となり、現在のスペイン、ポルトガルの文化的基層を形成したのである。

一九八八年四月から一〇月まで奈良県奈良市で開催された「なら・シルクロード博覧会」のころ、駐日ポルトガル大使館のポルトガル人外交官が入洛したおり、筆者住田はつぎの質問をしたことがある。「ポルトガルとスペインのイベリア半島は異なる文明の交差点であった。しかし、スペインにはピカソ、ベラスケス、ダリ、ミロなど世界的に知られる画家が誕生したが、なぜポルトガルは違うのか。理由があれば、知りたい」。これにくだんの外交官は、「ポルトガルはケルト文化をルーツとしている。スペインはアラビア文化だ。森の民ケルト人に比べて砂漠の民アラブ人はあでやかな絵画に向いていた」とこたえてくれた。

興味深い説明である。確かに、ポルトガルの西には大西洋が広がり、ケルトの民のスコットランド、アイルランド、さらに北のヴァイキングの地が見えてくる。近年の考古学研究でケルト人はピレネーを越えて東からではなく、大西洋岸の西からもイベリア半島に入ってきたと報告されている。西から東への移動である。南からはアラブ人、東や西、北からはケルト人が今日のスペインに移動し、大きな影響を残したと考えられている［Zapatero 2017］。

2　ここで陸は終わり、海が始まっている

ローマ帝国の下で、言語としてはラテン語、宗教としてはキリスト教を受け入れてローマ化したイベリア半島に、民族移動の大波が押し寄せる。ゲルマン人の半島到達である。ゲルマン人は、スカンディナヴィア半島一帯出身の北方人種で、ゴート人、ヴァンダル人といった集団が、ローマ帝国とあつれきを繰り返しながら拡大し、五世紀にイベリア半島に侵入し建国する。

ゲルマン人は外部からの征服民族であったため、その数は土着のローマ系住民と比べて少なく、や

がて文化的にローマ化していき、ラテン語を受け入れ、カトリック化した。このゲルマン人がイベリア半島に独立国家を作ったという出来事は、後のイベリア半島における国家形成に大きな影響を与えた。

ゲルマン人のつぎの民族移動は、南からの北アフリカのイスラーム教徒であった。七一一年に西ゴート王国の後継者争いに付け入る形でイベリア半島に進出したイスラーム教徒は、西ゴートの最後の王ロドリーゴを破って王国を滅ぼし、数年で半島全域を支配下におさめた。イベリア半島はアルアンダルス（ヴァンダル人の地）属州として、コルドバを中心に総督（emir）が統治することになった。

八世紀、イベリア半島の大部分がイスラーム教徒に支配されたとき、西ゴート貴族やキリスト教徒の一部が北部山岳地帯にキリスト教徒の国をつくる。一一世紀になると、気候の温暖化と農業技術の進歩にともなって、西ヨーロッパが領土的拡大傾向に入る。この時期、ヨーロッパから聖地エルサレムを目指した貴族や騎士、民衆の一群があった。十字軍である。東方の聖地エルサレムに対し、西方の聖地が今日のスペインのガリシア州サンティアゴ・デ・コンポステーラである。

大航海時代の一五七二年に発表されたルイス・デ・カモンイス（一五二四年頃〜一五八〇年六月一〇日。この命日がこんにちではポルトガルのナショナルデーである）の叙事詩『ウズ・ルジアダス』は、ヴァスコ・ダ・ガマの航海の偉業をたたえると同時にポルトガルの歴史をうたっている。紀元前二世紀のヴィリアートの時代に始まり、イスラーム教徒から国土を奪還するための戦い、いわゆる国土回復運動、ポルトガルの誕生、そして誕生から一五五五年ごろにいたるまでの永い年月の間に、イベリア半島のみならず、北アフリカや東洋の各地において活躍したポルトガルの人々についてである。この叙事詩の有名な一部を紹介したい。

第四歌二〇連

わが王国ルシタニアはこのヒスパニアにある、
全ヨーロッパの頭《かしら》の、いわば頂の位置を占めて、
そしてここで陸は終わり、海が始まっているのだ。
それにまたポイボスが大洋で憩《いこ》う地でもある。
この王国は正しい天の願いに応え、
かつてよこしまなイスラーム教徒と戦って武勲をあげ、
これをこの地から逐《お》い払い、暑いアフリカ（モロッコのこと）でも
なお警戒心を解くのを許していない［カモンイス 2000：69］

「ここで陸は終わり、海が始まっている」という言葉はポルトガルの最西端ロカ岬に置かれた石碑にポルトガル語で刻まれている。アジアのマカオにはカモンイスが『ウズ・ルジアダス』を書いたと伝えられる通称カモンイスの洞窟（Gruta de Camões）がある。中国に返還される前の一九九〇年代にマカオで開催されたカモンイスをたたえる記念式に筆者住田は参加したことがある。そのとき洞窟の前でマカオ政務長官（マカオ基金会主席）のランジェル（一九四三年～）氏がポルトガル語を「カモンイスの言語」とたたえて挨拶していた。

３　大西洋に向かってイギリスを選ぶ

大航海時代の前夜の一四世紀にポルトガルはイギリスに接近した。ポルトガルのアヴィス王朝の外交面の第一歩は、隣国カスティーリャとの対決に備え、同盟国を得ることであった。それは、ヨーロッパの西端に位置する大西洋の王国イギリスであった。ポルトガルとイギリスとの関係は、ひとりのイギリス十字軍戦士がリスボンの初代司教に就いて以来、絶えず不安定に変化しながら続いていた。一三三七年に百年戦争が始まってからは、ポルトガルは断続的にイギリスに加勢していた。そこでポルトガルのジョアン一世は、一三八六年にウィンザーで「永年同盟」に署名し、両国のあいだに正式に条約が結ばれた。このウィンザー条約は、その後、実に二〇世紀に至るまでポルトガル外交の基本原則となる。さらにジョアン一世は、イギリス王エドワード三世の孫にあたるランカスター家のフィリパと結婚した。彼らの息子たち、つまり王子たちは、ポルトガルを近代の最先端へと導いていったのである［バーミンガム 2007：36］。『ウズ・ルジアダス』において「輝かしい御子、秀でたる五人の親王」（第四歌五〇連）とうたわれている中で、最も有名な存在が、エンリケ「航海王子」（一三九四〜一四六〇年）である。

やがて大航海時代を迎えたポルトガルは、その繁栄の陰でひとつの転機を迎える。一五七八年に北アフリカに侵攻した国王セバスティアン一世（一五五四〜一五七八年）率いるポルトガル軍がアルカセル・キビルで敗北し、国王が戦死したのである。王位継承問題が生まれ、一五八〇年にスペイン王フェリペ二世がポルトガル国王フィリペ一世として即位し、ハプスブルク朝スペインとの同君連合の時代を迎えた。この同君連合の時代に、マカオやゴアなど一部を除きアジアにおいて多くの拠点を失ったポルトガルは、植民地経営の拠点を大西洋圏とブラジルに移す。そして一六四〇年にスペインから「再独立」を果たし、ブラガンサ公爵ジョアンを国王に戴くことになる。この王がイギリスとの同盟関係を強めた。一六五四年、イギリスのウェストミンスターで調印された条約で、ポルトガルのジョアン四世はイギリス商人がポルトガルで自由に活動することを認め、さらにプロテスタント教徒としての聖書の使用や埋葬に許可を与えた。また一六六一年、ブラガンサ家の王女カタリーナがイギリス王チャールズ二世と結婚することで両国の同盟はより強固なものとなった［バーミンガム 2007：68-72］。そしてこの婚姻を通して、イギリス宮廷に喫茶の文化が伝わることになる。

4 石のいかだに乗って

一九九八年一〇月、ポルトガル語圏の作家としてはじめてノーベル文学賞を受けたジョゼ・サラマーゴ（一九二二〜二〇一〇年）は、『修道院回想録』『あらゆる名前』『象の旅』などの邦訳も多数あり、『白の闇（原題は「盲目についての試論」）』のような映画化された作品もあるなど、幻想的、あるいは限界的な状況の中で人間性への信頼をうたう作風から、世界的に読まれているポルトガル人作家である。

彼が一九八六年に発表した『石のいかだ』は、ある日、スペインとフランスの国境となっているピレネー山脈に、スパッと刃物で切ったような亀裂が走り、「街や村、川、しげみ、工場、原生林、耕作地におおわれている、石と土のかたまりが、人間や動物たちとともに動きはじめた。港を離れて再び未知の海へと向かう船だ」と、ポルトガルとスペインを乗せたイベリア半島がヨーロッパを離れ、大西洋の沖合へと移動を開始する。半島中がパニック状況に陥るなか、その身に起こった超常現象が縁で出会った三人の男と二人の女、そして一頭の犬が、この「石のいかだ」の上で世界の果てを目指す旅を続ける。壮大なスケールから映画化もされたこの作品には、ＥＵ加盟後のヨーロッパに飲み込まれそうなスペイン・ポルトガルの状況への作者の不安や不満が表明されているとも言われている。

サラマーゴは、晩年にスペイン領カナリヤ諸島のランサロッテ島に移住する。この地を巡っては、一五世紀にカスティリャとポルトガルがその領有を争い（航海王子エンリケもここに遠征隊を派遣している）、最終的にカスティリャ領として認められるが、征服と植民が始まるとともに、先住民グアンチェ人は滅亡の一途をたどる。大航海時代の歴史が凝縮されたこの地を終の棲家としたサラマーゴだったが、彼の眼にはスペインやポルトガルの歴史と未来はどのように見えていたのだろうか。

なお、筆者住田は、二〇〇七年にサラマーゴとピラール夫人の招待を受けて、八月二七日（月）から二九日（水）までランサロッテ島のお宅を訪問した。三日間の短い滞在であったが、整備された書斎兼図書室でサラマーゴと対談し、二日目の午後にはこげ茶色の火山岩の露出した平原の先のレストランを訪れ、白ワインを飲みながら、日本やマカオのことを話し合った。来日を希望していたが、残念ながら三年後に永眠された。『石のいかだ』映画作品のＤＶＤをリスボンで購入して筆者は日本で作品を観ている。ポルトガル人とスペイン人のイベリア半島への思いを抱きながら、サラマーゴはポルトガルへの強いアイデンティティを持ち続けたのである。ランサロッテの図書室前の庭にはポルトガルの故郷から運ばれたオリーブの木が移植されていた。ポルトガルとスペインのイベリア半島への強い連帯感をサラマーゴは教えてくれた。

参考文献

カモンイス、ルイス・デ（池上岑夫訳）『ウズ・ルジアダス――ルーススの民のうた』白水社、二〇〇〇年。
住田育法・疇谷憲洋『旅の気分でポルトガル語――ことばでめぐるブラジルとポルトガル』晃洋書房、二〇一〇年。
バーミンガム、デビッド（高田有限、西川あゆみ訳）『ポルトガルの歴史』創土社、二〇〇七年。

［映画・インターネット資料］
映画 JANGADA DE PEDRA. ２００８年製作、監督 Geirge Sluizer、Lisboa, Portugal。サラマーゴの小説の映画化。
Zapatero, Gonzalo Ruiz (Universidad Complutense, Madrid) Los pueblos celtas en la península ibérica, 2017. https://canal.march.es/es/coleccion/pueblos-celtas-peninsula-iberica-803［最終閲覧日：二〇二五年一月五日］

コラム② 人食い言説を考える

冨田 晃

1 コロンブス、カリブ、カニバル

日本には、子どもを怖がらせる定型句に「鬼が食べちゃうぞ」がある。また、イギリス民話「ジャックと豆の木」や、ドイツ民話「ヘンゼルとグレーテル」にみられるように、世界各地の民話に「人食い人種」が登場する。人は、人によって自らが食べられることに恐怖を抱くものである。エンターテインメントのジャンルに恐怖映画があるように、恐怖は人の興味をそそる。そして、人の興味をそそる話をすることを人は好む。

古代ギリシャのヘロドトスが記した『歴史』（紀元前五世紀）には、ギリシャの北東、黒海の北側について「アントロパゴイ人の風習は世にも野蛮なもので、正義も守らねばなんの掟ももたない」と記されている。「アントロ」は「人」、「パゴイ」は「食べる」の意味である。古代のギリシャやローマでは、「文明」とは自分たちのことであり、自分たちから遠く離れたところに「怪物」や「野蛮な人食い人種」がいると考えていた。そして、この世界観が、中世を経て、一五世紀後半を生きたコロンブス（一四五一～一五〇六年）へと引き継がれた。

若きコロンブスの愛読書に『マンデヴィルの旅』（一三五七年?）やマルコ・ポーロの『東方見聞録』（一三〇〇年頃）がある。『マンデヴィルの旅』には、頭が犬の人、頭のない人、一つ目の巨人、大きな一本足の人などの「怪物」が東方に住み、東方のある島では「父は息子を、息子は父を、夫は妻を、妻は夫を食べる」と記されている。そして、マルコ・ポーロの『東方見聞録』は、「この国ではいたる所に黄金が見つかる」というジパング（日本）を紹介し、そこの人々は「人肉がどの肉にもましてうまいと考えている」と記している。

一五世紀、イタリアを中心にルネサンスが開花した。科学の精神が生まれ、羅針盤の発明などによって遠洋航海が可能になった。天文学者トスカネリは、西へ西へと行けば、ヨーロッパの東にあるインドやアジアに着くという地球球体説を説いた。そしてアジアの東端にはマルコ・ポーロの『東方見聞録』で伝えられた黄金の国ジパング（日本）があるはずだった。トスカネリの地球球体説を知ったコロンブスが、大西洋に西へ向かってインドやアジアにいくとする航海を計画し、支援者を求めた。

一四九二年八月三日、コロンブスは約九〇人の乗組員をつれてスペインのパロス港を出航した。一〇月一二日、バハマ諸島の小さな島に到着した。コロンブス一行は、幸運にもそこで出会ったアラワク人と親しくなった。しかしその島は貧しく、そこがジパングではないと悟り、インドの一部だと思うことにした。一行はアラワク人の水先案内人と航海をつづけた。持参したトスカネリの地図は、実際よりも四分の一ほど小さく地球が描かれ、現在のキューバあたりにジパングがあった。二番目に着いた陸地は大きく、コロンブスは、そこが中国だろうと思った。一一月四日、キューバ島北海岸を探索中の記録である。

黄金と真珠をみせると、数人の老人が、それならボイーオというところに無限にあり、人々は首や耳や、腕や脚につけている。真珠も同様だと語った。（中略）さらにここからは遠いが、一つ目の人間や、犬のような鼻面をしていて、人を喰らう人間がおり、人をつかまえるとすぐに首を切り、血を吸い、生殖器を切り落すといっているように解せた［コロンブス 1977：79-80］。

近くにジパングがあると考えたコロンブスは、アラワク人に金や真珠を見せ、その周辺を探索した。そして「ここからは遠い」ところに「一つ目」「犬頭人」「人食い」がいるという。「カニバル」の語の初出は、一四九二年一一月二三日のコロンブスの日誌である。

提督は終日、陸地へと向って南へ航海したが、風の少ない状態がつづき、潮流も幸いせず、陸地には一向到達することができなかった。（中略）この岬と重なるようになって、東方に岬ともみえる陸地が見えたが、同伴のインディオ達は、これはボイーオという広大な土地で、そこには額に一つしか目のない人間や、カニーバルとよばれる連中が住んでいるとのべ、彼らを非常におそれているようであった。そして船がそちらに向って行くのを見るや、彼らに喰われてしまう、彼らは武器をたくさんもっている、といって黙りこんでしまった、とのべている。

提督は、これはある程度事実なのかもしれないが、武器をもっているというなら、知恵がある人間だろうと考えた。そして、何人かが捕えられて島へ帰ってこなかったため、喰われてしまったものと考えたのだと思うとのべている［コロンブス 1977：101-102］。

アラワク人が「額に一つしか目のない人間や、カニーバルとよばれる連中が住んでいる」と島を指していう。つまり、「カニバル」という語はコロンブス一行がききとったアラワク人によるカリブ人の呼称に拠っているのである。「一つ目」「人食い人種」は古代からのヨーロッパの典型的な「野蛮人」像だ。コロンブスは、己の知識を総動員し「野蛮な人食い人種」を想像したのである。

第一回航海からコロンブスが帰還すると、イサベル女王が歓待し、盛大な式典をおこない、提督の地位を与えた。そして、コロンブスは、スペインの高官たちに書簡を送った。「計理官ルイス・デ・サンタンヘルへの書簡」に次のように記されている。

すでにのべましたように、私は怪物に会ったこともなければ、怪物について聞いたこともありませんが、ただインディアスに入って二番目にあるクアリス島にはとても獰猛な、人間の肉を喰う人種が住みついております。彼らは多数のカヌーをもっていて、インディアスの島々を渡り歩き、手当たり次第に盗みを働いております［コロンブス 2011：56］。

コロンブスは、「私は怪物に会ったこともなければ、怪物について聞いたこともありません」といいつつ、「とても獰猛な、人間の肉を喰う人種」と記している。

コロンブスによる「人食い」の報告は、古代から引き継がれてきたヨーロッパの「野蛮」イメージを具現化したものであり、ヨーロッパ社会に「世界の果て」の「野蛮人」を、キリスト教によって「人間」にするべしという使命感を与えた。コロンブスの書簡は、まもなくヨーロッパ諸語に訳され、グーテンベルグの印刷技術によりヨーロッパ中の人々に読まれた。コロンブスは英雄になり、第二回航海への多大な支援を得た。そして、ヨーロッパ人にとっての「究極の他者」のイメージである世界の果てに住む「野蛮な人食い人種」は、「アンドロパゴイ」から「カリブ」や「カニバル」と呼び名が換わった。

ヨーロッパによる新世界進出の最初期には、「カリブ」と「カニバル」は同義語であったが、時代が下るとともに、「人食い」の習慣とそれをする人を示す一般名詞の「カニバル」と、地域名や民族名を示す固有名詞の「カリブ」とに分かれていった。

２　カニバリズムという差別用語

「カニバル」の語に「主義」「説」といった意味の接尾語の「イズム」を加えた「カニバリズム」(cannibalism) には、「人食い」の習俗およびそれをする人という意味がある。「差別用語」とは、人を、蔑み、排除する暴力性を持つ言葉である。しかし、明らかに、人を、蔑み、排除する暴力性を持つ言葉であり、また、実際に多くの人を傷つける「馬鹿」や「気持ち悪い」は、「差別用語」とはみなされない。「馬鹿」「気持ち悪い」は、特定の人間（集団）を指すものではなく、一般性のある意味として使われるからである。「馬鹿」の字が指す「馬」や「鹿」や想像の動物「馬鹿」は、人間ではないので、「馬鹿」は「差別用語」ではないが、特定の民族集団との関連を想起させる「馬鹿」を冠する使い方は「差別用語」とされている。

コロンブスがもたらした「カニバル」の語は、民族集団であるカリブ人に関連づけられ、さらに、「野蛮」を象徴する「人食い」の意味が付せられて一六世紀のヨーロッパ諸語に定着した。「カニバル」の語源であるカリブ人は、今日、植民地期以前からの居住地であるドミニカ島に数千人、セント・ビンセント島に数百人、そしてセント・ビンセント島で黒人と混血し一七九七年に中米ホンジュラスへと移送されたガリフナ人が中米諸国と米国に推計六〇万人、さらに、南米大陸北東部のアマゾン川からオリノコ川流域にかけて、いくつものカリブ語族の先住民集団が存在している。

もし、ある教員が生徒に「お前はネアンデルタール人以下だ」といったとすると、その教員は生徒を侮辱したとして非難されるであろうが、ネアンデルタール人を侮辱したと非難されることはない。それは、ネアンデルタール人が、現存していないからである。「カニバル」の語は、現在のところ「差別用語」とはみなされてない。それは「カニバリズム」の語源となった人々を「人間でない」とみなしている、もしくは「彼らはもはや存在していない」とみなされていることを意味する。現在を生きるカリブ語族の人々の存在が無視されているのだ。「カニバリズム」という用語に潜む、この「差別性」に鑑み、元の文献で使っているなど、文脈上やむをえない場合をのぞき「カニバリズム」の使用を控えて、「人食い」と記すように、筆者はしている。

参考文献

コロンブス（林屋永吉訳）『コロンブス航海誌』岩波書店、一九七七年。
コロンブス（林屋永吉訳）『コロンブス 全航海の報告』岩波書店、二〇一一年。

＊本章は、冨田晃『ルソーと人食い――近代の「虚構」を考える』共和国、二〇二四年の一部を取り出し要約したものである。

コラム③　大海原を挟んで
――グローバル時代を生きたマヤ王族とスペイン王国の関係性

大越　翼

一六世紀に始まるアメリカ大陸におけるスペイン統治の歴史は、この国とポルトガルが期せずして開いた「グローバル政治・経済圏の時代」の中で語られる必要があることは言うまでもない。近年日本史を含め、このような観点から著される史書が増えてきたのは、E・H・カーの『歴史とは何か』に述べられている定義に従えば当然のことであろう。ただ、このグローバル世界を下支えしていたのは、歴史に名を残さなかった人口の大多数を占めていた人々なのであり、アメリカ大陸の場合、それは先住民であった。彼らを無視した議論は、一六世紀以降の複雑な現実を一面的に捉えることになってしまう。実際これまでの歴史叙述の中で、先住民は「従」の立場で植民地時代史の片隅に追いやられてしまうのが常であった。だが、ここ十数年の歴史学的研究は、先住民の「主体性」、すなわち彼らが新しい事態をどう認識、分析し、これに対応して行動していたのか、また支配者としてのスペイン統治機関とその官吏、その頂点に立つ王室が彼らとどのような関係性を持ったのかについて豊かな成果を挙げている。もはや、支配者の交替に着目して「先スペイン期、植民地時代、近現代」と歴史を三つに区分する従来の歴史観そのものが揺らぎ始めているのだ。とりわけその通奏低音ともいうべき先住民の歴史は、太古から現代に至るまで、一つの連綿とした流れの中で語られるべきものなのである。

メキシコのユカタン半島北部に栄えていたマヤ族の諸王国がスペイン人の侵略を受けたのは、一五二七年であった。スペイン人らが半島北西部をまがりなりにも手中に納め得たのは、それから一九年も経ってからのことだ。その間、スペイン軍を常に援助した王国、逆に抵抗し続けた王国、あるいはその双方の態度を自在に変えスペイン人らを困惑させた王国など、メシーカ（アステカ）王国を攻略したエルナン・コルテスの体験に類似した先住民側の態度に、征服者フランシスコ・デ・モンテーホは大苦労をさせられることになる。むろんマヤ族のとった行動は場当たり的なものではなく、これまでの歴史の中で彼らが培ってきた明確な論理に裏打ちされていたことは言うまでもない。スペイン軍に協力したとて、それは彼らの臣として無償の戦《いくさ》働きをしたことを意味するものではない。スペイン人の戦闘力を利用し、自らの王国の存続あるいは拡大に有利なように立ち回ったのであり、事前交渉の上その「見返り」が約束されていたのだ。徹底抗戦は、逆に「見返り」が不満足なものであったことを示しており、あるいは彼らに加担している先住民王国軍に反発したためであった。敵味方の態度を自在に変えていたのも、できる限り自らに有利な条件を引き出すことを目指していたからに他ならない。ここに、彼らの論理を紐解く一つの鍵がある。

さらに興味深いのは、その後、つまり軍事活動がひと段落し植民地支配体制が始まった頃のことだ。フランシスコ会修道士から単純化されたマヤ語のアルファベット表記法を会得した先住民書記は、王族の要請を受けていくつもの公的文書を作成したが、その中で、スペイン国王は *ca noh ahau ti nuestro rey ah tepal* あるいは単に *ca noh ahau ah tepal*、または *ca noh ahau rey ah tepal* と表現されている。字義通りには「我らの偉大なる王、我らの王、征服王」を意味する。*Ahau*（アハウ）は、先住民の王が持つ称号であり、神々と人間との間を取り持つ能力を持つとされる。これにスペイン語で我らの国王を示す借用語（nuestro rey）を加え、最後に *ah tepal*（アフ・テパル）、すなわち「征服王」という、植民地時代のマヤ文書ではチチェン・イツァー、ウシュマル、マヤパンという巨大都市において、力によって支配権を確立した王に対して用いられている称号が付されている。一方勅任官であるユカタン総督に対しては、単に *ca yum ti gobernador*（我らが総督閣下）という、前者よりも格下の身分に対する言葉を使用しているのだ。つまりマヤ王族は、自分たちがスペイン国王を頂点とした王国の支配下に置かれている事実を正確に把握し、これまで維持してきた政治組織の階層範疇を援用して理解していたのである。そしてこれを前提にして、マヤ王族はスペイン国王へ直接働きかけて貴族として認知してもらい、これによりさまざまな特権を享受しようとした。実際彼らは今分かっているだけでも一五四三年、一五四五年、一六〇一年に王族の一員をスペイン本国に派遣し、国王に謁見を請うとともに臣下としての忠誠を誓い、かつ特権を得ようと交渉している。

いま、「スペイン本国に王族を派遣する」と、いとも簡単な旅であるかのように述べた。だが、これは一六世紀の半ば、帆船での航海を意味していた。もともとマヤ王族は、長距離交易のために、一〇人弱、時には二〇数人が乗れる丸木船を使って往復一ヶ月弱の旅をすることはよくあった。だが、新大陸とスペイン本国の間には、途方もない大洋が広がっている。道中は風と潮まかせ、颶風に巻き込まれ、あるいは海賊に襲撃されるかという、あらゆる困難が付き纏う旅であったはずだ。そこまでの苦労をして遥か大海原の彼方のスペインに使節を送ったのは、またあえてユカタン総督を相手にしなかったのは、それなりに理由があるのだ。

激動の時代を生き抜くために彼らが常に参照点としたのは、すでに述べたように、自らが蓄積してきた経験値・論理であり、その根本にあるのは「対人主義」である。王国の支配組織においては、これは統治する者（王）とされる者との間に成立する関係性であり、王はその「領土」を「自分の支配権を認める首長がいる場所まで」、別の言葉で言えば支配圏（統治圏）として大雑把な感覚で認識していた。この場合、臣従する首長らと王との物理的距離は全く問題にされず、王に近い土地に居住する首長が彼に服しているとは限らず、また逆に遠距離の首長がその王に臣従していることもあり得たのである。したがって、私たちが常識としている「王国は境界票と境界線で明確に区切られた面としての領土を持っている」という概念は、この場合当てはまらないのである。マヤの王たちの支配圏（統治圏）には「飛び地」、つまり別の王に服す首長が治める集落が入り混じっているというのも、ごく普通の景観であった。また、王は統治する権限を行使するのみで、支配する土地を私有財産として所有することはなかった。しかも、臣従する首長に対しては、様々な形でその要求に応えていかねばならず、威信材の再分配を含めて、彼らを自分の統治下に引き留めておくのに大汗をかかねばならなかった。それができなければ、王は見放されるからである。

この論理を持って、マヤの王族はスペインと接した。スペイン軍が先住民軍の援助を要求してきたら、相応の「見返り」を要求したし、それが得られないとわかると、いとも簡単に離反したのである。また、スペイン国王と「直接交渉」するのも彼らにとっては当然のことで、「中間官吏」である総督に対する指揮・命令権を有するからであった。スペインとユカタンを隔てる大海原も、まったく問題とはならなかった。国王と自分たちの政治的関係性が最も重要な法的根拠なのであり、物理的距離は関心の埒外《らちがい》に置かれたからである。その結果特権を得ることができれば、国に帰ってそれを誇示し、自らの地位を保全することができるという目論みなのだった。事情さえ許せば、かつてテオティワカンの時代（紀元前二世紀から紀元後六世紀）、あるいはマヤパンの時代（一三世紀から一五世紀）にそうしたように、できれば、スペイン王の元に、「駐在員」を常駐させたかもしれないのだ。国王の意向を捉え、それをいち早く情勢説明とともに本国に伝えて王の判断を仰ぐためである。これは、その長い歴史の中でマヤ王族のみならず、メソアメリカ全域の王族が古くからやってきた政治権力への対処方なのであった。

こうして、マヤ王族はスペイン人の到来と新しい王国支配の確立という荒波を乗り切ろうとした。彼らは期せずしてグローバル時代に柔軟に対応したというべきだろう。しかし、一六世紀後半以降、王族は先住民社会における政治的地位を失い、ユカタン総督府領内という枠の中で、別の形でスペインをはじめとする西欧との関連を持ちつつその後を過ごしていくことになる。その物語については、稿をあらためて論じることにしたい。

参考文献

大越翼「マヤ人から見たスペインによる征服と植民地支配」『岩波講座　世界歴史14　南北アメリカ大陸〜一七世紀』岩波書店、二〇二二年、一四一－一六九頁。なお本書に収録されているその他の論考もこの時代を考える上に参考になる。

コラム④　新大陸の南北両古代文明圏に挟まれた中間領域における考古学の公共的役割と課題

南　博史

はじめに

二〇二三年一二月、京都外国語大学ラテンアメリカ研究センター主催で行われた研究講座「潮と風に運ばれた人々――ラテンアメリカ世界を巡る『グローバル経済圏』の形成と変容を考える」において、筆者は「コスタリカ太平洋側南部を中心とした古代のモノの交流――古代メソアメリカと古代アンデスをつなぐ川と海の道」を発表した。古代メソアメリカと古代アンデスの文明圏に挟まれた中間領域の古代社会を明らかにする学術調査の取り組みとして、コスタリカ太平洋側オサ半島南部をドゥルセ湾に向かって流れるティグレ川流域の遺跡を紹介し、太平洋側の海と川を介した南北交流の拠点としての重要性を解説した。

そして、ニカラグアやコスタリカなど中間領域に含まれる国々が抱える地域課題の解決のために取り組む考古学の公共的役割（たとえば遺跡の観光開発がもたらす周辺地域への社会的影響、あるいは住民への経済的還元など）を明らかにした。

１　中間領域の古代社会の解明に向けた考古学の取り組み

新大陸の古代メソアメリカとアンデスの文明圏に挟まれた中間領域では、中央集権的な体制ができあがっていた南北の古代文明圏とは異なり、長く首長制社会にとどまっていたとされていたが、その社会が具体的にどのようなものだったのかについては十分に明らかにはなっていない。なぜならば、中間領域の遺跡・遺構・遺物の考古学情報の蓄積が少なく、さらに、調査研究や分析の方法、考古学を研究する機関や施設、人材も古代文明の中心にあるメキシコやペルーなどに比べて遅れており不足しているからである。そもそも自国民や地域住民にとって遺跡や先住民文化に対する認知度も低い。ピラミッド神殿など誰もが見てわかる古代の建造物がなかったこと、高温多湿のジャングルなど熱帯性気候がもたらす居住環境の劣悪さに対するイメージ、さらにスペイン植民地時代以降、先スペイン期の歴史・文化が国の歴史の文脈から切り離されたことも大きな原因である。

最近になって、中間領域に含まれるニカラグア、コスタリカでは大学や博物館が地道な現地調査を行っている。たとえばニカラグア国立自治大学の考古学情報機関では、サグラリオ・バジャダレス女史をリーダーに数名の考古学研究者が、国内の遺跡・文化財の調査研究を実施している。また、コスタリカではコスタリカ国立大学人類学研究所やコスタリカ国立博物館で考古学の調査が行われている。とくに国立博物館では研究員のフランシスコ・コラレス氏を中心に、コスタリカからパナマ、コロンビアにかけて居住した先住民チプチャの文化を対象とした考古学調査を継続的に実施しており、南米アンデス文明と中米の古代メソアメリカ文明をつなぐルートとしての中間領域の研究に重要な資料を考古学界に提供している。

中間領域に含まれるエクアドルのバルディビア文化（紀元前四〇〇〇～三五〇〇年頃）では新大陸で一番古い土器が発見されている。また、カボチャやジャガイモなどの栽培植物の原産地でもある。つまり当該地域は後氷期以降、人類が新大陸へ進出するルート上にあって、新大陸初期の文明の発生や南北の交流に何らかの役割を果たしていたと思われる。

さらに中間領域の自然環境、地理的環境を背景として、西から東へ太平洋側、内陸部、カリブ海側、島嶼地域それぞれに多様な地域社会が形成され、それぞれが海と川の交流でつながり共生していたと考えるのが妥当である。たとえば、古代メソアメリカ文明の威信材であるヒスイやそれに類する石材が、カリブ海側で活発に移動していたことが石材の原産地分析をもとに実証されている。

こうした研究の背景をもとに、筆者は地理学的に地中海と定義されるメキシコ湾とカリブ海と島嶼地域、これに面する中間領域の海域をアメリカ地中海と定義し、新大陸における人類の移動と定着、文化の発展にアメリカ地中海における海や川を通した交流に関する研究の重要性を指摘している。

2　中間領域諸国における地域課題の解決に向けた考古学の公共的役割

二〇一三年、ニカラグアにおけるプロジェクト・マティグアスを開始した。プロジェクトの調査地は、ニカラグア北部マタガルパ県マティグアス郡にある。この地域は、エルサルバドルやホンジュラスへ続くキラグア山の南東裾部にある。プロジェクト・マティグアスは、このキラグア山の西麓に位置するラスベガス遺跡の考古学調査とそれらの成果を地域社会の課題の解決に活かす「考古学と博物館を仲介者とする実践的地域研究」である。

プロジェクト・マティグアスにおいても、遺跡近辺にあるティエラブランカ村の小学校を拠点として、村民に対してプロジェクトの主旨を説明し、その成果を地域に還元するためにコミュニティミュージアムを作るという目標を掲げた。ちなみに筆者は、コミュニティミュージアムは地域課題の解決のために、地域の遺跡や文化財を活かした博物館を住民が主体となって設置、運営する博物館と定義している。

具体的には、発掘調査を行う度に、現地説明会、発掘調査の成果報告とともに、こうした考古学情報を地域の課題解決に役立てることの重要性とその活動としてコミュニティミュージアムの役割を説明し、住民の方々と意見交換のためのワークショップを開催した。

そうした活動を通して、住民の遺跡や遺物に対する関心度が増加し、文化遺産を村の子供たちの教育に活かす、あるいは観光客を誘致するという意見が出てきた。さらに地域の文化財を守る必要性の指摘もあった。

こうした成果から、ニカラグアや中米に多くみられるコミュニティミュージアムに対して、コミュニティの身近にある遺跡の学術的成果を地域課題の解決に生かす考古学の公共的役割の重要性を広く説くことができると考えている。なお、プロジェクト・マティグアスの成果として、現在マティグアス市内において地方政府、教育機関、さらには国内の大学をカウンターパートとして、学校と住民が主体となった学校コミュニティミュージアム構想を提案、実現に向けて現地の日本大使館や日本の国際協力機構（ＪＩＣＡ）との協働を始めている。

3　コスタリカ太平洋側オサ半島の考古学学術調査とプロジェクト・リオティグレによる公共活動

プロジェクト・リオティグレは、コスタリカ太平洋側オサ半島南部をドゥルセ湾に向かって流れるティグレ川流域の遺跡や遺跡をとりまく自然環境の調査・保全・活用を通して地域課題の解決に取り組む住民主体の活動である。古代の地域社会解明のための考古学研究であり、当該地域に暮らす人々が抱える社会的経済的地域格差問題の解決に向けた取り組みである。熱帯雨林に覆われた自然環境やその中に密かに眠る遺跡や遺物として残る文化遺産を発見、保護・活用し、未来に引きつぐ。

（1）プロジェクト・リオティグレの考古学的背景

コスタリカを馬が跳躍する姿ととらえると、後ろ足の部分に相当するのがオサ半島である。コスタリカ南部太平洋側プンタレナス州に属し、パナマと国境を接する。オサ半島には有名な世界自然遺産コルコバード自然公園が位置する。調査地であるティグレ川は、オサ半島中央部からドゥルセ湾に流れ込む長さ十数キロの小河川である。紀元後三世紀～八世紀のブガバ、ケブラダス期、八世紀～一六世紀のチリキ期を中心とした遺跡が点在することが国立博物館の事前調査によって明らかになっている。

この地域のもっとも重要な学術的な価値は、古代からの金の産出地であることにある。コスタリカでは、両古代文明の威信材であるヒスイと金が同時に発見されており、この地域の金は、ティグレ川からドゥルセ湾を経由、コスタリカだけでなくパナマ、南米へも運ばれていた可能性も示している。ティグレ川カンタレロ遺跡の最新の調査では、パナマ系土器にあわせて、ニコヤ半島（跳躍する馬の前足にあたる）地方の土器も出土している。ちなみに、ニコヤ地方特徴のニコヤ式土器は、古代メソアメリカ文化圏東部に運ばれていることが知られており、オサ半島を中心としたコスタリカ太平洋側南部が、中間領域において「金産地」を背景に、南北の両古代文明地域と直接間接的な関係を持ちつつ独自の文化を成立させていた可能性を示している。

（２）プロジェクトが目指す観光政策

コスタリカ国立博物館では、オサ半島東側ディキス地方にある「ディキスの石球のある先コロンブス期首長制集落群」がコスタリカ初の世界文化遺産に登録されたことをきっかけに、遺跡に博物館、世界遺産センターを整備し、見学者への情報提供にあわせて、文化財保護と活用のために地元住民を対象とした教育プログラムを実施、観光関連企業などへの雇用機会を増やす試みも行っている。

その理由は、経済的地域格差の解消が喫緊の国家課題になっているからである。そもそも南部地域は、バナナ農園やパイナップル農園のように外資プランテーションとモノカルチャー経済に依存しており、「多様なアクターが協調しあって地域の新たな発展のあり方をめざすための制度が機能するには、歴史的な制約が強い」貧困地域である［狐崎知己 2014：218］。さらに、最新のジニ指数はＯＥＣＤ三六ヶ国のなかでもっとも高い数値となっており、都市部との深刻な地域格差を生み出している。

こうしたなかで今回取り組む地域は、ティグレ川流域の遺跡群と周辺のコミュニティによる地域観光開発を目指している。ティグレ川上流（ドスブラソス観光案内所がある）はコルコバード自然公園に繋がっており、川沿いの遺跡を整備して自然公園に集まる観光客を誘導、観光産業の育成など地域への経済的支援に繋げたいとの提案を受けた。

提案があった川沿いのガジャルド村では、住民による「開発委員会」があって、近隣のカンタレロ遺跡の保全活動を行いながら、コミュニティが主体となって観光事業に取り組むことを模索している。その理由の一つは、古代からの金の産出地であるこの地域では、カンタレロ遺跡を含め不法盗掘が横行しているからである。こうした盗掘は住民の安全にも影響があり、できるだけ早く遺跡を活用した観光プログラムの開発を希望している。

まとめ

プロジェクト・リオティグレでは、コスタリカの喫緊の問題である国内の経済や社会的格差を抱える当該地の貧困問題解決に向けて、コミュニティ住民と協働し、地域のアイデンティティの形成、遺跡・遺物の文化遺産、および地域をとりまく自然環境の保護と活用を目的としたコミュニティミュー

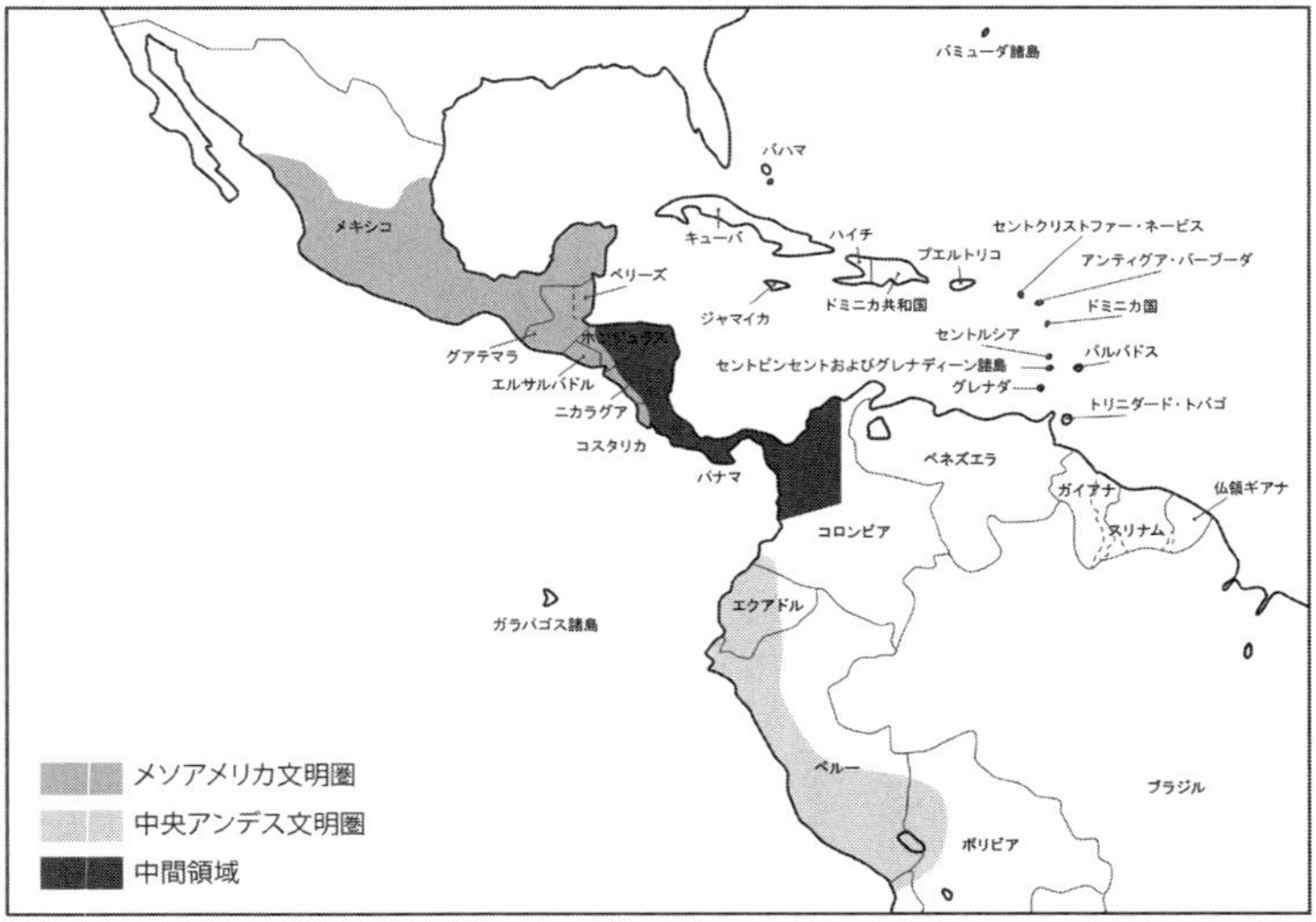

図１　新大陸古代文化圏地図（作成：川嶋まどか）

ジアムづくりを通して、持続可能な観光開発に向けた基盤づくりを目的とした実践的研究を進める。

今回、事例としてあげたコスタリカとニカラグアは、政治体制も異なるし経済力の違いも大きい。たとえばニカラグアの一人当たり総所得が二二七〇米ドルに対し、コスタリカでは一万二四〇〇米ドルである。しかしながら、考古学の研究成果を地域課題の解決に活用する公共政策的取り組みがそれぞれの国が抱える問題の解決に役立つことは共通している。さらにコミュニティミュージアムが多くみられる中米諸国においては、地域の遺跡、文化財を活用したコミュニティミュージアムが、地域問題の具体的な解決の施設・活動に繋がることも示唆している。

一方、考古学の立場からみると、南北の両古代文明の解明とともに発達した考古学とは異なり、中間領域では地域課題解決のための公共的活動を通して考古学を発達させていくことが可能である。さらに従来の縦割り的な学問分野を横断して、考古学を中心として地域課題の解決に実践的に取り組む総合政策科学研究を発展させていくことができれば、当該地域が、中米のみならず新大陸、さらには世界が面している多様でグローカルな課題の解決に向けた先駆的研究地帯になる可能性もあることを指摘したい。

参考文献

狐崎知己「コスタリカにおける地域格差と新たな農村開発戦略」『岐路に立つコスタリカ――新自由主義か社会民主主義か』（アジ研選書三六）日本貿易振興機構アジア経済研究所、二〇一四年、一八四頁。

南博史「先スペイン期アメリカ地中海の交流に関する考古学的研究」大越翼編『京都外国語大学ラテンアメリカ研究所の現在』京都外国語大学ラテンアメリカ研究所、二〇二一年、五-二〇頁。

コラム⑤　一九世紀日本人漂流民小史
――帰国できた者、できなかった者

牛島　万

漂流民とは帆船の時代に、嵐や台風などの荒天によってうまく舵を取ることができず、自らの意思に反して未踏の地に流れついた人々のことである。つまり、漂流は自分の意思ではないこと、また自然災害に対して人類が発明した文明の利器である科学技術が太刀打ちできなかったことを意味する。そこで重要なことは、この事実を伝えるためには生存者とその救助者の存在が必要なことである。換言すれば、そのいずれかがいない場合、それは歴史の記録として残らないことを意味する。もっと端的に言えば、いくら生存者がいても太平洋上の離島に漂流すると、外国船の援助でもなければ帰還できず、それを伝えることもできないのである。ところが、どうして一九世紀にこれだけ多くの漂流体験の記録があるかといえば、おそらく一九世紀の太平洋上の通常の航路でないところでも操業していた米国の捕鯨船のおかげではないかと考える。つまり、救助されたために、漂流民が「歴史」の一幕を構成するための情報を後世に残すことができたのである。

第六章で取り上げた栄寿丸の一三人の乗組員全員がマニラの密輸船エンサーヨ号に救助され、そのままメキシコへ連れていかれたことは偶然であったかもしれないが、誰一人たりとも途中で死亡者を出さずに「航海」に成功した稀有な事例となっている。そして、帰還する者とそうでない者を生み出した。帰還した善助はのちに井上姓を名乗って、井上善助となった。初太郎は長尾初太郎を名乗った。ともに武士として抜擢された。ペリーが浦賀に来航した一八五三年、善助は同郷で栄寿丸の乗組員だった弥市とともに、幕府によって召喚されている。

ところで漂流民を助けてくれたのは帰着するまでの道中で出会ったさまざまな人たちであった。この中には同じ日本人漂流民の存在があった。善助と初太郎はマサトランからマカオに向けて出航する船に便乗したが、途中、ハワイ（サンドイッチ諸島）のホノルルに寄港する。そこには土佐出身の漂流者の伝蔵、重助、寅右衛門、五右衛門の四人がいた。彼らもまた帰国のチャンスをそこで待ち望んでいた。一八四一年（天保一二年）一月五日、土佐国高岡郡宇佐浦（高知県土佐市宇佐町）を出帆した五人乗りの魚船が遭難して鳥島に漂着した。五ヶ月のちに五人全員が米国の捕鯨船ジョン・ハウランド号によって救出されたが、同船は一八四一年一一月にホノルルに入港し、当時一四歳の万次郎（のちの中浜万次郎、ジョン万次郎）だけが同捕鯨船に残り、前述の四人はホノルルで下船した。そして翌年の一八四二年に、彼らはホノルルで善助と初太郎に出会うのである。このときに土佐の四人が善助と初太郎の船に便乗しようとしたが、それは叶わなかった。一八四五年一月、重助が死亡。同年一〇月に万次郎が一度ホノルル入りして三人と会うが、万次郎はほどなく捕鯨船に乗ってそこを離れた。捕鯨船員として大西洋と太平洋をまたにかけて航海したのち、カリフォルニアの金鉱で働き、再び彼らが出会うのは一八五〇年に、万次郎が再びホノルルに戻ってきたときであった。この年の九月には万次郎を含めた四人が天寿丸の虎吉ら五人に会っている。天寿丸とは、一八五〇年（嘉永三年）一月に紀伊国日高郡薗浦（和歌山県御坊市薗）の一三人乗りの商船で、江戸から上方へ運航中に伊豆沖で遭難。四月に北緯四五度、東経一五五度の洋上で米捕鯨船ヘンリー・ニーランド号によって救助された。乗組員一三人中、長助ら六人はロシア捕鯨船マレンゴ号へ、二人が米捕鯨船ニムロッド号に移された。ヘンリー・ニーランド号の船頭虎吉を含む五人が九月にホノルルに入港すると、まもなくニムロッド号の二人もホノルルへ入港した。マレンゴ号の六人はペテロパウロフスク（カムチャッカ半島南東部）やアヤン（ハバロフスク地方）を経てシトカ（米アラスカ州）に送られ、のちにニムロッド号の二人と合流。そのうち一名は病死した。最終的に、一八五二年（嘉永五年）六月二四日、ロシアのメンシコフ号は下田に入港し、この七人を引き渡そうとしたが、幕府はこれに応じなかった。そのため、二九日、下田から数キロ離れた伊豆中木に七人は二隻の小舟で上陸したのである。

一方、一八五〇年一一月一五日、コッヘシ号という清国行きの船があるので、クラーク船長の計いで天寿丸のヘンリー・ニーランド号に乗船していた五人が乗船を許可されたが、またしても万次郎らは乗船を認められなかった。コッヘシ号は一八五一年（嘉永四年）二月四日に香港に着いた。すると、その地で庄蔵に出会う。庄蔵とは、一八三五年（天保六年）一一月に肥後国飽託郡川尻の四人乗りの漁船が漂流し、ルソン島に到着したが、その漂流民の一人であった。マニラからマカオへ送られ、尾張の宝順丸の漂流者とともに米商船モリソン号で日本に来航したが、江戸湾や鹿児島湾で砲撃を受けて帰国を断念せざるをえなかったのである。それ以来、これらの者はマカオ、香港、上海などに留まり、そこにたどり着いた日本人漂流民の世話をしたことがわかっている。しかし、のちに日本に帰着する天寿丸の五人はこの庄蔵と出会った話について頑なに口を閉ざした。このケースに限らず海外で居住し続けて帰国を断念した元の漂流民のことが詳しく語られることは少なかった。一八四二年（天保一三年）に、庄蔵は、同じ肥後船の船員である寿三郎と熊太郎とともに、マカオの宣教師サミュエル・ウェルズ・ウィリアムズ（ペリーの来航に通訳として同行した）の家に居候していたが、ここで加賀船松徳丸の漂流者宗七と弥三兵衛に出会い、一八四三年（天保一四年）には同じくウィリアムズの家で栄寿丸の初太郎に会っている。

一八四三年に善助が帰国の途中に寄ったとされる上海では尾張船宝順丸の漂流民であった音吉の世話になった。このような日本への帰還を断念した者に関する情報が語られることが少ない理由として、長期の外国在留で結婚して家族を持ち、キリスト教に改宗していることも少なくなく、さらには日本に残された家族に迷惑がかからないように配慮がなされたからである。加えて当時、漂流して戻ってこないと多くの場合は死亡したものとみなし早々と葬式を行ったらしい。音吉も先の米商船モリソン号で日本に来航したが、砲撃を受けて生涯日本に帰国できなかった漂流民の一人であった。宝順丸の岩吉と音吉は一八四四年（天保一五年）に寧波で栄寿丸の玄之助、儀三郎、太吉に会った。儀三郎は寧波でイギリスの役所で働くことを選択し、日本への帰国を断念した。また音吉自身は、イギリス軍艦マリナー号で一八四九年（嘉永二年）五月二九日に江戸湾に来航し、下田で入港し、通訳を務めている。しかし、音吉は帰還しようとはしなかった。庄蔵は一八五一年（嘉永四年）三月に香港で紀伊船天寿丸の虎吉ら五人の世話をしている。虎吉らは前年九月にハワイでジョン万次郎らに会っている。

一八五一年六月には虎吉らは香港で音吉に会っている。

さて天寿丸の五人はマカオからマニラへ、さらにマニラから上海へ行った。上海では音吉の世話になった。そこから乍浦に着いた。一八五一年一二月、五人は清国船で長崎に入港し、長崎奉行所（立山役所）に召し出され、踏み絵や取り調べが始まった。一八五〇年にホノルルで会った土佐の伝蔵、五右衛門、万次郎の三人もそこにいたのである。このときに、土佐の寅右衛門は現地の女性と結婚していたので帰国を断念した。残り三人はサラ・ボイド号で上海に向かい、その後入港しやすい琉球に来て万次郎自らが購入した小舟で上陸した。琉球は薩摩藩の管轄であったので、まずは鹿児島へ連行され、その後長崎の揚り屋に収容された。

１　イギリス軍艦で地球を一周した漂流民

一八三二年（天保三年）一〇月、尾張国知多郡小野浦（愛知県知多郡美浜町小野浦）の宝順丸の一四人乗りの商船が遠州灘で漂流。一四人中一一人までが栄養失調による壊血病で漂流中に死亡する。岩吉、久吉、音吉は翌年、北米のワシントン植民地フラッタリ岬付近に漂着した。彼らはインディアンによって保護されたが、自由のない過酷な環境に置かれていたとも言われている。ハドソン湾会社がこの三人をインディアンから引き取った。岩吉は二八歳だったが、久吉と音吉は十代半ばの少年であった。一説には、日本を開国させるために音吉たちを利用しようと考えていたようだ。そこでイギリス軍艦イーグル号でまずハワイに行き、そこからロンドンに連れていかれた。ロンドンに上陸を認められたはじめての日本人であったと言われている。その後、ロンドンから喜望峰を経由し、マカオに送られた。結局のところ、イギリス政府は日本との交渉に積極的ではなかった。マカオで肥後船の庄蔵ら四人と会う。ドイツ人宣教師ギュツラフは音吉、省吉、久吉の三人を引き取り、日本語を学び、最古の新約聖書の日本語版を出版している。一八三七年（天保八年）、米貿易商のチャールズ・キングとその夫人、先のウィリアムズ宣教師らが手配した米国商船モリソン号でこれらの七人の漂流民を乗せて那覇に入港。当港からギュツラフが同船に乗り、船は江戸へ向けて出航したが、江戸湾で砲撃を受けて退散し、さらに鹿児島湾でも同様で、結局は入港できず中国に引き返した。音吉は一八五四年の日英和親条約の締結の際に通訳として、二度目の来日を果たしている。しかし、帰還しようとはせず、異国の地で骨を埋めたのである。

一八六七年（慶應三年）一月、シンガポールで音吉は五〇歳の生涯を閉じた。父の遺志を引き継ぎ、息子のウィリアムは一八七九年（明治一二年）に来日し、山本乙吉に改名し、日本人の近藤りんと結婚した。その後、家族とともに台湾に移り住み、そこで亡くなっている。

2　ホーン岬を通過した米捕鯨船に乗った漂流民

ホーン岬を通過して大西洋と太平洋をまたにかける海路はスペインやイギリスが早くから手掛けてきたものだ。しかし米国はこれに遅れること、一七八〇年頃から広東との交易を始めたが、この交易船であったニューヨークのエンプレス・オブ・チャイナ号が帰港すると、これに影響されて造られたコロンビア号が一七九〇年二月、ホーン岬経由で太平洋に出る大航海に出て広東からインド洋を通ってボストンに帰港することに成功した。これはのちの捕鯨業にも影響を与えたのである。

一八五一年（嘉永四年）一二月、三河国渥美郡江比間村（愛知県田原市江比間町）の永久丸が志州沖で漂流。翌年、グアム島の北東三〇〇海里ほどの位置で米捕鯨船アイザック・ハウランド号に救出された。北極海で捕鯨のあと、ホノルルに寄港した。このとき土佐の寅右衛門が通訳をした。ホノルルで岩吉、善吉は米国船で釜山へ、そこから長崎に送られた。作蔵と勇次郎はそのままアイザック・ハウランド号で働くことになった。太平洋で捕鯨し、ホーン岬を経由して、一八五三年（嘉永六年）四月にニューベットフォード（米国マサチューセッツ州）に着いた。作蔵らはニューヨーク、ボストンを経て、ホーン岬経由でバルパライソ、ガラパゴス諸島、サンフランシスコ、香港まで戻ってきた。香港では庄蔵の世話になった。一八五五年（安政元年）一二月に米軍艦ポーハタン号（蒸気フリゲート艦、一八五四年のペリーの日本再訪の際の黒船の一隻）によって日本に帰着した二人は下田奉行に引き渡された。

漂流当時、二〇代前半であった作蔵と勇次郎は田原藩から武士として取り立てられた。病弱な勇次郎は若くして亡くなるが、作蔵は白井勝蔵と改め、田原藩が建造した順応丸の指揮監督として活躍した。六〇歳で亡くなるまで郷里を離れることはなかった。

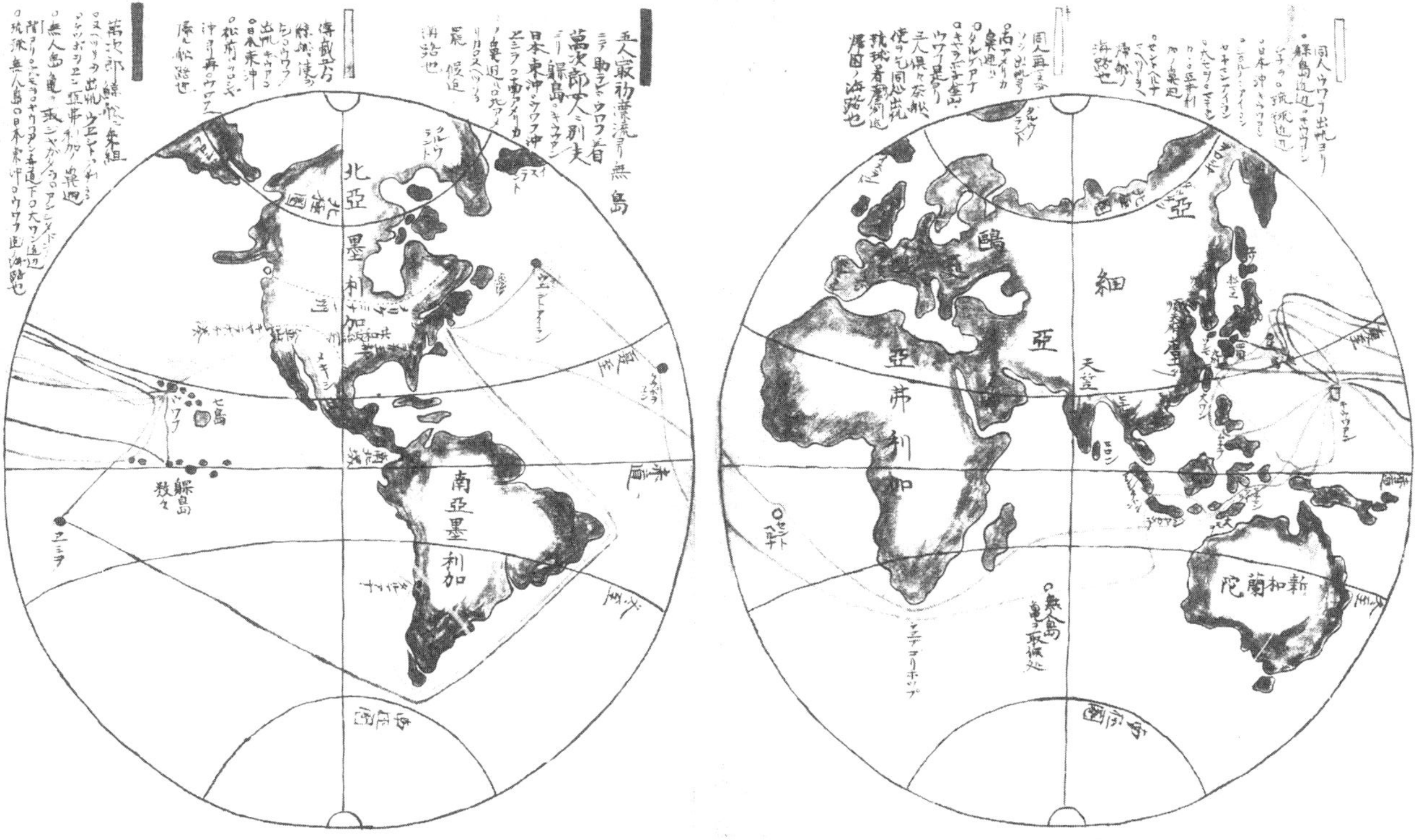

図1　土佐漂流民の世界周航図　出所：『江戸漂流記總集』第5巻［1992：102-103］

3　米国市民権を取得したジョセフ彦

一八五〇年（嘉永三年）九月、摂津国菟原郡大石村（神戸市灘区大石町）の永力丸（栄力丸）が上方へ航行中に大王崎沖で漂流した。一七人は米国船オークランド号に救助され、サンフランシスコに到着した。一八五二年（嘉永五年）に香港行きのセント・メリー号でホノルルに途中寄港するが、一名（万蔵）が病死する。遺体はこの島に埋葬された。一六人は香港で肥後船の庄蔵や力松の世話になった。ところが、亀蔵（亀五郎）、次作、彦蔵（彦太郎）は米国へ戻るという選択をする。長助ら残り一三人は、音吉の支援で脱走し、仙太郎だけが米軍艦サスケハナ号に取り残された。その後、岩吉は乍浦で脱走し、もう一名（安太郎）は病死したため、一〇人は清国船で一八五四年七月に長崎に着いた。

ちなみに仙太郎（サム・パッチ）はサスケハナ号でペリー来航に同行するが、日本上陸を断念して米国へ渡った。バプテストの宣教師であったゴーブルの日本滞在に合わせて、その使用人であった仙太郎は帰国を果たしている。他方、岩吉はのちに小林伝吉に改名し、イギリスに帰化してボーイ・ディアスと名乗った。オールコックが駐日領事に任命されたのを受けて、通訳であった岩吉も日本に滞在する。しかし、攘夷派と思われる侍に暗殺されている。

われわれがここで注目したいのは米国で生きることを選択した彦蔵である。彦蔵はこのとき一〇代半ばの少年であった。この少年はどうして米国を目指したのであろうか。どうやら香港に来たセン

図２　少年時代の彦蔵（サンフランシスコで撮影された 1851 年 14 歳の頃のダゲレオタイプ写真）　出所：Wikimedia Commons

ト・メリー号で彼らの世話役をしていた「トウマス」（トーマス・トロイ）という男性が影響しているようだ。トウマス曰く、香港で一行がしばらく待機していたのはペリーがサスケハナ号に乗船するのを待っていたからである。しかし、一向にペリーが現れる気配がないことに対する不安が募る一方、トウマスがカリフォルニアでの金儲けの話を彦蔵に語っていたようだ。加えて、サスケハナ号での彦蔵らに対する待遇が劣悪で暴力も受けていたので、心労が絶えなかったと彦蔵は『漂流記』のなかで述べている。トウマスはこれに同情し、彦蔵一人では不憫だろうと思ってほかの二人もカリフォルニア行きのイギリス船に乗せ、香港からカリフォルニアへ向かったのである。これも『漂流記』のなかで書かれているが、彦蔵の胸中では、カリフォルニアで働くつもりはなく、イギリス船は日本の近海を通過するので、船長の配慮で日本へ運んでもらえることを期待していたのである。しかし、それはうまくいかなかった。こうして彦蔵は完全に日本に定住する二六歳までの十数年を米国で生活することになったのである。ちなみに、亀蔵と次作はトウマスの世話で別々の奉公先を斡旋されたので、彦蔵とは離れ離れになった。この時（一八五三年〔嘉永六年〕七月）にサンフランシスコに漂着して救助された越後の八幡丸の唯一の生存者であった二〇歳の勇之助（伊之助、菅原良之丞）の通訳をしたのが彦蔵であった。勇之助は日本の開国後すぐに、亀蔵と次作もその後日本に帰還している。

彦蔵の雇用主である「サンドス」（サンダース）という貿易商や金融業を営んでいる富裕者が彦蔵の保証人になって、彼に学校で学ぶ機会を与え、手厚く育てたことが大きい。ボルチモアのカトリック系学校の寄宿舎に住んで学んでいたようだが、彦蔵による『漂流記』のなかで、次のような一節がある。「漂流人にて、歳巳に長じ、言語不通なる故に、一同に学ぶこと能はず、師これを憐みて、一人別に教へ呉れしなり、同塾の小児等、日本の事は万国図志にも、委細記したるものなき故に、新奇におもへるにや、暇ある時に傍らに来り、懇意にはなす、この学校に、正月から六月まで居り、炎暑凌ぎがたきに至り、諸生皆々家に帰り、我もサンドス氏の元にかへる」。このような記述を読むと、時代は違っても異国の慣れない環境のなかで、言語習得に励む日本人の若者の姿に今も昔も違いはない。

またサンダースは彦蔵をサンフランシスコからニューヨークまでの船旅に同行させ、メトロポリタンホテル（一八六〇年〔万延元年〕、日米修好通商条約の批准書を交換するために渡米した、新見豊前守正興の使節団が滞在したホテル）に宿泊し、彦蔵は蒸気船や蒸気機関車などの文明の利器を目の当たりにした。またサンドスの人脈は政界にもつながっていた。同行していた彦蔵は歴代の米国大統領であるピアース、ブキャナン、のちには国務長官スワードの計らいでリンカーンにも直々に会っている。一八五九年、駐日公使のハリスの通訳として日本に帰国している。しかし、思うところがあって、それを辞し、再び渡米した。一八六二年に米国の正式な通訳官として日本に赴任するものの、攘夷派による暗殺事件が多発していることを懸念していたため、役人を辞して貿易会社を起業した。これ以降は日本を永住の地とする。彦蔵は一八五四年に洗礼を受け、すでに米国籍を取得していたので、日本に居住しながらも、ジョセフ・ヒコ（彦）が正式な名前であった。ヒコは自分の浜田家再興のために鋹子《ちょうこ》と結婚し、彼女に浜田家を相続させた。一八六四年（文久四年）、彦蔵は日本で初めての英字新聞を翻訳して『海外新聞』を発行した。また彼は長州藩士の桂小五郎（のちの木戸孝允）、伊藤博文、井上馨らとの交流もあった。大阪造幣局の設立に助力し、大蔵省に入って渋沢栄一のもとで国立銀行の条例の編纂にも従事した。現在、ジョセフ・ヒコは青山霊園の外人墓地に眠っている。

引用・参考文献

（一次資料）
浜田彦蔵『漂流記』一八六三年（京都外国語大学付属図書館蔵）。

（二次資料）
池田皓編『南海紀聞・東航紀聞・彦蔵漂流記』雄松堂、一九九一年。
石井研堂編『江戸漂流記總集』第5巻（山下恒夫再編）日本評論社、一九九二年。
川合彦充『日本人漂流記』文元社、二〇〇四年。
堀元美『帆船時代のアメリカ』上下、朝日ソノラマ、一九九六年。
三浦綾子『海嶺』上中下、角川文庫、一九八六年（改版二〇一二年）。

結び

　ヨーロッパのキリスト教国ポルトガルがアフリカのイスラーム勢力の要塞都市セウタを攻略した今から六一〇年前の一四一五年に大航海時代が始まった。やがて一六世紀から一七世紀にかけて潮と風をたくみに利用してヨーロッパの王国の船乗りたちは未知の大海原を航海し、地球規模のネットワークを構築した。注目したいのは、キリスト教の普遍性を世界に伝えるために一五四〇年に教皇の認可を得て発足したイエズス会の創設者のひとりで初代総長となったイグナチオ・ロペス・デ・ロヨラと、一五四九年に日本へ最初に渡来した宣教師のフランシスコ・ザビエル（シャビエル）である。二人はともにスペイン系バスク人であった。ところで、第1章で取りあげたコロンブスはジェノバ人である。つまり、ポルトガルが先頭に立って導いた大航海時代に、スペイン人やイタリア人らが積極的に参加したのであった。

　さらに、ポルトガルとスペインは、一四九四年のトルデシリャス条約によってヨーロッパ以外の異教徒の世界に対する支配と管轄領域を地球上を二分する形で定めた。しかし一五八〇年から一六四〇年までのスペインによるポルトガル併合によって、スペインが広大な地球規模の支配を実現するにいたった。ところがその併合の結果、スペインとの国境紛争を終わらせたポルトガルは南米のブラジルを、またスペインは南米以外にフィリピンなどアジアの地域の開発の空間的枠組みを確保したのである。のちの開発に有利となったのは、六〇年間のスペインによるポルトガルの併合は民族の自立を破壊するものではなかった点である。この自立を助けたのはイギリスとの関係であった。ポルトガルは大航海時代前の一四世紀後半の一三七三年にイギリスとの間に軍事同盟を結び、一三八六年にはウインザーでイギリスとの永年同盟に署名した。これはポルトガル王ジョアン一世とイギリスのランカスター公ジョン・オブ・ゴーントの娘フィリパを結婚させることで実現した。そしてスペインからの再独立を果たした以後の一六六一年には、ポルトガルのブラガンサ家の王女カタリーナがイギリス王チャールズ二世と結婚することで同盟を強固にしている。さらに一八世紀の重商主義と絶対王政の時代には、ヨーロッパにおけるフランスとイギリスが対立するなかで、ポルトガルはイギリスとの関係を強めて、世界への影響力をかろうじて保ったのである。こうした考察から本書では第1部でポルトガルおよびスペインの、とりわけラテンアメリカをめぐる動きを中心に、大航海時代以降の帆船時代におけるグローバルな歴史を取りあげた。

「世界」に対して、言葉としての「グローバル」が頻繁に用いられるのは二一世紀になってからである。しかし地球規模で多様な民族や文化の価値を認め合う人類の姿は、すでに一五世紀の大航海時代に始まっていた。とくに一六世紀には、カトリックの普遍性をヨーロッパの宣教師らが世界に広めるとともに、多様な言語や価値観を積極的に認め、その土着の文化的価値観との融合にも努めた。冒頭で述べたイエズス会は、ポルトガルでは学問の府であるコインブラに国王の権威を重ね、宗教と政治と学問を背景に積極的な地球規模の経済活動を展開したのである。その一方で、カトリックの理念に反する行為を異端審問によって厳しく処罰する政策を一五三六年から一八二一年まで続けたのも事実であった。この時代には異端審問に基づく残酷な公開処刑が実施されたのである。

「潮と風」の時代の経済活動は、本国の経済的発展のために世界の植民地を利用することを厭わない重商主義政策が中心であった。やがて、イギリスから産業革命がおこり、効率を重視する資本主義は新興階級を誕生させた。それは画期的な工業技術開発による合理的な資本主義にもとづく生産活動のはじまりであった。さらには前の時代から続く植民地での市場と原料や安価な労働力および奴隷制に近代資本主義が支えられることになったのである。

第2部ではイベリア半島の二国の影響力が新大陸、カリブ海、さらには太平洋やアジアに及んで展開したことに着目し、関連の五つのコラムを設けた。ヨーロッパと大西洋を重視する大航海時代を生んだ歴史的要因やグローバル・ネットワークが地域社会に与えた影響について描くことを意図したものである。

今日わたしたちは、ヨーロッパの普遍性を広め発展させた大航海時代とは異なる多様な理念が共存・競合するグローバルな社会に生きている。その混迷する現在を理解するうえで、わたしたちは潮と風の力を掌握して未知の航海に挑戦し、そのネットワークを世界に拡大させ、いわゆるグローバル経済圏の確立を成功させた当時のイベリア半島の民の行動を中心に世界史的視座から考察することを試みた。国王や教会、あるいは政治的エリート層の活動に加えて、とかく「歴史」の対象からこれまで排除されることが多かった奴隷や貧しい社会的弱者にも目を向け、彼らもネットワーク形成の重要な役割を果たしていることを本書では明らかにした。

大航海時代に不可欠な潮と風の知識を利用しつつも、すべての航海者はつねに生命の危険を覚悟して海原を進まなければならなかった。とかく聖職者たちは世界の海をまたにかけ布教に身を投じた。それは自らの信仰する普遍の理念を世界各地に伝えるという使命感にかられていたからにほかならないであろう。時にはその過程で強制かつ暴力的な事態にいたることはなかったとは言えないが、多くの宣教師は現地語を用いて布教活動に身を奉じるのを惜しむことはなかった。本書の中でもその言及がなされている。これはまさに宣教師たちの「言語による世界平和」を実現するための知の姿勢であった。理想論であるかもしれないが、多様な異なる文化を理解し受け入れる親愛の行為は未来のグローバル社会においても有効であると思われる。

西暦	出来事
1845 年	テキサス、米国連邦へ加盟。イギリス、アバディーン法による奴隷貿易をふくむすべてのブラジル船舶の拿捕をイギリス海軍に認可。栄寿丸の伊之助、太吉、弥市の日本帰還
1846 年	米墨戦争の勃発（～ 1848 年）、カリフォルニアのゴールドラッシュ
1850 年	ブラジル、奴隷貿易を廃止するケイレス法を制定。永力丸の漂流
1851 年	永久丸の漂流、サンフランシスコへ帰着
1852 年	ロシアのメンシコフ号来航。八幡丸の漂流
1853 年	米国、貨幣法改正。日本、ペリーがサスケハナ号ら４船で来航、仙太郎やS. ウィリアムズも乗船。八幡丸の唯一の生存者であった勇之助はサンフランシスコに帰着、彦蔵が通訳をする
1854 年	ペリーの再来航。日米和親条約の締結。日英和親条約の締結、通訳として音吉が来航した。永久丸の 10 人は日本へ帰還
1855 年	永久丸の勇次郎と作蔵は米軍艦ポーハタン号で日本へ帰還
1857 年	米国、メキシコ銀を法定通貨から除外
1858 年	日米修好通商条約の締結
1859 年	彦蔵（ジョゼフ彦）、ハリスの通訳として９年ぶりに日本へ戻る
1860 年	ポルトガル、日葡修好通商条約締結
1862 年	米国、リンカーン大統領による奴隷解放宣言（～ 63 年）。彦蔵、領事館通訳として日本へ再び着任
1865 年	アメリカ合衆国で奴隷制廃止
1868 年	キューバ第１次独立戦争「10 年戦争」（～ 78 年）
1874 年	メキシコ、コバルビアス金星観測隊の来日
1886 年	キューバで奴隷制廃止
1888 年	ブラジル、奴隷制廃止（「黄金法」に署名）。日墨修好通商条約の締結
1889 年	ブラジル、陸軍がクーデタ、共和制を宣言、帝制瓦解
1895 年	キューバ、第２次独立戦争開始
1897 年	ブラジル、マナウスにオペラハウス、アマゾナス劇場が完成。榎本武揚によるメキシコ・チアパス州アコンカグアへの移民を実施
1898 年	米西戦争（アメリカ・スペイン・キューバ・フィリピン戦争）の勃発
1905 年	メキシコ、金本位制へ移行
1910 年	ポルトガル、軍人・市民の反乱、共和制成立。メキシコ革命の勃発

出所：編者と疇谷憲洋の作成による。年表の作成に当たり、部分的に以下を参照した。

阿部俊大、合田昌史、立石博高、武藤祥編『スペイン・ポルトガル史研究入門』 山川出版社、2024 年。

歴史学研究会編『世界史年表』第 3 版、岩波書店、2017 年。

西暦	出来事
1812年	スペイン、カディスで自由主義憲法（「1812年憲法」）公布
1814年	スペイン、フェルナンド7世の絶対王政復古により「1812年憲法」停止。オランダ、奴隷貿易の廃止
1815年	「ポルトガル＝ブラジル＝アルガルヴェ連合王国」成立。フランス、奴隷貿易の廃止
1817年	英伯、赤道以北の奴隷貿易を禁じる条約締結
1820年	スペイン、リエゴ大佐のクーデタ、「1812年憲法」復活。ポルトガル、ポルトで立憲革命。スペイン、奴隷貿易の廃止
1821年	メキシコ、スペインから独立、イトゥルビデ帝政、メキシコ領テキサスの入植開始
1822年	ブラジル、サンパウロで独立宣言。摂政ドン・ペドロ、ブラジル皇帝ペドロ1世として即位
1823年	メキシコ、共和制へ移行。米国、モンロー宣言
1826年	英伯、赤道以北以南の奴隷貿易の全面的禁止条約の締結
1829年	メキシコ、奴隷制廃止
1830年	メキシコ、テキサスへの米国人入植の禁止。ブラジル、奴隷貿易の全面的廃止
1831年	ブラジル、ペドロ1世退位、摂政政治へ
1832年	宝順丸の漂流、岩吉、久吉、音吉が翌年北米のフラッタリ岬に漂着
1833年	イギリス、奴隷制廃止宣言
1835年	テキサスの分離独立運動の開始、サンタ・アナ軍総司令官によるテキサス遠征が始まる
1836年	アラモ砦事件、サンハシントの戦い、テキサス共和国の誕生
1837年	ブラジル、バルバセーナ法による奴隷の輸入の禁止。モリソン号の来航事件、庄蔵、音吉らの帰還ならず。米国、貨幣法改正
1838年	メキシコ、フランスと菓子戦争（～39年）
1839年	イギリス、パーマストン法によるポルトガルの奴隷船の拿捕をイギリス海軍に認可
1840年	ブラジル、ペドロ2世皇帝宣言。メキシコからユカタン分離独立（1848年復帰）。メキシコ、リオグランデ共和国の建国と終焉。アヘン戦争（～42年）
1841年	テキサス共和国、ラマー大統領によるヌエボ・メヒコ（ニューメキシコ）サンタフェ遠征。善助ら栄寿丸の漂流。ジョン万次郎らの漁船の漂流。松徳丸、観吉丸の漂流
1842年	栄寿丸がマニラ船に救助され、バハカリフォルニア半島に漂着。メキシコ、サンタ・アナによるテキサス・サンアントニオ遠征。T. ジョンズ提督によるメキシコ領カリフォルニアのモンテレー封鎖
1843年	栄寿丸の善助、初太郎の日本帰還

西暦	出来事
1708 年	マラーター同盟の結成（～ 1818 年）
1720 年	南海泡沫事件
1727 年	ポルトガル、ブラジルにコーヒー栽培伝わる。ブラジルでダイヤモンドの鉱脈発見
1731 年	リスボンで水道橋建設開始（～ 99 年）
1750 年	ポルトガル、ジョゼ１世即位、ポンバル侯の啓蒙専制主義的改革開始（～ 77 年）。スペイン、ポルトガルのブラジル領に関してマドリード条約締結
1751 年	グランパライマラニャン植民地の創設
1753 年	グアラニー戦争（～ 56 年）
1755 年	ポルトガル、ブラジル貿易に携わる「グランパライマラニャン会社」設立。先住民女性との結婚法、先住民解放令。リスボン大震災
1756 年	七年戦争（～ 63 年）
1759 年	スペイン、カルロス３世即位、啓蒙的諸改革に着手。ポルトガル、イエズス会士を追放
1760 年	ポルトガル、ローマ教皇の使節追放、教皇庁との関係途絶（～ 69 年）
1761 年	東インディアにおける現地人差別禁止令の制定
1765 年	米国、独立革命の始まり
1767 年	スペイン、スペインおよびインディアスからイエズス会士追放
1770 年	この頃からブラジルの金産出量、激減
1774 年	ポルトガルの異端審問所の再編、国王裁判所としての機能強化
1776 年	米国、独立宣言
1777 年	ポルトガル、マリア１世即位、ポンバル侯失脚
1780 年	第４次英蘭戦争（～ 84 年）
1785 年	フィリピン会社の設立
1789 年	ブラジルで独立を求める「ミナスの陰謀」発覚。フランス革命。米商船コロンビア号、ホーン岬経由で太平洋からインド洋、大西洋をへて米国へ帰港
1791 年	ハイチ革命の勃発
1804 年	仏領サンドマング、独立してハイチとなる
1807 年	フランス軍の侵入に対し、ポルトガル王室、ブラジルに退避。イギリス、奴隷貿易の廃止。米ジェファーソン大統領、国内の銀貨鋳造を禁止
1808 年	ポルトガル王室、リオデジャネイロに到着。スペイン独立戦争の勃発。ナポレオンの兄ジョセフがスペイン王に即位。米国、奴隷貿易の廃止
1810 年	ポルトガル、イギリスと通商友好条約締結
1811 年	フランス軍、ポルトガルから撤退。ベネズエラ、独立宣言を発し、シモン･ボリーバルの独立運動始まる。以後、スペイン領各地で独立国家が成立する

西暦	出来事
1612年	日本、キリスト教禁教令の発令
1613年	慶長遣欧使節、支倉常長、ソテロらサンファン・バウティスタ号で月の浦を出航（～20年日本へ帰還）
1614年	オランダ、ニューネーデルラントの建設
1618年	「三十年戦争」開始（～48年）
1621年	スペイン、オランダとの戦争再開。ポルトガル、マラニャン植民地の創設
1623年	アンボイナ事件
1624年	日本、スペイン船の来航を禁止し国交断絶（～1868年）。オランダ、台湾南部の支配（～1862年）
1630年	スペイン、この頃から新大陸の銀産出量激減。オランダ、ブラジルのレシーフェの支配（～54年）
1635年	フランス、スペインに宣戦布告（～1659年）
1637年	ペドロ・テイシェイラによるアマゾン探検の開始
1639年	スペイン海軍、ダウンズの海戦でオランダ海軍に敗北。徳川幕府によりポルトガルと日本の国交断絶（～1860年）。フランシスカナ入植地の設立
1640年	ポルトガルのスペインに対する独立反乱でブラガンサ公爵即位（ジョアン4世）、ブラガンサ朝成立
1649年	ポルトガル、ブラジル総合会社設立（～1720年）
1650年	ポルトガル、この頃からアジアの貿易拠点を喪失。
1651年	イギリス、航海法（航海条例）を発令
1652年	第1次英蘭戦争（～54年）
1654年	ポルトガルのジョアン4世、イギリスとの連携強化
1658年	オランダ、セイロン支配（～1769年）
1661年	ポルトガルの王女カタリーナ、イギリス王チャールズ2世と結婚。ポルトガル、オランダと和平条約（ハーグ条約）締結
1665年	第2次英蘭戦争（～67年）
1668年	スペイン、リスボン条約でポルトガルの独立を承認。日本、オランダへの銀の輸出を禁止
1672年	第3次英蘭戦争（～74年）
1693年	ポルトガル、ブラジルで金鉱発見
1694年	イングランド銀行の設立
1700年	ハプスブルク朝スペインの断絶、ブルボン朝スペイン成立
1701年	スペイン継承戦争勃発（～14年）
1703年	ポルトガル、イギリスとメシュエン通商条約調印
1706年	ポルトガル、イギリスに協力し、マドリードに侵入。ポルトガル、ジョアン5世即位

西暦	出来事
	ドの首都に
1520年	マゼランがマゼラン海峡を通過
1521年	エルナン・コルテス、アステカ帝国の征服
1532年	ポルトガル、ブラジルの植民開始
1533年	フランシスコ・ピサロ、インカ帝国の征服
1534年	イグナシオ・ロヨラ、フランシスコ・ザビエルらとイエズス会創設
1536年	ポルトガルのジョアン3世、異端審問所を導入
1540年	ジョアン3世、イエズス会を招聘
1542年	スペイン、「インディアス新法」公布
1543年	3人のポルトガル人、種子島に漂着
1545年	ペルー副王領ポトシで銀の大鉱脈発見
1549年	フランシスコ・ザビエル、鹿児島上陸。ポルトガル、ブラジルに総督府設置
1557年	ポルトガル、中国明王朝よりマカオを貸借
1559年	ポルトガルのエヴォラにイエズス会の大学創設
1560年	ゴアに宗教裁判所が設立される
1561年	スペイン、マドリードに宮廷を固定
1565年	ウルダネタ、フィリピンからメキシコへの航路を発見。マニラ・ガレオン貿易の成立
1568年	オランダ（ネーデルラント）の独立運動「八〇年戦争」（～1648年）
1570年	この頃からブラジルでアフリカからの黒人奴隷輸入増大、ポルトガルで日本人奴隷化禁止令を発布
1571年	スペインがマニラを建設。長崎、ポルトガル商船の寄港地になる
1572年	ポルトガル、カモンイスの叙事詩『ウズ・ルジアダス』出版
1577年	フランシス・ドレークのマゼラン海峡通過、世界周航（～80年）
1578年	北アフリカのアルカセル・キビールの戦いでポルトガルが大敗、セバスティアン1世戦死
1580年	スペインのフェリペ2世がポルトガル王フィリペ1世として即位宣言（翌年、承認　～1620年）
1581年	ネーデルラント独立宣言
1582年	天正遣欧少年使節（～90年）
1588年	スペイン「無敵艦隊」、イギリス艦隊に敗北
1596年	サンフェリペ号の土佐へ漂流
1598年	リスボンでペスト（黒死病）が広まる。ポルトガル、オランダとの戦争開始（～1663年）
1602年	オランダ、東インド会社の設立
1605年	スペインのセルバンテス、『ドン・キホーテ』前編を発表
1609年	サンフランシスコ号の房総御宿沖での座礁

「潮と風」と帆船の歴史年表

西暦	出来事
1303年	ポルトガルのディニス王、イギリスのエドワード2世と貿易協定
1337年	百年戦争（～1453年）
1340年	ポルトガルとスペインのカスティーリャの連合軍、サラードの戦いでイスラム王朝のマリーン朝・ナスル朝連合軍に勝利
1348年	イベリア半島でペスト流行、人口が大きく減少
1375年	ポルトガルでセズマリア法の公布、農民の移動を厳しく制限
1385年	ポルトガル、コインブラのコルテスでドン・ジョアンを国王に選出（ジョアン1世）。アヴィス朝成立
1386年	ポルトガル、イギリスとウィンザー条約締結
1415年	ポルトガル、北アフリカのセウタを攻略。ポルトガルの大航海時代の始まり
1420年	ポルトガルの「航海者」エンリケ親王、キリスト騎士修道会総長に就任
1424年	エンリケ、カナリア諸島に遠征隊を派遣
1427年	ポルトガル、アソーレス諸島に到達、植民開始
1441年	ポルトガルによる西アフリカ沿岸踏査活発化。アフリカ西岸における奴隷獲得の開始
1455年	ポルトガルのアフォンソ5世、ローマ教皇から大勅書を獲得し、西アフリカでの布教と貿易の独占権を得る
1479年	スペインの誕生（カスティーリャのイサベル1世とアラゴンのフェルナンド2世の婚姻による）、コロンブスとフェリパの結婚
1482年	ポルトガル、アフリカのギニアにサン・ジョルジェ・ダ・ミナ（エルミナ）商館を設立
1485年	コロンブス、息子ディエゴを連れてポルトガルを去る
1486年	ポルトガル、リスボン奴隷局の設立
1488年	バルトロメウ・ディアスが喜望峰回航に成功
1492年	スペイン（カスティーリャ）、グラナダ陥落、レコンキスタの終結。ユダヤ教徒にカトリックへの改宗令公布。サンタ・フェ協約。コロンブス、スペインのイサベル1世の支援を得てアメリカ大陸へ到着、第一回航海
1493年	コロンブスの第2回航海（～96年）
1494年	トルデシリャス条約で、ポルトガルとスペインの海外領土境界線が確定
1495年	ポルトガルのマヌエル1世、即位と同時にキリスト騎士修道会総長に。海外領の所有権を確保
1496年	ポルトガル、ユダヤ教徒へ改宗令
1498年	ポルトガルのヴァスコ・ダ・ガマ、インドのカリカット到着。コロンブス、第3回航海（～1500年）
1500年	ポルトガルのカブラル艦隊、ブラジルに到着
1502年	コロンブス、第4回航海（～04年）
1510年	ポルトガルのインド総督アルブケルケ、ゴアを占領。ポルトガル領イン

「潮と風」と帆船の歴史年表

西暦	出来事
前4000～3500年頃	エクアドルのバルディビア土器文化（アメリカ大陸最古のものとされる）の始まり
前1000年	ケルト人、イベリア半島に到来
前205年	ローマ、イベリア半島に属州ヒスパニア設置
前155年	ルシタニア人の反乱（～前136）
前19年	カンタブリアを征服し、ローマのイベリア半島支配完成
前16-15年	アウグストゥス、ヒスパニアを3属州に再編
411年	スエヴィ族、イベリア半島北西部に侵入し王国建設
415年	西ゴート族、イベリア半島に侵入
418年	西ゴート王国建国
585年	西ゴート、スエヴィ王国併合
587年	西ゴート王、カトリックに改宗
8世紀頃	チチェン・イッツァの繁栄（～12世紀頃）
711年	イスラム教徒の半島侵入、西ゴート王国滅亡
718年	イベリア半島北部にアストゥリアス王国成立
722年	イベリア半島でコバドンガの戦い。レコンキスタ運動開始
9世紀頃	ウシュマルの繁栄（～10世紀頃）
910年	スペインのレオン王国成立
1037年	スペインのフェルナンド1世のもとで、カスティーリャ＝レオン王国成立
1096年	ポルトガルのポルトカーレ伯領とコインブラ伯領が統合され、エンリケ・デ・ボルゴーニュがポルトカーレ伯となる
1128年	ポルトガルのアフォンソ・エンリケスがサン・マメーデの戦いで勝利
1139年	オーリッケの戦いでアフォンソ・エンリケスがポルトガル王を自称
1143年	サモーラ条約でカスティーリャ＝レオン王がアフォンソ・エンリケス（アフォンソ1世）の王位承認。ポルトガル王国成立
1147年	アフォンソ1世、リスボン再征服
12世紀	マヤパンの繁栄（～1450年頃）
1230年	スペインのフェルナンド3世の下で、カスティーリャ王国とレオン王国が再統合され、最終的にカスティーリャ＝レオン王国が成立
1249年	ポルトガルのアフォンソ3世、王国のレコンキスタを完了
1255年	ポルトガル、コインブラからリスボンに遷都
1290年	ポルトガルのディニス王、「大学」を創設（後のコインブラ大学）
1295年頃	マルコ・ポーロ『東方見聞録』を著す
1297年	アルカニセス条約、ポルトガルとスペインのカスティーリャの国境画定
14世紀	アステカ（メシーカ）王国（～1521年）

や行

ら行

な行

は行

ま行

た行

さ行

事項索引

あ行

か行

Buchanan） 242
「フヒチ」 162-63, 192
ブランドン、ギリェルメ（Guilherme Brandão） 51
フレイレ・デ・アンドラーデ、ゴメス（Gomes Freire de Andrade） 104, 110
ペドロ一世（Pedro I） 140-41
ベルナルド・デ・カゴシマ（Bernardo de Kagoshima） 50
ペレイラ、アンドレ（André Pereira） 44-45
ペレイラ・カルダス、ジョアン（João Pereira Caldas） 83
ペレイラ、マリア（Maria Pereira） 57, 61
ポーロ、マルコ（Marco Polo） 31, 37, 55, 100-01, 211
ポルカリ、マルコ・アントニオ（Marco Antonio Porcari） 56
ポンバル候（Marquês de Pombal, Sebastião José de Carvalho e Melo） 5, 79-80, 85-86, 90,-92, 95,-97, 103-04, 108, 110, 112, 115-19, 121–25

ま行

マゼラン、フェルナン（Fernão de Magalhães） 25, 34-36, 175
マチャード、ベニト（Benito Machado） 169
マヌエル（Manuel） 42
マルコ・ポーロ（⇨ポーロ）
マルタ（Marta） 43
万次郎（中浜万次郎；ジョン万次郎） 233-36
メンドンサ・フルタード（Francisco Xavier de Mendonça Furtado） 79, 82-83, 105, 107, 117
モンテイロ、コンスタンティノ（Constantino Monteiro） 42
モンテーホ、フランシスコ・デ（Francisco de Montejo） 218

や行

弥市 162-63, 165, 169-70, 194, 233
山本乙吉（John William Ottoson：音吉の息子） 237
勇之助（伊之助；菅原良之丞） 241-42

ら行

ラス・カサス、バルトロメ・デ（Bartolomé de las Casas） 26, 31
ラマー、ミラボー・ボナパルト（Mirabeau Buonaparte Lamar） 159
ランジェル（Jorge Alberto da Conceição Hagedorn Rangel） 205
リオ・ブランコ男爵（Barão do Rio Branco, José Maria da Silva Paranhos Júnior） 87
リベイロ、ゴンサロ（Gonçalo Ribeiro） 43-44
リマ、ダミアン・デ（Damião de Lima） 56, 61
リンカーン、エイブラム（Abraham Lincoln） 242
レガスピ、ミゲル・デ（Miguel López de Legazpi） 175
ロウレンソ（Lourenço） 41, 59

わ行

ワイズ、ヘンリー（Henry A. Wise） 152

Saaverdra） 35
作蔵（白井勝蔵） 238
サラマーゴ、ジョゼ（José de Sousa Saramago） 207-09
サルセド、フェリペ・デ（Felipe de Salcedo） 175
サルダーニャ・デ・アルブケルケ、マヌエル（Manuel de Saldanha de Albuquerque） 112
サンタ・アナ、アントニオ・ロペス・デ（Antonio López de Santa Anna） 158-59
七太郎 162-63, 165, 169, 192
渋沢栄一 243
ジャパン、ヴェントゥラ（Ventura Japam） 52, 60
ジャポア、イザベル（Isabel Japoa） 46
ジョアン一世（João I） 29, 206, 246
ジョアン二世（João II） 22, 28-29, 31-33
ジョアン五世（João V） 97-100, 102-03
ジョンズ、トマス（Thomas Johns） 159
庄蔵 234-35, 237-38, 240
新見豊前守正興 242
スワード、ウィリアム・ヘンリー（William Henry Seward） 242
セバスティアン一世（Sebastião I） 50, 54, 203
善助（井上善助） 160, 162-66, 168-70, 172, 184, 192-95, 233, 235
仙太郎（サム・パッチ） 240
ソテロ、ルイス（Luis Sotelo） 175

た行

太吉 161-62, 165, 169, 194, 235
チョーサ、ミゲル（Miguel Choza） 165, 193
ディアス、バルトロメウ（Bartolomeu Dias de Novais） 33, 132
ディエゴ・コロン（Diego Colón y Moniz Perestrello） 31
ディオゴ（Diogo） 39-40, 56
テイシェイラ、ペドロ（Pedro Teixeira） 75-77
トスカネリ（Paolo dal Pozzo Toscanelli） 31
トッド、デイヴィド（David Tod） 151
トマス（Tomás） 43
トメ（Tomé） 42, 56
トラヴァソス、ジェロニマ（Jerónima Travassos） 44, 45
寅右衛門 233, 236, 238
ドレーク、フランシスコ（Sir Francis Drake） 35

は行

パイス、ジュリアン（Julião Pais） 43
支倉常長 175
パディージャ・フランシスコ（Francisco Padilla） 164, 193-94
初太郎 160, 162, 165-66, 168, 192, 194, 196, 233, 235
ハリス、タウンゼント（Townsend Harris） 242
ピアース、フランクリン（Franklin Pierce） 242
彦蔵（彦太郎；ジョセフ・ヒコ；浜田彦蔵） 195, 240-43
ヒューストン、サムエル（Samuel Houston） 159
ファリア・イ・ソウザ、アントニオ・デ（António de Faria e Sousa） 39
フェルナンデス、ゴンサロ（Gonçalo Fernandes） 53, 60
フェルナンド二世（Fernando II, Fernando el Catórico） 17
フェレイラ、フランシスコ（Francisco Ferreira） 46
フェレイラ、マヌエル（Manuel Ferreira） 57, 60
フェリパ（コロンブスの妻）（Philipa Moniz Y Perestrelo Columbus） 21, 29-31
フェリペ二世（スペイン王）（Felipe II） 177, 207
フェリペ三世（スペイン王）（Felipe III） 78
フェリペ四世（スペイン王）（Felipe IV） 78
ブキャナン、ジェームズ（James

人名索引

あ行

アゼヴェード・コウティーニョ、マルコ・アントニオ・デ（Marco António de Azevedo Coutinho） 100-03
アブレウ、トメ・デ（Tomé de Abreu） 53
イサベル一世（Isabel I, Isabel la Católica） 17, 212
伊藤博文 243
イトゥルビデ、アグスティン・デ 157
井上馨 243
岩吉（小林伝吉；ボーイ・ディアス） 235-36, 238, 240
ヴァスコ・ダ・ガマ⇨ガマ
ウィリアートス（ヴィリアート）（Viriathus） 202, 204
ウィリアムズ、サミュエル・ウェルズ（Samuel Wells Williams） 169, 235, 237
ヴェラツァーノ、ジョバンニ・ダ（Giovanni da Verrazzano） 36
ウォーラーステイン、イマニエル（Immanuel Wallerstein） 68, 92
ウルガネタ、アンドレ（Andrés de Urdaneta） 175
エドワード三世（イングランド王）（Edward III） 206
エンリケ（航海）王子（Infante Dom Henrique） 21, 26, 29-30, 36, 45, 67, 117, 206, 208
オースティン、スティーブン（Stephen Fuller Austin） 158
オールコック、ラザフォード（John Rutherford Alcock） 240
音吉 235-37, 240

か行

カー、E. H.（Edward Hallett Carr） 217
カスティージョ・ネグレテ、ルイス（Luis Castillo Negrete） 164, 193
カステロ・ブランコ（Francisco Caldeira Castelo Branco） 74
桂小五郎（木戸孝允） 243
ガマ、ヴァスコ・ダ（Vasco da Gama） 25, 33-36, 65, 132, 204
カモンイス、ルイス・デ（Luís de Camões） 204-05, 209
ガルヴァン、アントニオ（António Galvão） 37
カルドーゾ、ヌノ（Nuno Cardoso） 51-52, 60
カルレッティ、フランチェスコ（Francesco Carletti） 47
カン、ディオゴ（Diogo Cão） 32
儀三郎 162, 165, 169, 235
ギュツラフ、カール・フリードリヒ（Karl Friedrich August Gützlaff） 237
キング、チャールズ（Charles William King ） 237
クーニャ、ルイス・ダ（Luís da Cunha） 101-02, 117, 120, 125
ゴーブル、ジョナサン（Jonathan Goble） 240
ゴメス、マルティン（Martín Gómez） 58, 61
コルテス、エルナン（Hernán Cortés） 157, 218
コロンブス（Christopher Columbus; Cristoforo Colombo; Cristóbal Colón） 4, 5, 17-27, 29-36, 135-36, 155, 210-16, 228, 245
ゴンサルヴェス、アンタン（Antão Gonçalves） 133
ゴンサルヴェス、カタリナ（Catarina Gonçalves） 46
コントレラス、ミゲル・デ（Miguel de Contreras） 43

さ行

サー、ジャシンタ・デ（Jacinta de Sá） 50
サアベドラ、アルバロ・デ（Álvaro de

冨田　晃（とみた・あきら）
弘前大学教育学部准教授。京都外国語大学ラテンアメリカ研究所客員研究員。ラテンアメリカ・カリブ研究、芸術教育。修士（芸術学）、修士（文化人類学）。
主要著作：『ルソーと人食い：近代の「虚構」を考える』（共和国、2024 年）、『楽器は語る：スティールパンから津軽三味線まで』（千里文化財団、2015 年）、『祝祭と暴力:スティールパンとカーニヴァルの文化政治』（二宮書店、2005 年）、映画『ドゥグ:ガリフナの祖霊信仰』（エトノスシネマ、2021 年）、写真集『ガリフナ:こころのうた』（現代企画室、1995 年）、CD『ホンジュラス カリブ海 ガリフナ族の歌声:リタリラン』（ビクターエンタテインメント、1994 年）。

大越　翼（おおこし・つばさ）
京都外国語大学教授。マヤ地域・ラテンアメリカ歴史人類学。博士（人類学）。
主要著作：*Códice de Calkiní*（Universidad Nacional Autónoma de México, 2009）、*La escritura indígena en México. De la estela al texto digital*（共著、El Colegio de Michoacán, México, 2024）、*Maya Kingship: Rupture and Transformation from Classic to Postclassic Times*（共編著、University Press of Florida, Gainesville, 2021）、*Encyclopédie des historiographies: Afriques, Amériques, Asies*. Vol.1. *Sources et genres historique*（共著、Presses de l'Inalco, France, 2020）、『岩波講座 世界歴史 14　南北アメリカ大陸～17 世紀』（共著、岩波書店、2022 年）。

南　博史（みなみ・ひろし）
京都外国語大学教授。考古学、博物館学、総合政策科学。修士（政策研究）。
主要著作・論文:『文化×地域×デザインが社会を元気にする』（共著、文眞堂、2025 年）、『ヘリテージマネジメント』（共著、学芸出版社、2022 年）、『改訂博物館学概論』（共著、樹村房、2004 年）、「先スペイン期アメリカ地中海の交流に関する考古学的研究」（『京都外国語大学ラテンアメリカ研究所の現在』京都ラテンアメリカ研究所、2021 年）、Museo comunitario para el desarrollo endógeno de los residentes locales, *I SIMPOSIO DE ARQUEOLOGÍA PÚBLICA EN EL SALVADOR*, CONCLUTURA, 2019.

執筆者紹介

合田 昌史（ごうだ・まさふみ）
京都大学名誉教授。ポルトガル史・海事史。博士（文学）。
主要著作：『スペイン・ポルトガル史研究入門』（共編著、山川出版社、2024 年）、『バチカンに眠る日本の記憶』（共著、角川文化振興財団、2024 年）、『宇宙大航海時代：「発見の時代」に探る宇宙進出への羅針盤』（共著、誠文堂新光社、2022 年）、『スペイン・ポルトガル史 上・下』（共著、山川出版社、2022 年）、『大航海時代の群像：エンリケ・ガマ・マゼラン』（山川出版社、2021 年）、『海のイギリス史――闘争と共生の世界史』（共著、昭和堂、2013 年）、『マゼラン――世界分割を体現した航海者』（京都大学学術出版会、2006 年）。

Lúcio de Sousa（ルシオ・デ・ソウザ）
東京外国語大学特任准教授。近世期アジアの奴隷貿易およびユダヤ系ディアスポラ研究。博士（アジア研究）。Global History Network の創設メンバー。マカオ財団、中国社会科学出版社、広東省社会科学協会ベストブック賞受賞（2013 年）。ポルトガル歴史アカデミーおよびグルベンキアン財団の賞受賞（2018 年）。編集長シリーズ：*Palgrave Studies in Comparative Global History, Palgrave Research in Peace Studies*（Palgrave Studies）、『増補新版 大航海時代の日本人奴隷――アジア・新大陸・ヨーロッパ』（共著、中公選書、2021 年）、『近世日本におけるポルトガルの奴隷貿易：商人、イエズス会士および日本人・中国人・朝鮮人の奴隷』（Leiden/Boston: Brill, 2018）、「序論：近世アジアにおける奴隷制の広範な不可視性」（*Harvard Journal of Asiatic Studies*, vol. 81, no. 1, 2021.）

疇谷 憲洋（くろたに・のりひろ）
大分県立芸術文化短期大学教授。近世ポルトガル史・海洋帝国史研究。修士（文学）。
主要著作・論文：「渡海者から献策家（アルビトリスタ）へ――新キリスト教徒商人ドゥアルテ・ゴメス・ソリスの意見と企図」（上田信・中島楽章編『アジアの海を渡る人々――16・17 世紀の渡海者』春風社、2021 年）、「ポンバルの奴隷解放令について」（『大分県立芸術文化短期大学研究紀要』第 57 巻、2020 年）、「熱帯のバビロンから熱帯のヴェルサイユへ――ブラジルの形成と港市」（弘末雅士編『海と陸の織りなす世界史――港市と内陸社会』春風社、2018 年）。

布留川 正博（ふるがわ・まさひろ）
同志社大学名誉教授。大西洋奴隷貿易史・奴隷制史。博士（経済学）。
主要著作：『イギリスにおける奴隷貿易と奴隷制の廃止――環大西洋世界のなかで』（有斐閣、2020 年）、『奴隷船の世界史』（岩波新書、2019 年）、『グローバリゼーションとアジア――21 世紀におけるアジアの胎動』（編著、ミネルヴァ書房、2007 年）、『ブラジル学を学ぶ人のために』（共著、世界思想社、2002 年）、『ラテンアメリカからの問いかけ――ラス・カサス、植民地支配からグローバリゼーションまで』（共著、人文書院、2000 年）、『岩波講座 世界歴史 第 15 巻　商人と市場――ネットワークの中の国家』（共著、岩波書店、1999 年）、『近代世界と奴隷制――大西洋システムの中で』（共著、人文書院、1995 年）。

編著者紹介

住田 育法（すみだ・いくのり）
京都外国語大学名誉教授。IELAK 客員研究員。リスボン地理学協会会員。ブラジル史・地域研究。修士（文学）。
主要著作：『南北アメリカ研究の課題と展望——米国の普遍的価値観とマイノリティをめぐる論点』（共編著、明石書店、2023 年）、『ブラジルの社会思想——人間性と共生の知を求めて』（共著、現代企画室、2022 年）、『ブラジルの歴史を知るための 50 章』（共著、明石書店、2022 年）、『混迷するベネズエラ——21 世紀ラテンアメリカの政治・社会状況』（共編著、明石書店、2021 年）、『ブラジル学を学ぶ人のために』（共編著、世界思想社、2002 年）。

牛島　万（うしじま・たかし）
京都外国語大学教授。ラテンアメリカ史・国際関係史・地域研究。博士（言語文化学）。
主要著作：『米墨戦争とメキシコの開戦決定過程——アメリカ膨張主義とメキシコ軍閥間抗争』（彩流社、2022 年）、『米墨戦争前夜のアラモ砦事件とテキサス分離独立——アメリカ膨張主義の序幕とメキシコ』（明石書店、2017 年）、『南北アメリカ研究の課題と展望——米国の普遍的価値観とマイノリティをめぐる論点』（共編著、明石書店、2023 年）、『混迷するベネズエラ——21 世紀ラテンアメリカの政治・社会状況』（共編著、明石書店、2021 年）、『俠の歴史 西洋編 下』（共著、清水書院、2020 年）『現代スペインの諸相』（編著、明石書店、2016 年）『アメリカのヒスパニック＝ラティーノ社会を知るための 55 章』（共編著、明石書店、2005 年）。

ラテンアメリカをめぐるグローバル経済圏
――「潮と風」と帆船によるポルトガル・スペインのネットワーク

2025年3月31日　初版第1刷発行

編著者　住田 育法
　　　　牛島　万
発行者　大江 道雅
発行所　株式会社 明石書店
〒101-0021 京都千代田区外神田6-9-5
電話　03（5818）1171
FAX　03（5818）1174
振替　00100-7-24505
https://www.akashi.co.jp/
装丁　金子　裕
印刷　モリモト印刷株式会社
製本　本間製本株式会社

（定価はカバーに表示してあります）　ISBN978-4-7503-5926-7

米墨戦争前夜のアラモ砦事件とテキサス分離独立 アメリカ膨張主義の序幕とメキシコ
世界歴史叢書　牛島万著　◎3800円

現代スペインの諸相 多民族国家への射程と相克
坂東省次監修　牛島万編著　◎3800円

現代アンデス諸国の政治変動 ガバナビリティの模索
村上勇介、遅野井茂雄編著　◎8000円

ブラジルを知るための56章【第2版】
エリア・スタディーズ 14　アンジェロ・イシ著　◎2000円

ブラジルの歴史を知るための50章
エリア・スタディーズ 187　伊藤秋仁、岸和田仁編著　◎2000円

エクアドルを知るための60章【第2版】
エリア・スタディーズ 58　新木秀和編著　◎2000円

ボリビアを知るための65章【第3版】
エリア・スタディーズ 54　大島正裕編著　◎2000円

コロンビアを知るための60章
エリア・スタディーズ 90　二村久則編著　◎2000円

グアテマラを知るための67章【第2版】
エリア・スタディーズ 61　桜井三枝子編著　◎2000円

パナマを知るための70章【第2版】
エリア・スタディーズ 42　国本伊代編著　◎2000円

コスタリカを知るための60章【第2版】
エリア・スタディーズ 37　国本伊代編著　◎2000円

ニカラグアを知るための55章
エリア・スタディーズ 146　田中高編著　◎2000円

現代ホンジュラスを知るための55章
エリア・スタディーズ 188　中原篤史編著　◎2000円

メソアメリカを知るための58章
エリア・スタディーズ 130　井上幸孝編著　◎2000円

現代メキシコを知るための70章【第2版】
エリア・スタディーズ 91　国本伊代編著　◎2000円

アメリカのヒスパニック＝ラティーノ社会を知るための55章
エリア・スタディーズ 52　大泉光一、牛島万編著　◎2000円

〈価格は本体価格です〉